Bauwelt Fundamente 102

Herausgegeben von
Ulrich Conrads und Peter Neitzke

Beirat:
Gerd Albers
Hansmartin Bruckmann
Lucius Burckhardt
Gerhard Fehl
Herbert Hübner
Julius Posener
Thomas Sieverts

Gerhard Fehl

Kleinstadt, Steildach, Volksgemeinschaft

Zum ‚reaktionären Modernismus' in Bau- und Stadtbaukunst

Der Umschlag zeigt auf der Titelseite den Entwurf von Georg Metzendorf für den 7. Bauabschnitt der Siedlung *Margarethenhöhe* in Essen, 1919; Ausschnitt, aus: Georg Metzendorf, *Kleinwohnungsbauten und Siedlungen*, Darmstadt 1920.

Umschlagrückseite: Ein Idyll von Kleinstadt und Steildach, betitelt *Vor dem Wirtshaus*. Radierung von Fritz Boehle, um 1906; Ausschnitt, aus: Rudolf Klein, *Fritz Boehle*, Berlin o. J. (um 1912).

Alle Rechte vorbehalten
© Friedr. Vieweg & Sohn Verlagsgesellschaft mbH, Braunschweig/Wiesbaden, 1995

Der Verlag Vieweg ist ein Unternehmen der Bertelsmann Fachinformation.

Umschlagentwurf: Helmut Lortz
Satz: ITS Text und Satz GmbH, Herford
Druck und buchbinderische Verarbeitung: Lengericher Handelsdruckerei, Lengerich
Gedruckt auf säurefreiem Papier

Printed in Germany

ISBN 3-528-06102-2   ISSN 0522-5094

Inhalt

Der aktuelle Blick zurück:
Von der „Neomoderne" zum „reaktionären Modernismus".
Anstelle einer Einleitung 7

„Stadtbaukunst" contra „Stadtplanung" –
„Volkserziehung" contra „Funktionalität" 26

Camillo Sitte als Volkserzieher.
Nachforschungen zur „praktischen Ästhetik des Städtebaus" . . . 57

„Im Kampf um deutsches Wesen im Städtebau".
Anmerkungen zu Karl Henrici 99

„Führer-Wohnungsbau" und „Landschaftsnorm".
Zum Scheitern des Heimatschutzes im National-Sozialismus . . . 132

Die Moderne unterm Hakenkreuz.
Zur Vereinnahmung des „neuen bauens" im Dritten Reich 176

Literatur 207

Paul Bonatz und Kurt Dübbers:
Willy-Sachs-Stadion in Schweinfurt, 1935.
Das Tennis-Haus.
(Aus: Moderne Bauformen 1937)

Der aktuelle Blick zurück:
Von der „Neomoderne" zum „reaktionären Modernismus".
Anstelle einer Einleitung

> *Die Aufklärung hat alle Bindungen der Tradition gelöst.*
> *Bis zum Bruch mit der Tradition ... Die Zeit der Aufklärung*
> *ist nicht das Lebenselement, in dem Baukunst und*
> *Stadtbaukunst im Sinne der Tradition gedeihen konnten.*
> *Heinz Wetzel, 1942*

Ein aktueller Blick zurück beweist es: Der Blick zurück ist wieder aktuell. Die Vergangenheit fing ja eben erst an, ist noch immer Teil der Gegenwart und wirkt auf diese ein: Über ihre Hinterlassenschaften, vor allem aber über die Bilder, die wir uns immer wieder neu von ihr machen; Bilder, die das, was wir heute tun wollen, aus dem Gestern heraus rechtfertigen sollen; Sehnsucht nach einem vermeintlich besseren Gestern ist daruntergemischt. Zum Beispiel: Nostalgie ist „in", und „Tradition" ist wieder gefragt. Beides ist jedoch von jener Art, die Le Corbusier 1925 bespöttelte: „Vergangenheit auf kleinem Fuß, die gefühlsselige Vergangenheit". Indes gehört auch Le Corbusiers Werk längst der Vergangenheit an; indem es Gegenstand der Vergangenheitsvergoldung geworden ist und sein Bild aus der zeitlichen Ferne golden in die Gegenwart hineinleuchtet, scheint es ebenfalls zur „gefühlsseligen Vergangenheit" herabzusinken; nicht ohne Grund erhielt es das Gütesiegel „klassische Moderne". Die Besucherzahlen im *bauhaus* zu Dessau, die Preise antiquarischer Bücher aus den „Goldenen Zwanzigern", eingeschlossen die von Le Corbusier, oder Richard Meiers Rückgriff auf die Architektur jener Zeit, all dies belegt den nostalgischen Trend. So auch die von Vittorio Lampugnani 1992 im Deutschen Architekturmuseum zu Frankfurt/M. gezeigte Ausstellung „Reform und Tradition". Nur: da wurde in fast wortloser Bilderflut eine andere Vergangenheitsvergoldung betrieben, die stutzig machte.

Erst heute scheint sich zu bestätigen, was der Architekt Cornelius Gurlitt vor fast 100 Jahren in ein Wortspiel gefaßt hatte: Was derzeit „modern" sei, könne bereits morgen „modern": Es sei eben auch die „Moderne" vergänglich. Allerdings wollte Gurlitt, ein sorgfältiger und kritischer Beobachter des zeitgenössischen Baugeschehens, mit seinem Wortspiel eher diejenigen verspotten, die meinten, sie müßten nur zuwarten, dann werde der Spuk der „Modernen Architektur" schon vergehen; sie, die damals so wenig wie heute verstehen wollten, was eigentlich so „modern" an der Moderne und ihrer Architektur war.

Das aber sei im folgenden als erstes herausgestellt. Mit diesem Grundverständnis ausgerüstet, werden wir uns Lampugnani zuwenden, der sich in einer Art von „Revision der Moderne" bemüht, uns den Rückgriff auf die Vergangenheit als „modern" erscheinen zu lassen; womit er einer sich selbst für „fortschrittlich" ausgebenden „Reaktion" das Wort redet und deren Lehre arglistig unters nostalgiesüchtige Publikum streut. Den Begriff „reaktionären Modernismus" kurz zu klären, schafft schließlich die Verständnisgrundlage für das dem Leser vorliegende Bändchen, das den Zweck hat, in das auch unter Architekten und Städtebauern jüngst wieder aufblühende „Anknüpfen bei der Tradition" hineinzuleuchten.

Die Wurzeln solcher Traditions-Suche steckten allenthalben in Europa in der gesellschaftlichen Umbruchzeit des ausgehenden 19. Jahrhunderts, als die festgefügte Gesellschaft des Feudalismus unwiderruflich übergegangen war in die kapitalistische Industriegesellschaft; im Ängste auslösenden Übergang erschien vielen Deutschen das junge Zweite Kaiserreich als Wiederkehr des Ersten als jenes „goldenen Zeitalters", nach dessen Bildern man sich zurücksehnte: Nach den bürgerlich-handwerklichen Kleinstädten, den spitzgiebeligen Häusern mit ihrem beschaulichen Leben, den überschaubar und klar gegliederten Gemeinschaften des Volks: Ständen, Zünften, Bruderschaften. Aus diesem, wie der Historiker Thomas Nipperdey es nennt, „romantischen Nationalismus" heraus entstanden im wilhelminischen Deutschland auch der „Deutsche Städtebau" und jene „Heimatschutz-Bewegung", von der Lampugnani im Ausstellungskatalog behauptet, sie habe sich mit anderen „Lebensreform-Bewegungen" zu einer „traditionalistisch moderaten Avantgarde" verbunden und „auf dem Wege zur Moderne" befunden; worunter er wohl eine der Moderne zuwiderlaufende Art von „National-Moderne" versteht, die sich an den „historischen Stoff" gebunden hatte: Ihr bot der Mythos von Blut und Boden „das Lebenselement, in dem Baukunst und Stadtbaukunst im Sinne der Tradition gedeihen konnten". Wegen seiner Entdeckung solch altbekannten Zündstoffs, meint Lampugnani, müsse er nun „die Geschichte der Architektur des 20. Jahrhunderts neu schreiben". Nun gut: Revision kann durchaus der Berichtigung und Erweiterung des Wissens dienen, kann neues Verständnis eröffnen. So versteht sich auch dieses Bändchen als eine Revision dessen, was Lampugnani gerade revidiert hat, indem in mehreren Einzelbeiträgen die Wurzeln der „am historischen Stoff" hängenden „Bau- und Stadtbaukunst" mal wieder aufgedeckt werden – zur Erinnerung an böse Erinnerungen sozusagen. Dabei wird kritisch zu überprüfen sein, ob das, was das Moderne vor hundert Jahren ausmachte, heute noch Bestand hat. Eine kritische Geschichtsbetrachtung verlangt auch Antwort auf die Frage nach den Gründen der Revision; also danach, was Lampugnani antreibt, das bisherige Geschichtsbild so zu revidieren, daß es weniger das Wissen erweitert, als eher einer „Umwertung der Werte" gleichkommt.

Der simple Kern des Modernen in Architektur und Städtebau

Was war der Kern des Modernen in Architektur und Städtebau? Weder war es das flache Dach, noch die Dampferform, noch die Verwendung von Stahl und Glas, noch die in Weiß getauchte Funktionalität; auch war es nicht, wie Lampugnani verführerisch meint, das „Ökologische" am Landschaftsschutz oder die „reduktive Ästhetik", mit der er die Schlichtheit der Architekturform meint, welche Paul Schultze-Naumburg 1906 mit dem „Wiederanknüpfen bei der Tradition der Heimat" begründet hatte; weder die „soziale Ethik" beim Bau von Siedlungen für Minderbemittelte, noch die Nutzung der „innovativen technischen Errungenschaften".
Alles das sind lediglich Sekundärmerkmale, die Lampugnani zur Vernebelung des simplen Kerns des Modernen vorschiebt. Dieser aber bestand in Architektur und Städtebau im Sich-Lossagen von den Vorbildern und Stilen der Vergangenheit, im Fallenlassen des „historischen Stoffs", in der Abwendung von allem, was an diese oder jene „goldene alte Zeit" erinnern sollte. An die Stelle der alten „Erinnerungs-Architektur" trat mit der von Otto Wagner in Wien 1896 so genannten „Modernen Architektur" der Wille zur Gestaltung alleine „aus Eigenem heraus"; damit

meinte Wagner, der Ausgangspunkt jedes künstlerischen Schaffens müßte „das Bedürfnis, das Können, die Mittel und Errungenschaften ‚unserer' Zeit sein". Also die Zuwendung der Vernunft zu Gegenwart und Zukunft, zum, wie er es ein wenig pathetisch nannte, „modernen Leben", das sich in vielfältige Formen und Interessen ausdifferenzierte und nicht länger mehr das formierte, in enge Gemeinschaften und in einheitliche Normen gezwängte Leben war, welches durch die mystischen Mächte von Gott, Kaiser, Volk und Vaterland sanktioniert wurde. Um nicht mehr und nicht weniger ging es! Um nicht mehr und nicht weniger geht es! Hören wir dazu den Zeitzeugen Cornelius Gurlitt, der das Auftauchen des Modernen in Architektur und Städtebau im Jahrzehnt vor der Jahrhundertwende kritisch beobachtet und den Kern 1899 genau benannt hatte: „Die planmäßige Ausstoßung der alten Stilformen ist das Ziel der neuen Bewegung, der Grundsatz der ganzen Schule. Neu an ihr ist im Grunde nur die Entschiedenheit des Wollens, der absichtliche Bruch mit dem Alten. An den neuen Erzeugnissen ist dann auch kein Anklang an vergangene Stile mehr zu finden". Im Mittelpunkt steht also „die Entschiedenheit des Wollens": Die Architekten der Moderne wollen keine Baukünstler mehr sein, keine Hohepriester jener mystischen Mächte, unentwegt mit der Aufgabe betraut, das Volk zum Volke zu erziehen und, wie der Architekt Friedrich Seeßelberg 1913 meinte, „an der Nationalisierung der Deutschen zu arbeiten". Sie wollen nicht länger die Symbole handhaben, mit denen an diese mystischen Mächte erinnert, Unterwerfung gefordert und die Einhaltung der in ihrem Namen gesetzten Normen gerechtfertigt wurde. Vielmehr wollen sie „aus Eigenem heraus", so Gurlitt, Architektur machen, selbstbewußt als Diener lebendiger Menschen: „Zweckmäßig-schön" sollte ihre Architektur sein, nicht länger „Ideal-Schön", genährt von vom Vergangenen geborgter Schönheit. Das Moderne an einer Bau-Form lag im Verzicht auf Symbolik und in der Sachlichkeit der Begründung ihrer Wahl. „Moderne Architektur" im Sinne Otto Wagners war also kein Stil, sondern Ergebnis der Vernunft: rationaler Methodik und aufgeklärter Haltung. Dementsprechend waren die sogenannten „modernen Formen" auch nicht an sich modern, sondern sie waren es nur insofern, als sie den Geist der Aufklärung in Architektur und Städtebau widerspiegelten. Dafür stand ein breites Spektrum an Formen aus dem Fundus der Geometrie – und eben nicht der Symbole vergangener Zeiten – zur Verfügung und konnte mit herkömmlicher und neuer Technik verbunden werden; diesen praktisch unerschöpflichen Fundus an Form und

Technik hat sich auch die sogenannte „klassische Moderne" nur zu einem Bruchteil erschließen können.

Mit der Moderne wurde in Architektur und Städtebau eine der wenigen neuen Stufen in der langen Geschichte des Bauwesens betreten. Das war seit 600 Jahren, seit der Gotik, ein erstes Mal wieder geschehen; alles andere seither war „Baukunst" im Sinne von kunstvoller Wiedergeburt vergangener Bilder gewesen: „Erinnerungs-Architektur". Ferner hatte es eine Baukunst, die nicht länger den mystischen Mächten dienen wollte, eine durch und durch säkulare Baukunst, bis dahin noch nicht gegeben – wenn wir absehen vom sogenannten „einfachen Bauen", das stets neben der „hohen Baukunst" einherlief. Die Moderne in Architektur und Städtebau war ein Triumph der Aufklärung, die sich seit der Französischen Revolution mit der Anpassung und Zurichtung historischer Stile herumgequält und nun schließlich zu einer Architektur „aus Eigenen heraus" gefunden hatte. Der Aufklärung immer wieder neu Form schaffend und nur dem Wohl der Menschen dienend: Das ist „modern"! Das steht hinter dem Fallenlassen des „historischen Stoffs".

Und dennoch wurde gerade dadurch die der Vernunft verpflichtete Moderne in Architektur und Städtebau nie recht zum Publikumsliebling; der Kitsch – in der talmudischen Dialektik die Gegenthese zur Vernunft, nämlich: „das fürs Herz" – hatte schon immer mehr Freunde um sich scharen können, beschwor doch der „historische Stoff" in der Erinnerung die vergoldeten Bilder vom Gestern herauf, griff leichter ans Herz: „Das einfach Schöne soll der Kenner schätzen, Verziertes aber spricht der Menge zu", war Goethes Vers darauf. Das nostalgisch geneigte Publikum ebenso wie die den „historischen Stoff" verwaltenden Hohepriester der „hohen Baukunst" lehnten die aufgeklärte Ketzerei der „Modernen Architektur" ab und hofften, daß diese bald „modern" werde.

Die Neuerung erreicht zu haben, das aber war ein einziger Schritt nach vorn gewesen, ein einmaliger Akt, kein Weg. Der „Weg zur Moderne" hatte seinen Ausgang spätestens in der Aufklärung des 18. Jahrhunderts genommen, hatte durch das 19. Jahrhundert geführt bis an die Schwelle zu unserem. Indem dann der „historische Stoff" in wenigen Jahren aus freiem Willen fallengelassen wurde, war die Stufe betreten, und die „Moderne" in Architektur und Städtebau war da; danach gab es für sie keinen weiteren „Weg" mehr. Alles was nun kam, war Suche nach den diesem Akt angemessenen Formen, war Dienst am Geist der Aufklärung; diese Suche dauert deshalb auch weiter fort, ohne ein für allemal ein Ziel zu erreichen, ohne eine fortwährende Steigerung von modern, einen Fortschritt in der Formgebung zu erzielen. Denn immer wieder ändern sich die Anforderungen des sogenannten „modernen Lebens", die technischen Möglichkeiten und die Rahmenbedingungen für Architektur und Städtebau, und immer wieder muß der aufgeklärte Architekt, darauf neu reagierend, neue angemessene Lösungen suchen. Nur so bleibt die Entwicklung im Fluß und versteinert nicht. So war auch die der Moderne verpflichtete „Avantgarde" nichts anderes als ein Suchtrupp im bewegten Gelände der Formen, dem der Auftrag der Aufklärung genau vorgegeben war. Und beileibe nicht alles, was sich „modern" gerierte, genügte dem Auftrag: Neue Mythen schlichen sich ein und selbstgefälliges Tändeln mit Formen; grobe Mißverständnisse kamen vor, wie jenes der sogenannten „rationalen Architektur", die sich, als „Modernismus" der Formenwelt der Moderne bedienend, in den Dienst des Faschismus stellte.

Das wohl gravierendste Mißverständnis aber lag in der Annahme manches aufgeregten Avantgardisten, mit dem „Fallenlassen des historischen Stoffs" auch die Verbindung zur Geschichte fallenlassen zu können; gerade darin aber offenbart sich das Unverständnis, was „modern" im historischen Prozeß bedeutet. Friedrich Schinkel, aufgeklärt und mit Sinn für Dialektik, hatte es längst benannt: „Modern" sei es, „das Neue herbeiführen, um die Geschichte fortzusetzen"; nicht aber „das Alte festzuhalten", oder gar in der Gegenwart „das Alte zu wiederholen". Womit er im historischen Prozeß die drei charakteristischen Positionen auch für die seither verflossenen 160 Jahre markiert hatte: Eine Architektur der Aufklärung, die Geschichte durch Neues weiterführt; eine „hohe Baukunst", die, mystisch geprägt, am Alten unbeirrt festhält; und schließlich ein Zwitterling dazwischen, der das Alte als „Tradition" ausgibt, um, daran anknüpfend, es zu wiederholen und in erneuerter Gestalt so wiedererstehen zu lassen, wie Jose Ortega y Gasset es 1934 umrissen hat: „Fortschritt besteht nicht darin, das Gestern zu zerstören, sondern dessen Essenz zu bewahren, welche die Kraft hat, das bessere Heute zu schaffen." „Traditionen" aber und die „Essenz des Gestern" werden, wie Eric Hobsbawm nachweist und jeder weiß, immer wieder neu aus aktuellem Interesse heraus „erfunden". Eine jede „Revision der Moderne" kann nur von einer dieser drei Positionen ausgehen, wobei zwischen Aufklärung und Metaphysik, zwischen Vernunft und Irrationalität eine durch Synthese nicht zu überwindende Demarkationslinie verläuft.

Lampugnanis „Revision der Moderne"?

Lampugnani bezieht bei seiner Revision noch am ehesten Position bei Ortega y Gasset und dem noch unbenannten Zwitterling, indem er für das Moderne in Architektur und Städtebau eine neu „aus dem Gestern" gezogene „Essenz" erfindet, mit der er „das bessere Heute zu schaffen" gedenkt. Dies deutete sich bereits in seiner unkritischen Hochschätzung der Lebensreform-Bewegungen und des alten Heimatschutz-Bundes an, in welchem er eine „traditionalistisch moderate Avantgarde" sieht, die sich „auf dem Wege zur Moderne" befunden habe. Wer indes die Architekten des Heimatschutz-Bundes zu einer solchen Avantgarde rechnet, der revidiert nicht, sondern wertet um. Er erklärt die Nachhut zur Vorhut. Sicher, auch Heimatschutz-Architekten, wollten sie nicht am Alten kleben bleiben, mußten Suchtrupps in dasselbe bewegte Gelände der Formen schicken, in welchem sich schon die Avantgardisten der Moderne bewegten; nur hatte der Suchtrupp der Heimatschützer einen ganz anderen Auftrag für seine Suche: Den Auftrag der Reaktion nämlich, den sozialen und technischen Fortschritt zu nutzen und dienstbar zu machen für die Weiterführung der „Essenz des Gestern", d.h. der alten Werte von Volk und Vaterland, der alten Mythen von „Blut und Boden". Stießen zwei Suchtrupps zusammen, so gab es Geschrei und Gestritt, vor allem wenn beide die gleichen Formen für sich entdeckten: Die nur „schlichte" und „zweckmäßige" Form des Hauses zum Beispiel, die nun für verschiedene Ziele beansprucht wurde: „Modern" war das Ziel im einen Fall, weil rein sachlich begründet; „reaktionär" aber im anderen Fall, weil ideologisch begründet: Paul Schultze-Naumburg bewunderte 1906 als Vorbild für den Siedlungsbau das „schlichte deutsche Haus", insbesondere „das Bauernhaus", weil wir in ihm „den einzigen noch lebenden Vertreter einer nordisch-germanischen Bauart in Reinkultur" besäßen.
Seiner ersten Umwertung von Nachhut in Vorhut läßt Lampugnani dann seine zweite folgenschwere folgen, indem er, um im Bilde zu bleiben, die Aufträge der beiden Suchtrupps umnebelt und deren gemeinsame Nebenziele als gemeinsame Hauptziele ausgibt. Unumwunden gibt Lampugnani zu, daß er, um „eine neue Dimension" für „die architektonische Moderne" zu gewinnen, „Abgrenzung und Inhalte verschieben" muß: So verschiebt er das „Ökologische" am Landschaftsschutz, die „reduktive Ästhetik", die „soziale Ethik" beim Bau von Siedlungen für Minderbemittelte, die Nutzung der „innovativen technischen Errungenschaften"

u.a.m. in den Vordergrund. Derartige „Umwertung der Werte" erinnert nun stark an das von Joseph Goebbels praktizierte Muster und dient, ähnlich wie bei diesem, „der Neuwertung". Indem „das Moderne" begrifflich verändert wird, verändert sich „die Moderne". Kurz, die „intensio" des Begriffs „des Modernen" verändert Lampugnani dergestalt, daß die Wesensmerkmale der Aufklärung geleugnet und statt ihrer Hilfsmerkmale als begriffsbestimmend eingefügt werden; dadurch erweitert und verlagert sich zwangsläufig die „extensio" des Begriffs, der Begriffsumfang „der Moderne"; er greift über die Aufklärung hinaus in den Bereich der Reaktion hinein, umfaßt nun auch jenen bislang noch unbenannten Zwitterling, dem Lampugnani in seinem Architektur-Jahrbuch 1993 den Namen „Neomoderne" oder „neue Moderne" gibt. Da er sich dabei ausdrücklich auf den alten Heimatschutz beruft und auf dessen Methodik eines traditionsgeleiteten „typologischen Entwerfens", finden wir uns unmittelbar mit dem alten „reaktionären Modernismus" der ersten Hälfte dieses Jahrhunderts konfrontiert. Nach Lampugnanis zweiter Umwertung sind beide – „Neomoderne" und „reaktionärer Modernismus" – zwangsläufig auch als „modern" anzusehen, obwohl beide der Aufklärung feindlich gegenüberstehen.

Schließlich zur dritten Umwertung Lampugnanis, die einem blanken Mißverständnis des Wesens der Moderne gleichkommt: Er wertet nämlich die längst erreichte Stufe der Modernität um zu einem „Weg zur Moderne", den zu bahnen sich die Avantgarden beiderlei Lager angeblich zur Aufgabe gemacht haben. Zweierlei ist hier jedoch zu unterscheiden: Erstens können die von Lampugnani beschworenen „Krisen, in welche die Avantgarden hineingeraten sind", gar nicht die des „Weges zur Moderne" sein, denn dieser Weg lag, wie erwähnt, im 19. Jahrhundert; auch steht die Avantgarde der „modernen Architektur" längst auf dem Boden der Moderne, der Stufe der Aufklärung; diese ist ihr Ausgangspunkt – nicht aber ihr Weg und Ziel; ihr Ziel ist vielmehr die fortwährende und immer wieder neue Konkretisierung des Auftrages der Aufklärung bei jeder neuen Architektur- und Städtebauaufgabe. Auf dem „Weg zur Moderne" ist lediglich Lampugnanis „traditionalistisch moderate Avantgarde", wenn sie in unzulässiger Weise die Demarkationslinie überschreitet. Zweitens mißdeutet Lampugnani die Rolle der Avantgarde der Moderne: Sie war nach dem oben bereits Gesagten nie Vorkämpfer auf der Bahn eines wie immer vorgestellten Fortschritts zu immer höherem „Modernsein" von Architektur und Städtebau; der Avantgardist wäre sonst vergleichbar einem Hochspringer, der die Weltrekord-Marke von 4,50 m anstrebt, und, hat er sie erreicht, die von 4,51 m. Dies wäre Fortschritts-Aberwitz und entspräche einer Anschauung, die bereits um die Jahrhundertwende als überholt galt und im übrigen der Aufklärung völlig fremd ist. Lampugnanis Fehleinschätzung der Avantgarde rührt wohl aus der ihm bekannten Baugeschichte her, wo alle Wiedergeburts-Bewegungen, alle Klassizismen, als höchstes Ideal das klassische Vorbild, das „Ideal-Schöne" anstrebten, wie Camillo Sitte es 1889 umriß: „Die höchste Steigerung aber ist zu erkennen in den großen Tempelbezirken des klassischen Altertums zu Eleusis, Olympia und Delphi ... Auf diesem Gebiete sich noch ein höheres Ziel zu stecken, ist unmöglich. Auch nur Aehnliches zu erreichen, glückte selten. Niemals aber sollte uns die Erinnerung an solche Werke größten Stils verlassen, die uns vielmehr stets, als Ideal wenigstens, vorschweben sollten bei ähnlichen Unternehmungen." Das aber gibt es bei der der Aufklärung verpflichteten „modernen Architektur" nicht! Weil es eben kein aus einer vergoldeten Vergangenheit in die Gegenwart hereinstrahlendes Ideal gibt. Weil jede Aufgabe aus der Zeit und „aus Eigenem heraus" möglichst gut zu bewältigen ist und damit ihr eigenes Ideal in sich trägt. Daraus folgt, daß es in Architektur und Städtebau keinen Fortschritt der Form gibt, der in einer Steigerung der Modernität auf ein hochgestecktes Ideal hin läge; vielmehr gibt es nur ein mit dem technischen und sozialen Wandel verbundenes Fortschreiten, ein immer wieder erneutes vernunftgeleitetes Eingehen auf den Wandel, das keinen Rückgriff auf in der Vergangenheit gefundene Lösungen zuläßt. Lampugnani selbst kritisiert diese Art des „sehnsuchtsvollen Blicks auf die zwanziger Jahre" mit ihren Heroen, wie Le Corbusier, und die eitle Hoffnung, „deren Werk fortzuführen und zu vollenden. Soviel Optimismus macht in einer Zeit wie der unserigen zumindest mißtrauisch". Unbekümmert um den kulturhistorischen Prozeß scheint Lampugnanis „Umwertung" nicht viel anderes zu sein als eine schlichte Definitionssache. Doch ist die im Nebel der Begriffsbildung vollzogene mutwillige Überschreitung der Demarkationslinie zwischen Aufklärung und Metaphysik ein aus aktuellem Anlaß geborener Etikettenschwindel: Dreiste Aneignung des Attributes „modern" für jene Geschäfte der Gegenwart, die die Vergangenheit mobilisieren möchten. Seine „Umwertung der Werte" dient der „Neuwertung"; sie ist das ausgemachte Ziel seiner „Revision der Moderne"; ihre Strategie ist eindeutig: Zunächst muß die Revision an der Vergangenheit erfolgreich und glaubwürdig vollzogen werden, ehe die Neuwertung auf die Gegenwart und die künftige Architekturpraxis glaubwürdig übertragen werden kann. Dies gilt insbesondere deshalb, weil aus der Vergangenheit nicht

nur die formalen Vorbilder und Methoden des Entwerfens bezogen werden sollen, sondern auch die Rechtfertigung für den Rückgriff auf die Vergangenheit, für die erneute Verwendung von „historischem Stoff". Die „Neuwertung" der Geschichte der Moderne aber führt hin auf das, was Lampugnani programmatisch die künftige „Neomoderne" nennt, „die ihren Nachdruck aus der jüngsten Geschichte schöpft":
- Sie wischt den lästigen Auftrag der Aufklärung vom Tisch, „aus Eigenem heraus" Architektur zu machen.
- Sie unterschlägt gleichzeitig die reaktionären, mit dem „historischen Stoff" verbundenen Zielsetzungen: So bleibt beispielsweise die wesenseigene Verhaftung der Heimatschutz- und anderer Lebensreform-Bewegungen im „romantischen Nationalismus" und in den Mythen von „Blut und Boden" verdeckt; folglich können sie auch bei der weiteren Verwendung des umgewerteten Begriffs unbeachtet bleiben.
- Sie trennt die Methodik des Entwerfens ab von den Zielen, denen sie dient, so daß im Zuge der Rationalisierung des Entwerfens auch Methoden freigestellt werden, die in der Vergangenheit mit dem „Anknüpfen bei der Tradition" eine bedeutsame Rolle gespielt haben.
- Sie trennt in Architektur und Städtebau, als Vorzug erleichterter Fungibilität, die Formenwelt ab vom gesellschaftlichen Kontext und philosophischen Hintergrund, aus dem heraus sie entstanden war bzw. entsteht; das bedeutet, daß die gesellschaftlichen Zwecke, denen Architektur und Städtebau gedient haben und denen sie dienen, als beiläufig, ja als austauschbar erscheinen; dadurch aber wird auch jeder einer Form anhängende historische Makel verwischt; Tabus, die bislang die Verwendung eines Formenkanons – wie z.B. dem der Heimatschützer oder dem der NS-Zeit – verhinderten, werden niedergelegt. In der Folge wird der gesamte „historische Stoff" zur erneuten Verwendung freigegeben; alle historisch gezogenen Grenzen des Anstandes dürfen unbeanstandet überschritten werden – und dennoch darf dies als „modern" gelten.

Der sich so als „modern" bezeichnende „neomoderne" Architekt ist nicht mehr genötigt, eine Aufgabe „aus Eigenem heraus" zu lösen, sondern kann seine „praktische Vernunft" – Lampugnani meint damit wohl seinen „Sinn fürs Geschäft" – ganz darauf richten, unbeanstandet bei jeglicher „Tradition anzuknüpfen", auch bei seinem „eigenen Alten". Nach Lampugnanis „Neuwertung" und „neomoderner" Entgrenzung ist nun schlechthin alles als „modern" anzusehen, und es gibt zunächst keinen Unterschied mehr, der in Begriffe zu fassen wäre; ganz so, wie er es 1992 andeutet: „Modern" sei „das, was von uns ist, jetzt". Die den neuen

„historischen Stoff" verwaltenden neuen Hohepriester der „neomodernen Baukunst" können es freudig begrüßen: Das Modern der aufgeklärten Ketzerei der „Modernen Architektur" in ihrem eigenen Begriff von „modern".

Lampugnanis „Neomoderne"?

Dennoch geht es Lampugnani nicht um die Auslöschung aller Unterschiede und Grenzen. Ganz im Gegenteil! Sein neugeschaffener Begriff der „Neomoderne" soll vielmehr eine neue Qualität bezeichnen, die einerseits den Unterschied gegenüber der Moderne besonders hervorhebt: „Neomodern" heißt: Fortschrittlichkeit des Rückgriffs, Vorwärtsstreben mit aktuellem Blick zurück. Die andererseits den „neomodernen Architekten" als Spitzenkönner vom großen Troß abhebt. Lampugnani zieht also neue Grenzen – und zwar zunächst in der für die Gegenwart frei verfügbar gemachten Vergangenheit: „Aus der jüngsten Geschichte schöpft" er neue Unterscheidungsmerkmale, die völlig unabhängig sind von Stil, Zweck und gesellschaftlichem Kontext: Es sind Qualitätsmerkmale von Architektur, die der neuen Investoren-Kultur entsprechen, deren neuem internationalem Konzept des „quality management". Qualität wird dabei verstanden als „sichtbare Qualität"; diese ist bei Investoren-Projekten so in Szene zu setzen, daß bei sparsamstem Mitteleinsatz eine maximale Wirkung in der Wertschätzung des Publikums hervorgerufen wird: Eine Architektur des „Als-ob". So soll auch Lampugnanis „neomoderne" Architektur „an die Tradition der Qualität und an die Qualität der Tradition anknüpfen": Die neue „Granit-Glas-Folie" der Fassade soll so aussehen, „als ob" sie von Peter Behrens 1930 gebaut worden sei. Als neue Unterscheidungsmerkmale hebt er also hervor: „Solidität", „Gediegenheit", „neue Einfachheit", „Gleichförmigkeit", „Konvention". Aus den „Krisen, in welche die Avantgarden hineingeraten sind", aus den Sackgassen der Postmoderne und des Dekonstruktivismus, aber auch des Rückgriffs auf die „klassische Moderne" der zwanziger Jahre kann in Lampugnanis Augen nur die „Neomoderne" herausführen, die „den Mythos der Innovation, eine der verhängnisvollsten Erbschaften aus der Epoche der Avantgarden, aufgegeben" hat und an ihre Stelle die „Konvention" setzt: „Wo Innovation

bloße Attitüde ist, hat Konvention das bessere Argument", denn „Konvention meint ‚Vereinbarung' und ‚Herkommen'". „Herkommen" aber verweist auf alten Stammbaum; folglich spricht Lampugnani nicht mehr von einer neuen Avantgarde, sondern meint eine durch „strenges Lernen und Üben" und an den Vorbildern der Geschichte geschulte Aristokratie der „Neomoderne", wenn er feststellt: „Es werden wieder, ganz einfach, auch traditionsfähige Architekten gesucht", die in einer „Epoche, die unentwegt das Neue um des Neuen willen forciert ... Mut, Talent und Energie dazu" aufbringen, „etwas Konventionelles durchzusetzen".
Dem „traditionsfähigen Architekten" der „Neomoderne" zeigt Lampugnani zwei Wege in die erfolgreiche Zukunft, die er in der „jüngsten Geschichte" vorgezeichnet findet:
Sein erster Weg greift zurück auf die Formenwelt einer Vorkrisenzeit, in welcher Lampugnani noch architektonische Hochleistungen zu erkennen meint: „Bis in die Zwanziger Jahre hinein zeichnete sich die Architektur des damaligen Deutschen Reichs durch extrem hohe Qualität aus", wozu er gerade auch die von Einfachheit geprägte Architektur der Heimatschützer zählt. „Dasselbe gilt für die Architektur in der Zeit des Nationalsozialismus, die zwar in den öffentlichen Repräsentationsbauten einem hölzernen, megalomanen Klassizismus huldigte, aber sonst ausgesprochen solide detaillierte Bauten hervorbrachte. Diese Tradition riß 1945 abrupt ab. Gleichzeitig mit der Nazi-Gewaltherrschaft wurde auch die Architektur, die sie dargestellt hatte, pauschal verworfen; und leider auch die tradierte Gediegenheit." Ein anschauliches Beispiel dafür, wie Lampugnani die Architektur vom Kontext, aus dem heraus sie entstanden war, trennt: Die mit den NS-Bauwerken unlösbar verknüpften Wesenszüge des Nationalsozialismus, sein Terror, seine Propaganda und seine Verführung, der Mythos von „Blut und Boden", in dessen Namen ein millionenfaches Blutbad angerichtet wurde, sie alle bleiben außer Betracht; er benennt zwar die „Nazi-Gewaltherrschaft", wischt sie aber vom Tisch mit dem Verweis auf den „hölzernen, megalomanen Klassizismus", als wäre dieser das Schlimmste am Führerstaat gewesen; dreist kehrt er statt dessen die „tradierte Gediegenheit" der NS-Architektur hervor: Eine nachgeschobene „Entnazifizierung" – und genau so wenig glaubwürdig wie diese. So, wie Lampugnani es verstanden hatte, die Moderne umzuwerten, so versteht er es nun auch, seine „Neomoderne" aufzuwerten: Sekundärmerkmale vergangener Architekturbilder werden zu Wesensmerkmalen der „Neomoderne" emporgehoben: Hier sind es die „Solidität" und „Gediegenheit", die er zur „Essenz des Gestern" erklärt, aus der heraus er die 1945 „abrupt

abgerissene Tradition" neu erfindet: Eine neue, weißwestige Tradition, „solide", „gediegen", an die sich wieder unbeschwert anknüpfen ließe, ohne daß der Blick auf „Blut und Boden", Blut, Kzs und Propaganda fiele.
Sein zweiter Weg greift zurück auf die Methodik des „Anknüpfens bei der Tradition". Wer würde nicht das „geduldige Aufbauen auf das, was die Vorgänger erarbeitet haben, und das gründliche Vertiefen dessen, was man selber erreicht hat", schätzen! Hier aber ist gemeint die Methodik des Entwerfens, die am ausgeprägtesten bei den Heimatschutz-Architekten entwickelt war und die schon Paul Schultze-Naumburg 1904 von den Vorvätern entlehnt hatte: „Sie hüteten sich davor, kurzer Hand aus Eigenem heraus leisten zu wollen, was nur die Arbeitssumme von Geschlechtern sein kann: das Gestalten des Typus, den der Künstler auswendig beherrschen muß, um ihn dann der Einzelaufgabe entsprechend abzuwandeln." Ein solches „typologisches Entwerfen", bei dem nach Lampugnani nicht viel anderes zu tun ist, als „nahezu unmerkliche Verbesserungen an dem Vorgefundenen anzubringen", ist freilich als äußerst rationell anzusehen: Im modernen Bürobetrieb entlastet es vom ständigen Suchen nach neuen Lösungen „aus Eigenem heraus"; es ermöglicht die wiederholte Verwendung der einmal in den Computer aufgenommenen Grundtypen, deren „eingebürgertes Motiv der Architekt individuell variiert"; es spart Zeit bei der Abstimmung mit Bauherren und Bürgerinitiativen, da auf bereits ähnlich Gebautes verwiesen werden kann; es entspricht am ehesten der gesuchten „Konvention" in der äußeren Erscheinung. Diese aber bewirke, wie Lampugnani hervorhebt, eine gesteigerte Popularität: „Konvention ... macht Architektur verständlich. Was sich bruchlos aus der Tradition entwickelt, läßt sich auch durch sie erklären."
Was aber könnte ein Investor mehr schätzen, als daß sein Gebäude nicht „protzig", sondern in „neuer Einfachheit" erscheint, „gediegen" und den Nutzern „verständlich", den Betrachtern und Bürgern „erklärbar" und den Touristen gefällig, weil es deren nostalgische Neigungen trifft und sie die hauchdünnen Granit-Glas-Folien mit den massiv profilierten Fassaden von Peter Behrens verwechseln wollen. Mit einer zugleich „populär" wirkenden und „modern" geltenden Architektur, die, auf Extravaganzen verzichtend, im Rahmen eines annähernd gleichen, gewohnten Formkanons bleibt, kann auch der Gemeinderat der Stadt gut leben, ebenso der Denkmalpfleger. Jeremy Benthams alter Optimalitäts-Grundsatz scheint sich mal wieder zu erfüllen: „Keiner ist schlechter dran, obwohl

zumindest einige besser dran sind"; Investor nämlich und „traditionsfähiger Architekt". Ihm eröffnet Lampugnani einen Blick auf neue Wettbewerbsvorteile gegenüber demjenigen „Architekten im traditionellen Sinn", welcher der obsolet gewordenen „Moderne" treu bleibt: Seine „Leistung, für eine besondere Bauaufgabe eine Lösung zu entwickeln, die vom Städtebau bis zum Detail durchdacht ist, wird kaum honoriert, weil sie kaum gebraucht wird".
Lampugnani will sich zwar „nicht nostalgisch zurückschauend auf das 21. Jahrhundert einstellen", dennoch wird sein „neomoderner" Architekt nolens volens eine neue „Erinnerungs-Architektur" in die Städte hineinzaubern, die, im Gegensatz zur „modernen Architektur", nicht der Gefahr ausgesetzt wäre, unpopulär zu sein, da sie mit dem Bild einer starken Architektur jener vergoldeten Zwischenkriegszeit Vertrautes – „Verständliches" und „das Herz Ansprechendes" – transportierte; die erinnern würde an all das, was seither den Innenstädten verloren ging: Die dichte Urbanität der Flaneurs und Dandys; das breite Spektrum von Alt- und Neubau, in schöner Harmonie geschlossen gefügt; den romantischen Verkehr von klingelnder Straßenbahn und vielzylindrigen Luxus-Karossen; das aufregende Pathos des künstlerischen Aufbruchs angesichts der marschierenden Reaktion; die gloriosen Höhepunkte öffentlicher Auseinandersetzung und Kristallnächte; kurz: Friedrichstraßen-Nostalgie, „Vergangenheit auf kleinem Fuß".
Ist die „Neomoderne" also auf dem unzeitgemäßen Wege zu einer „Neuen Deutschen Baukunst"? Ist mit ihr wieder der „reaktionäre Modernismus" der ersten Jahrhunderthälfte vom Schlaf erweckt? Zumindest ist wohl die Tür dazu wieder aufgestoßen, obwohl es doch zunächst nur um das gute Geschäft mit der Urban-Nostalgie zu gehen schien. Grundlage für das Öffnen der Tür ist nicht nur die Scheidung der Form vom gesellschaftlichen Zweck in Vergangenheit und Gegenwart; oder Lampugnanis Berufung auf den alten „reaktionären Modernismus" des Heimatschutzes oder sein Liebäugeln mit „den solide detaillierten Bauten" der NS-Zeit; Grundlage ist vor allem das Schaffen neuer Tatsachen: Anders als bei den erhaltenen Bauten aus der Zwischenkriegszeit stellt nämlich jede neugebaute „Erinnerungs-Architektur" die Rechtfertigung zur Schau, auch an das mit Stolz zu erinnern, was bislang eher Entsetzen auslöste, Schuldgefühle, Peinlichkeit. Insbesondere macht die Neomoderne wieder Neo-Nazi-Bauten gesellschaftsfähig, sofern diese „gediegen" erscheinen; diese werden eine andere Aufmerksamkeit erregen als alte NS-Bauten, werden unkontrollierbare Erinnerungen freisetzen: Positive Erinnerungen auch

an das starke nationale Bewußtsein der zwanziger Jahre, das seine Bekräftigung und Überhöhung fand im Führerstaat; auch an jene rettende Einfachheit, die Hitler als „neue Ordnung" ins scheinbare Chaos brachte: Die Ordnung der Gleichschaltung, der Volksgemeinschaft, der Liquidierung des Nicht-Zu-Ordnenden.

„Reaktionärer Modernismus"?

Es ist an der Zeit, den widersprüchlich scheinenden Begriff des „reaktionären Modernismus" etwas eingehender zu betrachten, verbindet er doch, wie die Worte andeuten, zwei unvereinbare Positionen; er kennzeichnet damit treffend die Zwiespältigkeit: Reaktionär in den Zielen, fortschrittlich in den Mitteln. Der Begriff des „reaktionären Modernismus" entstammt der neueren historischen Forschung: So hatten 1977 die Kulturwissenschaftler Richard Hamann und Jost Hermand in ihrer Untersuchung der vom „Zweiten Reich" in das sogenannte „Dritte Reich" hineinführenden vielfältigen Kunstströmungen von einer „fortschrittlichen Reaktion" gesprochen, die, aus der „völkischen Opposition" und einem idealistischen Antikapitalismus und Antisozialismus hervorgehend, ihre Hoffnung auf eine „Rückbindung an die überindividuellen Mächte der Vergangenheit" und eine „Wiederbelebung des Ewig-Deutschen" setzten. Wo sie in der modernen Industrie „die entmenschenden Tendenzen des materialistischen Zeitgeistes" sahen, suchten sie die moderne Technik ihren völkischen Zielen unterzuordnen, dem „deutschen Menschen" dienstbar zu machen, wie es ein zeitgenössisches Zitat zum Ausdruck bringt: „Der Wert all dessen, was unsere Zeit Neues gebar, ist lediglich daran zu messen, ob es zugleich auch das Alte ist." In dem kurz vor der Jahrhundertwende einsetzenden „Kampf um den Stil" machte sich diese Bewegung auch in Kunst und Architektur bemerkbar: „Mit ihr wurde", so Hermand, „eine ‚volkhafte Heimatkunst' eingeleitet, bei der weniger die geschmackvolle Einkleidung als der reaktionäre Gehalt im Vordergrund steht. Auch diese Strömung begann im Stimmungshaften, einer romantisch gefärbten Sehnsucht nach dem Einfachen und Volkstümlichen, verwandelte sich jedoch im Lauf der Jahre immer stärker in eine Blut-und-Boden-Kunst mit ausgesprochen prä-faschistischen Akzenten."

1984 analysierte der Kulturhistoriker Jeffrey Herf das für Amerikaner zunächst kaum begreifbare „Paradoxon" zwischen der Nutzung fortschrittlicher Technik bei reaktionären, nationalistisch-völkischen Zielsetzungen vor allem in den angeblich „goldenen Zwanziger Jahren"; er nannte das Paradoxon „reactionary modernism"; er sei aus einer nationalen Krise der Modernisierung hervorgegangen und seine alten Wurzeln steckten in der für Deutschland charakteristischen „unvollständigen Aufklärung", dort also, wo Kultur und Zivilisation als konträre, sich gegenseitig abstoßende Pole verstanden wurden. So verdiente für Herf das, „was die Vertreter des reaktionären Modernismus zuwege brachten, besondere Aufmerksamkeit. Im Lande der romantischen Gegenrevolution gegen die Aufklärung gelang es ihnen nämlich, die moderne Technologie dem durch Symbole und Sprache abgesteckten Bereich der Kultur einzuverleiben, also zum Gedankenkreis von Gemeinschaft, Blut, Willen, Form, Individuum und Rasse herüberzuziehen. Damit aber war die Technologie aus dem Bereich der Zivilisation herauslöst; dort, wo Vernunft, Verstand, Internationalismus, Materialismus und Geschäftsdenken regieren."
Da der Begriff der „fortschrittlichen Reaktion" unmißverständlich die Nutzung des Fortschritts durch die Reaktion meint, jedoch den leisen Beigeschmack von Fortschrittlichkeit an sich trägt, wurde hier auf seine Verwendung verzichtet und statt seiner der in der deutschen Sprache noch nicht umfassend eingebürgerter Begriff des „reaktionären Modernismus" verwendet; eingebürgert ist lediglich das eher abfällig meinende Adjektiv „modernistisch", das eine Annäherung an die Formenwelt der Moderne bezeichnet, ohne dem Geist der Aufklärung verpflichtet zu sein. In ähnlichem Sinn meint „Modernismus" eine vermittelnde Annäherung an das Moderne; so wird z.B. in der katholischen Welt der von Papst Pius X. 1910 entschieden zurückgewiesenen Vermittlungsversuch aufgeklärter Theologen zwischen christlicher Mystik und Aufklärung als „Modernismus" bezeichnet. Im Amerikanischen bedeutet „modernism" ein der Moderne entlehntes Idiom, einen an die Moderne angelehnten Stil, aber eben nicht die Moderne, die Aufklärung selbst. Im Sinn einer vermittelnden Annäherung an die Moderne, die jedoch dem Modernen selbst nicht verpflichtet ist, soll hier der Begriff „Modernismus" verstanden sein. Aus welcher Richtung und zu welchem Zweck diese Vermittlung angestrebt wird, wird durch das Adjektiv „reaktionär" zum Ausdruck gebracht: „Reaktion" im politischen Sinn bezeichnet das Streben nach Wiederherstellung gesellschaftlicher Zustände und Ordnungen, die vom gesellschaftlichen Wandel inzwischen überholt sind, bzw. die im subtileren

Sinne auch das Wiederanknüpfen bei diesen mit dem Ziel ihrer Weiterführung in der Gegenwart meinen. Also bezeichnet „reaktionärer Modernismus" dem hier gemeinten Wortsinn nach den Vermittlungsversuch zwischen reaktionären Zielsetzungen und modernen Mitteln. Es ist ein Versuch, der sich dem Modernen mit dem Vorwand, fortschrittlich zu sein, in den Weg stellt. Ein Versuch, der sich auf jene widersprüchliche Strömung in Architektur und Städtebau zwischen dem Anfang des „Zweiten Reichs" und dem Ende des „Dritten Reichs" ebenso anwenden läßt wie auf Lampugnanis „Neomoderne", die eben nicht „modern", sondern bestenfalls „modernistisch" ist. So unterschiedlich die Ausformungen und Erscheinungen auch sein mögen, in beiden Fällen steht dahinter ein widersprüchliches Wollen: Den Aufbruch zu neuen Ufern zu suchen und gleichzeitig die Leinen der Tradition und Konvention am alten Ufer festzuzurren.

Wie nahe Lampugnani mit seiner „Neomoderne" beim alten „reaktionären Modernimus" liegt, deutet sich beispielhaft an einem Punkt an, wo es um die Einschätzung der Gegenwart als „Chaos" geht und um die Herstellung einer „neuen Ordnung". Gottfried Feder, Chefideologe des antikapitalistischen Flügels der 1921 gegründeten NSDAP und Hüter deutscher Kultur, sah 1927 „das gleiche fürchterliche Bild des Chaos bei allen ... Erscheinungen des öffentlichen Lebens, ob Kunst, Literatur, Kino, Radio, Kirche, Schule; überall das ‚Ferment der Dekomposition', der große Zersetzer und Zerstörer, der Jude ..., sichtbar an den wichtigsten Stellen oder unsichtbar als Drahtzieher der Puppen. Der Wille zur Form, der Wille, das Chaos zu entwirren, die aus den Fugen gegangene Welt wieder in Ordnung zu bringen und als Wächter der Ordnung zu walten – das ist die ungeheure Aufgabe, der sich der Nationalsozialismus gestellt hat". Hier kann Lampugnani mit dem, was er 1993 meinte – freilich auf der bescheideneren Ebene der Architektur und ohne Berufung auf den Nationalsozialismus –, fast mithalten: „Unsere Welt ist eine Welt des zunehmenden Chaos". Das sieht er in einem Versagen der Philosophie, der Religion, der „großen Ideologien", der Politik, der Wirtschaft, „der sich selbst überlassenen Technik", der Kunst, die „ähnlich wie die Nationalstaaten, in Tausenden von Fragmenten explodiert, die eine geradezu babylonische Sprachverwirrung anzeigen und den extremen Mangel an Konsens in unserer Gesellschaft facettenreich wiederspiegeln". Von seinem „Willen zur Form" getragen. richtet er einen Aufruf an seine Jünger: „Dieses Chaos muß ... aufgehalten und eingedämmt werden ... Auf Grund ihrer Exponiertheit und Dauerhaftigkeit ist die Architektur dafür prädestiniert, als Insel der Ordnung im Strom der Verwirrung zu stehen."

Gegen Nostalgie und „Neomoderne"

Es ist also nötig, sich mit dem alten „reaktionären Modernismus" zu befassen, um Lampugnanis „Neuwertung" von Vergangenheit und Gegenwart, seine Ablösung der Form von den ihr unterlegten Zwecken, seine Legitimierung des Rückgriffs auf den „historischen Stoff" zu begreifen. An fünf Beiträgen wird in diesem Bändchen aufgezeigt, aus welchem trüben Brunnen „der jüngsten Geschichte" Lampugnani seine Vorbilder, seine Methodik und seine Rechtfertigung schöpft. Dadurch wird eine Grundlage gelegt, von der aus der Leser Parallelen und strukturelle Ähnlichkeiten zwischen dem alten „reaktionären Modernismus" und Lampugnanis „Neomoderne" erkennen kann; Ähnlichkeiten, die in erster Linie in der Leugnung der Aufklärung zu sehen sind, im Rückgriff auf neu erfundene, nostalgisch vergoldete Vergangenheiten und in einem noch latenten Nationalismus.

Die „Essenz des guten Gestern" in der neuen Gestaltung weiterzuführen, war seit Camillo Sittes Zeit ein Argument für den Bau vergangener Bilder in unseren Städten. Dabei ginge es ja nur darum, wie er 1889 meinte, „Bilder, die Genuß bereiten" und den Eindruck von „Harmonie und Ruhe" vermitteln, in die allgemeine „Zerfahrenheit und Langweiligkeit" zu bringen. Nicht nur an Camillo Sitte wird in den folgenden Beiträgen aufgezeigt, daß das Bemühen um die Reproduktion der Bilder der Vergangenheit stets zu dem führt, was Lampugnani heute als „solide detaillierte Bauten" schätzt, was aber Fritz Schumacher schon 1935(!) „Kulissenzauber" genannt hat. Der Weg des „reaktionären Modernismus", so populär er auch zunächst erscheinen mochte, scheiterte noch immer am kurzen Atem der Nostalgie – und am gesellschaftlichen und technischen Wandel, der sich durch Bilder aus der Vergangenheit nicht lange aufhalten läßt. Dennoch war es von den mehr oder minder zum Reaktionären neigenden Heimatschützern sicherlich „ehrenhaft" gewesen, sich intensiv um den Siedlungsbau des „vierten Standes" gekümmert zu haben, so, wie es „fortschrittlich" gewesen war, sich der Technologie serieller Fertigung im Wohnungsbau bedient und das WC in die Wohnung des „kleinen Mannes" gebracht zu haben; es war „wegweisend" von ihnen gewesen, sich für die Erhaltung von Landschaft, Natur und Baudenkmälern eingesetzt zu haben; vielleicht war es sogar „zeitgemäß", in einem national-populistischen Baustil gebaut zu haben, dessen ästhetische Qualität – insbesondere dessen kalkulierte Einfachheit – sicherlich zu lange unterschätzt wurde. Auch die Architekten, die dem akkumulierenden Kapital neue Tempel im schlichten Muschelkalk-Gewand in den Cities bauten, leisteten zweifelsohne Bahnbrechendes. Trotz ihres Bemühens um Einfachheit der Form konnten sie alle indes nicht die fortschreitende Komplexität ihrer Welt ausgleichen. Vor allem aber war das, was sie im Inneren antrieb – der Mythos vom „deutschen Wesen", von den heiligen Ordnungen und gottgewollten Unterschieden –, gemessen mit dem Maßstab der Aufklärung, alles andere als „modern" gewesen. In den überlieferten Formen die „Essenz des Gestern" zu sehen, „welche die Kraft habe, das bessere Heute zu schaffen", das bleibt auch dann noch reaktionär, wenn der Begriff des Modernen zuvor „umgewertet" worden ist.   GF

„Stadtbaukunst" contra „Stadtplanung" –
„Volkserziehung" contra „Funktionalität"

> *Historisch ist nicht, das Alte allein festzuhalten oder zu wiederholen. Dadurch würde die Historie zugrundegehen. Historisch handeln ist das, welches das Neue herbeiführt und wodurch die Geschichte fortgesetzt wird.*
>
> Schinkel, 1832

Der etwa 120 Jahre alte „moderne Städtebau" erscheint uns heute gern als eine einheitliche Strömung, die, aus den Bemühungen einzelner weitblickender Wegbereiter hervorgehend, kurz nach der Jahrhundertwende zu einer breiten Bewegung wurde. Solche scheinbare Einheitlichkeit drängt sich leicht auf, wenn wir nur auf die wenigen großen Einzelveröffentlichungen schauen,[1] die als Meilensteine entlang einer solchen Bewegung mißverstanden werden können.
Genauer besehen gab es jedoch drei heftig miteinander konkurrierende Richtungen von „Städtebau". Sie führten ihre Auseinandersetzungen weit vehementer und grundsätzlicher, als dies heutzutage der Fall ist, wobei die Streitfragen nahezu unverändert geblieben sind; ging es doch damals wie heute darum, die sogenannte „Krise der Stadt" ohne radikale gesellschaftliche Veränderung zu bewältigen: Wohnungsnot, Verkehrsverstopfung, unbegrenztes Wachstum, Auflösung der bürgerlichen Stadt in funktionaler, sozialer und kultureller Hinsicht, Umweltbelastung und -zerstörung usw. Damals spielte allerdings noch die offene Bedrohung des „2. Standes", des Bürgertums, durch den „4. Stand" der „arbeitenden Classen" eine gewichtige Rolle. Auch fiel das Phänomen der Zerrissenheit der Stadt, ihres Verlustes an baulichem Zusammenhang, erstmals beklemmend ins Auge: „Die plan- und sinnlose Anordnung von kreuz und quer gestellten Bauwerken, die ohne Verbindung wie Comoden bei einem Ausverkauf herumstehen" (Sitte 1889, 127).

Es waren „Jahre des Gärens und Aufwallens, die zwischen 1890 und 1895 liegen, jene Jahre, die den Geburtswehen einer neuen Zeit glichen" (Muthesius 1912, 15) und in denen die verschiedenen Gruppierungen des Bürgertums die „Krise der Stadt" unterschiedlich interpretierten und Lösungen auf verschiedenen, auseinanderstrebenden Wegen suchten. Aus den „Geburtswehen" ging schließlich auch der sogenannte „moderne Städtebau" hervor; noch 1904 vermerkten Theodor Goecke und Camillo Sitte den „heftigen Widerstreit der Ansichten auf theoretischer Seite und der Ausgangspunkte des Schaffens auf praktischer Seite" (Goecke/Sitte 1904, 2), und sie gründeten als Vertreter zweier verschiedener Richtungen von Städtebau gemeinsam die Zeitschrift „Der Städtebau" als ein „großes Sammelbecken" (ibid., 1) – in der Hoffnung, das „Wirrsal der Meinungen" in die Richtung einer einheitlichen Disziplin „Städtebau" leiten zu können. Zunächst soll der Gesamtzusammenhang dieser Auseinandersetzung, das Ringen um den „modernen Städtebau" in der Zeit um 1890 skizziert werden, ehe auf den ersten grundsätzlichen Streit zwischen zwei verschiedenen Gruppierungen des Bürgertums eingegangen wird, der von Camillo Sitte gegen Reinhard Baumeister im Namen der „Stadtbaukunst" gegen die „Stadtplanung" geführt wurde.[2]

Drei Wege städtebaulicher Reform:
Stadtplanung, Siedlungsbau, Stadtbaukunst

Zu Beginn der 90er Jahre hatten sich drei Reformansätze herauskristallisiert, in denen wir die Wurzeln des „modernen Städtebaues" sehen können: Stadtplanung, Siedlungsbau, Stadtbaukunst. Wir erkennen in ihnen u.a. die Reaktionen des bürgerlichen Lagers auf die Bedrohung des „inneren Friedens" (Bismarck 1881, 222) seitens der „arbeitenden Classen" und auf die Unzulänglichkeit des gegebenen Planungsinstrumentariums für die Abwehr der Bedrohung.

1. Bedrohung des „inneren Friedens": Mit dem Wachsen der Industrie und der Erschließung des Landes durch die Eisenbahnen hatte die Zusammenballung der „arbeitenden Classen" in den Städten solche Ausmaße angenommen, daß sie zu einer schweren Bedrohung für den gutgeschmierten Lauf der Wirtschaft geworden war. Bismarck hatte schon bald nach der Reichsgründung erkannt, daß der „innere Frieden" ernsthaft bedroht war und „daß die Heilung der sozialen Schäden nicht ausschließlich im Wege der Repression sozialdemokratischer Ausschreitungen, sondern gleichermaßen auf dem der positiven Förderung des Wohles der Arbeiter zu suchen sein werde" (ibid.): Zuckerbrot und Rute; Sozialgesetzgebung und Sozialistengesetz. Seine Sozialpolitik hatte jedoch bis in die 90er Jahre hinein „nicht den erhofften Erfolg gehabt, statt dessen waren die Klassengegensätze verschärft, die Spaltung der Nation vertieft worden; kurz: die überlieferte Ordnung schien aufs äußerte gefährdet" (Hampe 1976, 71).

Besonders bedroht fühlte sich das „mittlere Bürgertum", das sich mit wachsender Konzentration der Groß-Industrie seit den 80er Jahren „seiner prekären Lage zwischen dem ‚Materialismus' der organisierten Arbeiterschaft bewußt wurde" (Linse 1976, 120) und nach einem „dritten Weg ... jenseits von Kapitalismus und Sozialismus" (ibid., 121) suchte. Für diesen „dritten Weg" gab es allerdings soviele Konzepte, wie es Gruppierungen im „mittleren Bürgertum" gab: Viele davon waren weltflüchtig, einige neigten Kompromissen mit dem Kapitalismus, andere eher mit der Sozialdemokratie zu. Bei allen aber, die auf die „Reform des modernen Städtebaues" (Henrici 1893, II) Hoffnung setzten, bestand Einigkeit, daß solche und andere Reformen aus dem Bürgertum hervorgehen müßten: „Kein besseres Mittel wird es in unseren Tagen der Klassenscheidung geben, um den sozialen Frieden anzubahnen, als die reformatorische Arbeit der Bürgergemeinde" (Eberstadt 1892, 610); ferner, daß das Ziel nur darin bestehen konnte, „das jetzt nach Klassen und Zünften geteilte Interesse der Bürgerschaft in einen gemeinsamen Mittelpunkt zu vereinen" (ibid.). Mit den Worten Goeckes und Sittes: Es mußte eines der Hauptziele des Städtebaus sein, „die Versöhnung sozialer Gegensätze zu unterstützen" (Goecke/Sitte 1904, 1). Nur: welcher Weg führt zu diesem Ziel? Die soziale Reformbereitschaft war auf Grund der Einsicht in die Notwendigkeiten seit den 70er Jahren im Bürgertum gewachsen und wurde seit den 80er Jahren zunächst punktuell unterstützt durch die Bismarcksche Sozialpolitik; auch gab Kaiser Wilhelm I. 1884 die Parole aus, „kein in unserer Macht stehendes Mittel zu versäumen, um die Besserung der Lage der Arbeiter und den Frieden der Berufsclassen untereinander zu fördern". Dies wirkte sich auch aus auf den Städtebau, der sich von der tradierten, noch namenlosen Stadterweiterungs-Praxis der 60er bis 80er Jahre zum „modernen Städtebau" wandelte. Auf der Grundlage des aus dem zerbrochenen Feudalismus überlassenen Planungs-Instrumentariums aufbauend, hatte die frühe Stadterweiterungs-Praxis lediglich in der Beantwortung der Frage bestanden: „Wie kann gebaut werden und wo kann gebaut werden? Ihre Beantwortung findet die erste Frage in der Baupolizei-Ordnung, die zweite im Bebauungsplan! Letzterer charakterisiert sich im wesentlichen als ein Verbot, auf bestimmten Terrains – Straßen und Plätzen – zu bauen." (Hobrecht 1883, 579). Der „moderne Städtebau" wandte sich demgegenüber jedoch den drängenden sozialen Aufgaben zu und wurde mit seiner, wenn auch begrenzten Möglichkeit zur Bodenordnung, zur funktionalen und sozialen Gliederung des Stadtgebietes und zur Absicherung sozialer und wirtschaftlicher Belange zu einem Instrument der Reformpolitik auf kommunaler Ebene.

2. Ungenügende Planungsinstrumente: Mit dem Preußischen Fluchtliniengesetz von 1875 war den preußischen Gemeinden endgültig die Befugnis zur Aufstellung von Stadterweiterungs-Plänen übertragen und damit die Regelung der städtischen Frage näher an die Bürger herangerückt worden; nun erst konnten die Gemeinden die Stadterweiterung umfassend und in Übereinstimmung mit ihrer kommunalen Politik in Angriff nehmen. Jedoch entsprach der übertragenen Befugnis nicht das aus dem feudalen Städtebau übernommene Planungs-Instrumentarium von Fluchtlinienplan und Bauordnung. Beide erwiesen sich, ebenso wie die überlieferte Methode der Planung, als unzulänglich für die neu gesehene „reformatorische Arbeit der Bürgergemeinde"; ließen sich doch auf ihrer Grundlage keine neuen Konzepte von Stadt, keine ernsthaften Lösungen zur Beseitigung der „sozialen Übelstände" (Baumeister 1876, 11) auf städtischer Ebene realisieren. Was bei allen städtebaulichen Reformansätzen gefordert wurde, waren weitergehende Kontrollmöglichkeiten über die städtische Entwicklung und effektivere Eingriffsmöglichkeit zur Steuerung, als sie das überlieferte Planungs-Instrumentarium bot; genauer: schärfere Eingriffsmöglichkeiten im „öffentlichen Interesse" und stärkere Einschränkungen des privaten Verfügungsrechts über den Grund und Boden, der privaten, durch das Allgemeine Landrecht 1794 zugesicherten „Baufreiheit". Eine deutlich gegen die privaten Boden- und Bauspekulanten gerichtete Stimmung machte sich in allen Reformkreisen breit. Damit aber geriet der „moderne Städtebau" in Konflikt mit dem etablierten privaten Grundeigentümerstand, der in der Stadterweiterung in erster Linie ein gutes Geschäft sah; ihm war das Preußische Fluchtliniengesetz von 1875 auf den Leib geschneidert, insofern es die private Verfügung über das durch Fluchtlinien abgesteckte Bauland nicht schmälerte. Die Entscheidung über Stadterweiterungspläne aber wurde von den „Hausbesitzerparlamenten" gefällt, in denen der Grundeigentümerstand – in Preußen seit 1856 – mindestens die Hälfte der Stadtrats-Sitze innehaben mußte. Eine Unterstützung sozialer Reformen, die mit Einschränkungen der Baufreiheit verbunden waren, ließ sich hier kaum erwarten. Gerade diejenigen, die durch rücksichtslose Spekulation und Ausbeutung des Bodens maßgeblich zu den „sozialen Übelständen" beitrugen, stellten sich blind gegenüber „der sozialpolitischen Gefahr, denn das Bodenkapital rührt und regt sich nicht. Die Gesellschaft lebt mit dem Alpdruck der Sozialdemokratie auf der Brust unruhig und ungemüthlich weiter, und der Wahn, vielleicht doch noch aus dieser Krise herauszukommen, schließt die harten Hände ... Bei der bestehenden Wohnungsnot dürften die Gemüther wohl nur durch Erschütterungen heranreifen, die der Vaterlandsfreund nicht herbeiwünschen kann" (Hessen 1891, 661).

Angesichts des langsamen Fortschritts bei den von Wohnungs- und Städtebau-Reformern zur Vermeidung der „Erschütterungen" anvisierten sozialen Reformen klagte Eberstadt 1905: „Der außerordentliche Umfang der mit den heutigen Mißständen verbundenen materiellen Interessen sorgt dafür, daß wir mit den notwendigen Reformen nur schwer vorankommen" (Eberstadt 1905, 21). Die „notwendigen Reformen" bezogen sich in erster Linie auf die Art und Weise der „Bodenaufteilung" in den Städten: der Ausweisung bestimmter Flächen für verschiedenartige Nutzungen, der Ziehung der Straßenfluchten, der Parzellierung des Baugeländes. Damit wurde die Lösung der Bodenfrage zu einer zentralen Frage des „modernen Städtebaus".

Wir können innerhalb des damaligen Bürgertums einen Zweifrontenkrieg erkennen, bei dem die Städtebaureformer einerseits gegen den etablierten Grundeigentümerstand anrannten, andererseits aber auch untereinander in heftiger Fehde lagen über den richtigen Weg zum gemeinsamen Ziel der „Versöhnung sozialer Gegensätze". Die drei wichtigsten Wege, die der „moderne Städtebau" damals einschlug, wollen wir vor dem Hintergrund ihrer unterschiedlichen Sicht der sozialen Probleme kurz skizzieren.

Städtebau im Sinne von Stadtplanung

Innerhalb des „mittleren Bürgertums" bildeten die Techniker, Ingenieure und Verwaltungsfachleute eine eigene Gruppierung, die „technische In-

telligenz ..., die von den klassisch und humanistisch Gebildeten nicht voll als ihresgleichen akzeptiert wurden" (Vondung 1976, 27), zumal die „Techniker" durch ihre größere Nähe zu den Zentren der Macht dem Bildungsbürgertum den angemaßten Platz als „kulturelle Elite" (ibid., 30) streitig machten. Aufgrund ihrer naturwissenschaftlich-technischen Ausbildung, der geforderten pragmatischen Denkweise und ihrer Verankerung in der Aufklärung, sahen die „Techniker" die Ursachen für die Bedrohung des Bürgertums in erster Linie in der Wohnungsfrage, d.h. der Frage der Versorgung der arbeitenden Klassen mit gesundem und ihrem Einkommen entsprechendem Wohnraum. Und zwar wurde die Bedrohung gesehen:
1. auf hygienischem Gebiet: „Vor Ansteckung mit diesen Krankheiten, insbesondere Scharlach, Diphtherie, Cholera und Flecktyphus, schützt auch die in ihrer Bedeutung zuweilen überschätzte Wohlhabenheit nicht" (Wasserfuhr 1886, 197); aber auch die Produktivität der Arbeiter wurde durch solche Krankheiten geschwächt, hielt internationalem Vergleich nicht stand. „Weil viele Krankheiten Folgen schlechter Wohnverhältnisse sind" (Baumeister 1876, 17), spielte die neue Disziplin der Stadt-Hygiene bei ihren Reformüberlegungen eine maßgebliche Rolle, und nicht umsonst organisierten sie sich in dem einflußreichen „Deutschen Verein für öffentliche Gesundheitspflege" –
2. bei den „ungeheuren sozialpolitischen Gefahren ... je größer die Menschenmassen werden, die in Miethscasernen zusammengepfercht werden" (Adickes 1894, 108); genauer: „Aus der unbemittelten städtischen Bevölkerung entstehen ... Gefahren für die Wohlhabenden: die politische Ansteckung schreitet auch zu ihnen fort, ja man hat schon von einer Entartung der Menschheit in den Städten gesprochen" (Baumeister 1876, 17).
Die „Techniker" also sahen Ursachen für die Wohnungsnot in den unbefriedigenden Verkehrsverhältnissen, vor allem aber in der herkömmlichen Praxis der Stadterweiterung, den hohen Erschließungskosten und der hohen Ausnutzung des städtischen Bodens. So folgerten sie: „Die Wohnungsfrage bildet einen Theil der sozialen Frage und eine richtige Stadterweiterung einen sehr wichtigen Bestandteil der sozialen Reformen" (ibid., 15). Ihr Ziel war „Funktionalität", die technisch und sozial funktionierende Stadt, in der keine soziale Unruhe, keine Behinderung den ruhigen Gang der Geschäfte stört: Ein „ordentliches Ganzes" (Stübben 1886, 11), in dem neben der Verkehrsfrage in erster Linie die Wohnungsfrage und die Bodenfrage technisch gelöst waren. Für die Woh-

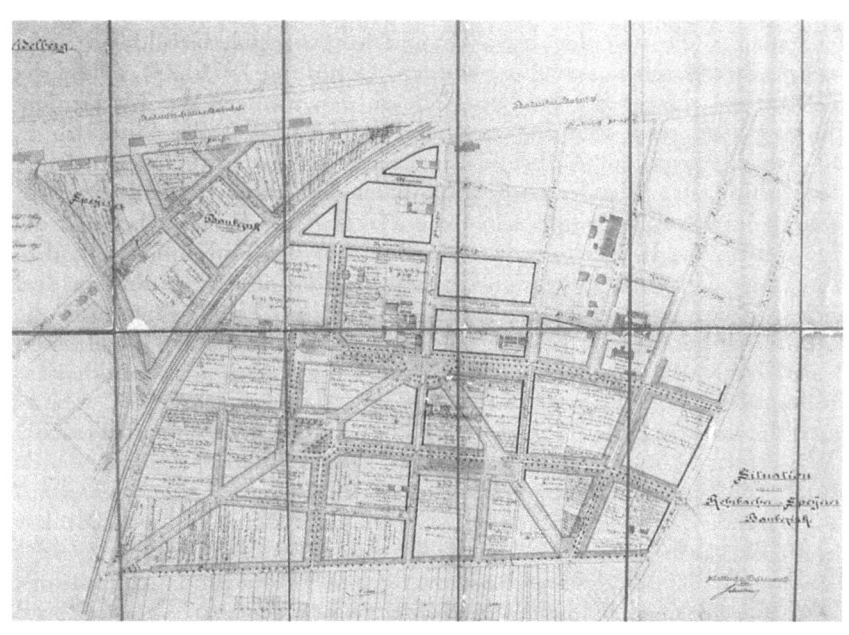

Reinhard Baumeister: „Ortsbauplan" für die westliche Stadterweiterung von Heidelberg (heute Weststadt), 1891.
Der Plan wurde aufgrund der gesetzlichen Möglichkeiten zur *Umlegung* des Bodens verwirklicht. Er zeigt eine höchst differenzierte und funktionale, nicht aber eine malerische Gliederung.
(Aus: Vierneisel 1985)

nungsfrage aber galt das Ziel: „Wir erstreben das gesunde Wohnen für alle Volksclassen!" (Baumeister 1889, 25), das sich in ihren Augen – im Gegensatz zu den Siedlungsbau-Reformern – nur durch verschärfte Kontrolle der städtischen Entwicklung als Ganzes, d.h. durch umfassende Stadtplanung erreichen ließ. Dabei waren sie kühle Techniker mit Sachverstand, keine Umstürzler; sie wollten nur die „schwachen Punkte" im System beseitigen: „Ich gehöre nicht zu den Gegnern des privaten Grundeigenthums; aber weil ich seine Funktion für unersetzlich halte, möchte ich die schwachen Punkte, derer diese Institution nur zu viele besitzt, beseitigen; und sehr kurzsichtig handelt meines Erachtens jeder, der im Glauben, dadurch sein Grundeigenthum zu schützen, jede solche Reformbestrebung als Angriff auf die Heiligkeit des Eigenthums denunziert; denn gerade dadurch, daß er durchführbare Reformen verwirft, reizt er (die Sozialdemokratie) auf das entschiedenste zu Umsturzgedanken" (Adickes 1894, 21). Ihre „durchführbaren Reformen" sollten durch „das wesentliche Interesse der Gesamtheit" (Baumeister 1876, 90) legitimiert sein und die „natürlichen Entwicklungen" aufnehmen, statt ihnen zuwiderzulaufen: „Statt der unfruchtbaren Hoffnung, daß dem stetigen Wachstum der Städte Einhalt gethan werden könne, ist es wohl doch richtiger, die besten Bahnen dafür zu bereiten" (ibid., 11); und zwar nach der dreifachen Maxime: „Gute Pläne, richtige Grundsätze zur Wahrung des öffentlichen Interesses, im übrigen freie Entfaltung der Kräfte" (ibid., III). Die „besten Bahnen", die zur Verbesserung der sozialen Verhältnisse führen würden, sah Reinhard Baumeister (1833–1917) in der Auflösung der herkömmlichen geschlossenen Stadtform:
1. „Die Stadt als ein lebender und wachsender Organismus soll nicht in eine genau vorgeschriebene Form hineingezwängt werden" (ibid., 87);
2. die „unbegrenzte Erweiterungsfähigkeit der modernen Städte" (ibid., 184) mußte zur Grundlage der Planung gemacht werden, d.h. „die Grenze zwischen Stadt und Land ist bei in starker Erweiterung befindlichen Städten unbestimmt ... Die Stadt dehnt sich aufs Land, das Land wird zur Stadt" (Baumeister 1876, 11), vor allem unter dem Einfluß der „Schienenbahn", die eine „rasche und schnelle Verbindung zwischen der Stadt und ihren Vororten" (Baumeister 1884, 15) ermöglicht; und
3. durch „weiträumiges und gesundes Wohnen" (Adickes 1894, 14) d.h. „Licht und Luft, weiträumiges Bauen, mäßige Höhen, große Höfe" (Baumeister 1887, 19).
Stadtplanung bedeutet für Reinhard Baumeister zweistufige Steuerung der Entwicklung in der Hand der Gemeinde, indem „man den ersten

Plan auf solche Grundzüge beschränkt, welche sofort nothwendig zum organischen Zusammenhang des Ganzen sind und einheitlich entworfen werden müssen; dagegen man die untergeordnete Ausarbeitung stückweise ‚nach dem Bedürfnis der näheren Zukunft' vornimmt" (Baumeister 1876, 89), wie es das damals neue Preußische Fluchtliniengesetz von 1875 forderte. Mit einem die ganze Stadt umfassenden, aber allgemeinen Rahmenplan – später oft „Generalplan" genannt – war genügend langfristige Rechtssicherheit für Investoren zu schaffen; unerwartete Entwicklungen und neue Anforderungen sollten flexibel aufgefangen werden können. Im Rahmenplan sollten die Hauptverkehrswege und die funktionale Gliederung der Stadt in „drei Abtheilungen: Großindustrie, ... Geschäfte, ... Wohnungen" (ibid., 80) festgelegt werden; hierzu sollten „Zonenbauordnungen", d.h. nach Art der Nutzung, Bauhöhe und Baudichte gegliederte Bauordnungen für einzelne „Zonen" des Stadtgebietes dienen; Vorläufer der heutigen Flächennutzungs-Pläne. Die jeweils nach „dem Bedürfnis der näheren Zukunft" festgelegten kleineren „Spezialbebauungspläne" waren nach entsprechender Umlegung und Parzellierung des Baulandes seitens der Gemeinde dann von privaten Investoren in überschaubar kurzer Zeit plangemäß und in geordneter Weise mit Bebauung aufzufüllen.[3] „Eine Stadterweiterung nach Ort und Zeit zu leiten" (ibid., 473) war das Anliegen, und, nimmt man die von Baumeister vorgeschlagene ständige Rückmeldung des Erreichten durch eine „fortlaufende Statistik" (Baumeister 1887, 33) des Wohnungsbestandes, der Verkehrsbelastung und der Industrieansiedlung hinzu, so haben wir die Grundstruktur einer „Stadtplanung im Regelkreis" vor uns: Nun konnte auf die Meldung von Entwicklungsnotständen hin die flexibel angelegte Planung angepaßt und der Notstand ausgeregelt werden. Insgesamt eine sozio-technische Strategie, die bis zum Beginn der 90er Jahre im Lager der „Techniker" vollständig ausformuliert war, und als deren Protagonisten wir u.a. Reinhard Baumeister in Karlsruhe, Josef Stübben in Köln und Franz Adickes in Frankfurt/M ansehen können.

Städtebau im Sinne von Siedlungsbau

Innerhalb des „mittleren Bürgertums" gruppierten sich einige um das Volkswohl besorgte Sozialwissenschaftler zusammen, die sich als „Arbeiterfreunde" (Schmoller 1887, 2) verstanden und als „Akademiker" eine „Brücke der Beziehung und Verständigung zwischen Besitzenden und

Nichtbesitzenden" (ibid., 24) schlagen wollten. Sie organisierten sich u.a. im maßgeblichen „Verein für Socialpolitik", der mehrfach umfassende Untersuchungen zur Wohnungsfrage vorlegte und mit wissenschaftlich fundierten „Anklagen gegen das Bestehende" (ibid., 1) die Spekulanten und Grundbesitzer zur Mitwirkung an der Wohnungsreform wachrütteln wollte: „Die besitzenden Klassen müssen aus ihrem Schlummer aufgerüttelt werden; sie müssen endlich einsehen, daß selbst wenn sie größte Opfer bringen, diese nur ... eine mäßige, bescheidene Versicherungssumme ist, mit der sie sich schützen gegen die Epidemien und die zahlreichen sozialen Revolutionen, die kommen müssen, wenn wir nicht aufhören, die unteren Klassen in unseren Großstädten durch ihre Wohnverhältnisse zu Barbaren und zu thierischem Dasein herabzudrücken" (Schmoller 1887, 24). Angst also vor einem unfeinen Klassenkampf, in dem die Sozialdemokratie durch die Schuld der Spekulanten und Grundbesitzer barbarisch über die bürgerliche Kultur hinwegrennen könnte, denn „nur weil ein großer Theil dieser Armen bis jetzt seinen Schatz guter Sitten, kirchlicher Überlieferung, anständiger Empfindungen aus früherer Zeit in ihre Höhlen mitgebracht hat, ist das Äußerste noch nicht geschehen" (ibid., 5). Eine eigentümliche Interpretation der Ursachen deutet sich hier an, die die gesamte Strategie der „Arbeiterfreunde" bestimmte: In der ungelösten Wohnungsfrage als dem Kern der politischen Bedrohung sahen sie neben den ökonomischen vor allem die sozial-psychologischen, unmittelbar mit der Wohnung verbundenen Ursachen. Eine Interpretation, deren „Ausgangspunkt psychologischer Natur ist. Es fragt sich, welche Wirkung die verschiedenen Arten des Wohnens auf die menschlichen, hauptsächlich die sittlichen Eigenschaften ausüben ... Der Mensch ist das, was ihn sein Wohnung werden läßt!" (ibid., 2). Wenn Rudolf Eberstadt (1856–1922) die Berliner „Miethscasernen ... (als) Massenpferche, in die die Menschheit eingepreßt wird, truppweise, gleich einer Herde" (ibid., 583), kennzeichnete, dann mußte im Lichte dieses „Ausgangspunktes" die sozial-psychische Auswirkung eindeutig sein: „Die Folgen konnten keine anderen sein: hohe Miethen und erbärmliche Wohnungen, aus denen alle Häuslichkeit verbannt ist, in denen Unbehagen und Unzufriedenheit großgezogen werden. Der Arbeiter hat sich längst abgefunden, seine Arbeitskraft in fremdem Dienst zu stellen; wird er im Hause, ... in seiner Stube zum Fremdling gemacht, dann muß für ihn eine Umwälzung alles Abschreckende verlieren. Er hat keine Freiheit mehr, die der sozialistische Staat ihm noch nehmen kann" (Eberstadt 1892, 589); der Arbeiter mußte in einer schlechten Wohnung körperlich und seelisch verkommen, mußte

„alle Achtung vor Recht und Eigenthum, Anstand und Sitte verlieren" (Schmoller 1887, 5). Ähnlich den Stadtbaukünstlern verfolgten die mit der Wohnungsreform liierten Architekten auch eine Art von „Volkserziehung", welche die städtebauliche ergänzte; nämlich die Erziehung durch die Wohnung: Die „abgeschlossene Kleinwohnung", die die „offene Kleinwohnung" ersetzen sollte, war gedacht als „Erziehungsmaschine" (Schreber), mit der die „Barbaren" zu ordentlichen Menschen geformt werden sollten, also zu Sauberkeit, Familiensinn, Ordnung, Disziplin. Eine „gute Wohnung" war eine, die „gute Menschen" im Alltag und „leistungsfähige Menschen" in der Fabrik hervorbrachte. Die „gute Wohnung" war allerdings auch eine „teure Wohnung" (ausf. Fehl 1988).

Der Wohnungsfrage lag aus der Sicht der „Arbeiterfreunde" die einfache ökonomische „Thatsache" zugrunde, „daß für die Arbeiter nicht entsprechend gebaut wird, ... (denn) die Privatspekulation tritt nur ungern, nur zeitweise und ganz ungenügend an das Geschäft heran, Arbeiterquartiere und kleine Wohnungen zu bauen" (ibid., 9). Der „Hebel der Reform" (Eberstadt 1892, 589) mußte also bei der Wohnung des Arbeiters ansetzen: „Wir müssen mehr kleine Wohnungen und bessere, gesündere kleine Wohnungen schaffen; wir müssen diese kleinen Wohnungen technisch so gestalten, daß sie das normale sittliche Familienleben fördern" (Schmoller 1887, 11). Durch „Arbeiterwohnungsbau" war „eine moralische und geistige Hebung der unteren Klassen" herbeizuführen, indem man „erziehend auf die unteren Klassen einwirkt, in dem Sinne, daß sie den Werth einer guten Wohnung schätzen lernen" (ibid., 11).

Es war eine wohnkulturelle Strategie, welche „Bürgerlichkeit" zum Ziel hatte, und vor deren Stapellauf noch schwerwiegende finanzielle und organisatorische Schwierigkeiten gesetzt waren. Die Architekten waren aufgerufen, ihren Teil beizutragen, indem „gesündere kleine Wohnungen" als „abgeschlossene Kleinwohnungen" erst einmal im Rahmen knapper finanzieller Mittel entwickelt werden mußten; sie sollten „das technisch Vollendetste auf die denkbar billigste Weise" (ibid., 19) schaffen;[4] dies aber ging nicht ohne städtebauliche Überlegungen, denn es mußten zunächst einmal neue Bebauungsweisen, sei es für „Kleinhaus" (Eberstadt 1892, 592) oder Miethaus oder, wie von Theodor Goecke[5] 1893 vorgeschlagen, sogenannte „gemischte Bauweise" als eine neuartige Kombination aus beidem, erfunden werden. Dazu reichte die bisherige Praxis der Fluchtlinienpläne, durch die ja nur das Straßenland vom Bauland geschieden wurde, nicht aus: „Die Aufgabe der Stadtgemeinde ist deshalb nicht erfüllt mit der Schaffung von Verkehrsstraßen; sie muß sich auch

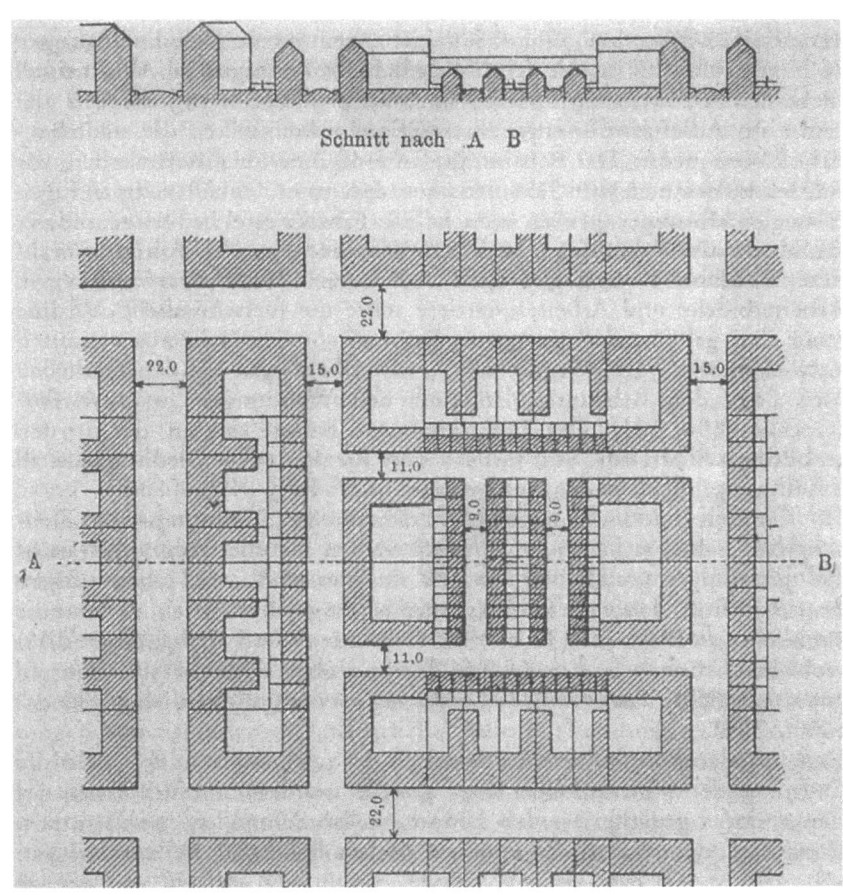

Theodor Goecke: Konzept für die „gemischte Bauweise", 1893.
Ein Bebauungsplan-Schema, das nach Verkehrsfunktion und Wohnfunktion differenziert ist:
je weniger Verkehr, desto schmaler die Straßen, desto kleiner die Grundstücke, desto niedriger
die Häuser.
(Aus: T. Goecke 1893)

darauf erstrecken, dem Wohnbedürfnis angemessene Wohnbedingungen zu bieten, und das ist mit den üblichen Hofwohnungen im Allgemeinen nicht der Fall" (Goecke 1893, 93). Goecke in Berlin zog als einer der ersten im Arbeiterwohnungsbau engagierten Architekten die städtebauliche Konsequenz: „Der Bebauungsplan muß individualisiert werden; wir müssen loskommen vom Schematismus, der uns mit einem weitmaschigen Netz gleichförmiger Straßen bedacht hat: Fabrikviertel bedürften anderer Baublocks als Wohnviertel, und in diesen wieder große Wohnungen anderer als kleine Wohnungen" (ibid., 101). Auch für Arbeiterwohnungen, Arbeiterblöcke und Arbeiterquartiere sollte die fortschrittliche Maxime jener Zeit gelten, „daß der ganze Entwurf von innen heraus organisch entwickelt wird" (H. Wagner 1883, 13). Übertragen auf den Städtebau hieß das, „den Bebauungsplan nach den Wohnungen zu entwerfen" (Goecke 1890, 501). Der Funktionalismus bahnte sich an, der für den „modernen Städtebau" und insbesondere für den neuen Siedlungsbau ab 1900 maßgebliche Bedeutung gewann (ausf. Fehl 1988, 119ff.).
Die Grenzen dieses „Städtebaues" im Sinne von „Wohnungs- und Siedlungsbau" sah Goecke genau: „Freilich werden sich die Wohnungen nicht viel geräumiger gestalten lassen, als sie jetzt sind; wohl aber luftiger, bequemer und, da sie eben billiger vermiethet werden sollten, der Familie zur alleinigen Benutzung (d.h. ohne Untermieter und Schlafgänger; d.V.) verbleiben können ... Ein solches Ergebnis aber alleine wäre schon ein gewaltiger Schritt vorwärts zur Linderung sozialen und sittlichen Elends" (ibid., 502).
Daß mit der wohnkulturellen Strategie der „Arbeiterfreunde" nicht die Ordnung der Welt auf den Kopf gestellt, sondern nur der Gang der Dinge etwas geglättet werden konnte, stellte Schmoller, nachdem sein Vorschlag „als sozialistisch gepriesen" (Schmoller 1887, 24) worden war, klar: „Er ist wie jede gesunde Reform gleich weit entfernt von der reaktionären Tendenz, das Bestehende mit seinen Mißbräuchen und Wuchergewinnen zu erhalten, wie von der überstürzenden Hast, welche ohne weiteres allen städtischen Grund- und Hausbesitz in Staats- oder Kommunaleigenthum verwandeln will ... Er enthält eine Versittlichung rein geschäftsmäßiger Formen unseres wirtschaftlichen Lebens, eine Ethisierung, die doch den berechtigten Egoismus nicht beseitigen will; er ruft die verschiedenen sozialen Klassen zu Berührung und sittlicher Wechselwirkung herbei, ohne dem Geschäftsleben Zwang anzuthun" (ibid., 24). Die neu entstehende Gemeinwirtschafts-Bewegung mit der Einfüh-

rung der Gemeinnützigkeit im Arbeiter-Wohnungsbau seit 1889 bot dieser Reformlinie die materielle Grundlage.
Die wohnkulturelle Strategie war, in Verbindung mit der Gemeinwirtschaft, ein „dritter Weg" zwischen Kapitalismus und Sozialismus; im Lager der „Arbeiterfreunde" maßgeblich miterarbeitet, erstreckte sie sich auf viele Tätigkeitsfelder; unter diesen spielte der Städtebau im Sinne von „Siedlungsbau" eine gewichtige Rolle; seine Protagonisten waren neben Max Brandts in Düsseldorf und Karl von Mangoldt in Berlin vor allem der Volkswirt Rudolf Eberstadt und die Architekten Theodor Goecke und Adolf Messel.

Städtebau im Sinne von Stadtbaukunst

Den angestammten Kern des „mittleren Bürgertums" bildete der „gebildete Stand", humanistisch gebildet und „kunstsinnig". Auch gegen Ende des 19. Jahrhunderts war das Bildungsbürgertum noch immer „ein wirklicher Stand mit eigenen Sitten und Konventionen, einer eigenen Lebenseinschätzung und Lebensführung, eine Welt für sich, in breiten Teilen minder begütert als das Besitzbürgertum, aber zu stolz auf seinen geistigen und sozialen Rang, als daß es die ‚Geldmacher' als seinesgleichen erachtet hätte ... Die Interpretationen der Wirklichkeit und die Ordnungsvorstellungen seiner Mitglieder ... bis hin zu künstlerischen Realitätsdeutungen konstituierten die ‚öffentliche' Kultur" (Vondung 1976, 26). Bis in die 90er Jahre hinein war das Denken der Gebildeten vom Idealismus geprägt und vom „Geist der Klassik", der jedoch mehr und mehr dem neuen „Geist des Vaterlandes" wich: Von den weiterhin auf Aufklärung und Rationalität Setzenden spaltete sich ein der Metaphysik und Mystik zuneigender Teil ab; Spannungen entstanden, die auch zutage traten im gespannten Verhältnis zwischen Technikern und Künstlern. Kunst hatte für die Gebildeten seit langem als Medium der Vermittlung von Ideen – ethischen Normen – eine gesellschaftlich bedeutsame Rolle gespielt, wurde ihr doch eine allgemein heilsame, „die Seele des Beschauers ansprechende Wirkung" (Maertens 1887, 58) beigemessen; der Mythos von der Nation im neuen Reich ließ die „vaterländische Gesinnung" zu einer der höchsten Ideen, einem Ideal, aufsteigen. Aber das Bildungsbürgertum war, verglichen mit dem „Stand" der bürgerlichen Unternehmer, derjenige „Stand", dessen idealistische Grundlagen angesichts des sich entfaltenden Kapitalismus' und des sich verbreitenden materialistischen Denkens am meisten bedroht waren. Auf der Suche, dem eigenen Leben bei soviel gesellschaftlicher Unsicherheit neuen Sinn zu geben, zersplitterte der „Stand" in „Bewegungen", „Lebensreform-Bewegungen", die, in Bünden und Vereinen organisiert, jede in eine andere Richtung strebten (ausf. Hamann/Hermand, 1977, 212ff.). „Die Geschichte dieses besonderen Standes war 1918 zu Ende" (Vondung 1976, 25). Niedergang und gesellschaftliche Isolation schon während der bürgerlichen Revolution von 1848 erkennend, flüchtete sich ein Teil in eine durch Kunst abgeschirmte, kultivierte Innenwelt; während ein anderer Teil den Niedergang mit den ihm zu Gebote stehenden Mitteln, mit Kunst und „Volkserziehung" (Vischer 1851 [1975, 84]), aufzuhalten hoffte. Schon zur Zeit der deutschen Revolution von 1848 hatte Theodor Vischer (1807-1887), führender Vertreter idealistischer Ästhetik, mit Schrecken „zwischen den gebildeten Ständen und dem arbeitenden Volke eine unendliche Kluft" (Vischer 1848, 346) bemerkt, eine „Entfremdung" (ibid., 69), die im Verlauf der zunehmenden Organisation des „arbeitenden Volkes" in Arbeitervereinen und Sozialdemokratie in offen Klassenkampf auszuufern drohte und von Bismarck zunächst durch das Sozialistengesetz unter Kontrolle gebracht werden sollte. Als es 1890 aufgehoben und der Sozialdemokratie wieder Versammlungs- und Redefreiheit zugestanden wurde, fürchteten weite Teile der Gebildeten, daß der Klassenkampf nun verstärkt weitergehe und dadurch ihre bürgerliche Kultur ernstlich bedroht sei. Die zur Verteidigung gegen die „Ungebildeten" verfolgte Strategie des Bildungsbürgertums – seit den ausgehenden 80er Jahren vor allem des national-konservativen Flügels – hieß „Volkserziehung" durch Kunst, ein Konzept, das Vischer schon 1851 vorgeschlagen hatte: „Kunstwerke ... für das Volk, damit es sehen, daher auch die Kunst würdigen lerne und so ein empfänglicher und fördernder Boden für die lebendige Kunst werde" (Vischer 1851 [1975, 83]). Unter den Kunstwerken wurde den öffentlichen Monumentalbauten besondere erzieherische Breitenwirkung beigemessen: „Architektur ist die Kunst für die Masse des Volkes" (Goecke 1892, 267). Bei dieser ästhetisch-erzieherischen Strategie hatte schon Vischer dem „Städtebau" eine herausragende Rolle zugewiesen: „Das Gesamtleben (eines Volkes, d.V.) fordert ... Räume, welche ausdrücklich der öffentlichen Darstellung des Ganzen als solchem dienen; dies sind die Plätze und Gebäude der Volksversammlung; so dann im Sinne des freien, rein darstellenden Selbstgenusses der Gesamtpersönlichkeit (des Volkes, d.V.): Dies sind die Anlagen für das Volksfest" (Vischer 1848 [1975, 305]). Den Architekten legte er ans Herz, „zur ausdrücklichen

Erinnerung und Betätigung der Gemeinsamkeit" aller Klassen für das „erneuerte öffentliche Leben" Räume und Mittelpunkte in der Stadt zu schaffen, um so das klassische Ideal zu realisieren, „wo der Tempel auch räumlich zu einem Mittelpunkt geworden ... (sich) mit den wichtigsten öffentlichen Gebäuden vereinigt, die Masse der Privathäuser sich unterordnend, ihnen ihre höchste Idealität mit dem Markt usw. ihren absoluten Festraum und Festsaal gibt. Dies muß das Hauptaugenmerk für die höchste zyklische Aufgabe, den Städtebau, sein" (ibid., 307f.).
Zusammen mit dem Wort „Städtebau" griff Camillo Sitte (1843-1903) genau diesen Teil der ästhetisch-erzieherischen Strategie Vischers auf,[6] indem er die Stadtbaukunst verstand als eine Möglichkeit zur „Volkserziehung" und zur Wiederherstellung eines „erneuten öffentlichen Lebens" durch Schaffung kunstvoller öffentlicher Plätze und Anlagen und ihre Umrandung mit würdigen Monumentalbauten. Sitte sah in der Auflösung der überkommenen Stadtform und im Verlust der Öffentlichkeit die äußeren Zeichen des „Verfalls" bürgerlich-städtischer Kultur: „Zerfahrenheit und Langweiligkeit" (Sitte 1889, 4) prägten, so Sitte, die neuen Stadterweiterungsgebiete; die vermehrte Hinwendung des Interesses des besitzenden Bürgertums zur Verwertung des Baulandes und die gleichzeitige Abwendung des Interesses vom öffentlich gestalteten Straßen- und Platzraum erkannte er richtig: „Früher war der leere Raum – Straßen und Plätze – ein geschlossenes Ganzes von auf Wirkung berechneter Form. Heute werden die Bauparcellen als regelmäßig-geschlossene Figuren ausgetheilt, was dazwischen übrig bleibt, ist Straße oder Platz" (ibid., 93). Insbesondere die Plätze haben mit der Form auch ihre öffentliche Funktion verloren: „Heute höchst selten zu großen öffentlichen Festen verwendet und immer weniger zum täglichen Gebrauch, dienen sie häufig keinem andern Zweck, als mehr Licht und Luft zu gewähren, eine gewisse Unterbrechung des monotonen Häusermeeres zu bewerkstelligen und allenfalls noch auf irgendein größeres Gebäude einen feinen Ausblick zu gewähren" (ibid., 4). Für ihn, der daran glaubte, daß die Umwelt „auf das Gemüth der Menschen mit sanfter und unwiderstehlicher Gewalt" (ibid., 1) wirke, resultierte aus der Umwelt die Einstellung der Menschen: Die materialistische, „allgemein eingerissene Nüchternheit" (ibid., 115). „Wo die Menschen im Streben nach Ausbreitung alleine aufgehen, nur leben, um Geld zu verdienen, und nur Geld verdienen, um zu leben, da mag es ja hinreichen, sie in ihre Baublöcke zu verpacken, wie die Heringe in eine Tonne" (ibid., 137). An ihnen beobachtete er dann folgerichtig: „Die Freude der Bewohner ist gleich null und somit in letzter Instanz

auch die Anhänglichkeit ..., mit einem Wort das Heimathsgefühl ist gleich null, wie man es an den Bewohnern kunstloser, langweiliger Neustädte beobachten kann." (ibid., 144). Im fehlenden „Heimathsgefühl" sah er die große Gefahr, denn wer kein „Heimathsgefühl" hat, hat auch keine „Anhänglichkeit", identifiziert sich nicht mit der bürgerlichen Gesellschaft, steht eben jenseits der „unendlichen Kluft" und sinnt auf Umsturz. Umgekehrt erkannte Sitte, daß die Gestalt der „langweiligen Neustädte" selbst Ergebnis der „allgemein eingerissenen Nüchternheit" war: „Das Leben der Alten war eben der künstlerischen Durchbildung des Städtebaues entschieden günstiger" (ibid., 113). Da er davon ausging, „daß die künstlerischen Forderungen nicht bedingungslos den Forderungen des modernen Lebens zuwiderlaufen" (ibid., 99), hoffte er, diesen Teufelskreis zu durchbrechen und durch Stadtbaukunst dem „Verfall" der Kultur und der drohenden „Entfremdung" der Klassen gestaltend und erziehend entgegenwirken zu können. Auch sein Fernziel war jenes von Vischer geschilderte „Reich des Schönen", wo „wolkenlose Heiterkeit ist" (Vischer 1837 [1975, 38]), jenes idealisierte klassisch-hellenische Vorbild für das öffentliche Leben mit „Gesamtwerken der bildenden Kunst von einer Erhabenheit und Herrlichkeit, wie eine mächtige Tragödie oder eine große Symphonie" (Sitte 1889, 10). Selbst wenn „an ein so hohes Kunstwerk des Städtebaues, wie es die Akropolis von Athen darstellte, heute schlechterdings gar nicht gedacht werden kann", glaubte er dennoch, daß „der Städtebauer von heute ... mit der edlen Tugend äußerster Bescheidenheit die herrlichen Musterleistungen der alten Meister ... prüfen muß, worin das Wesentliche dieser Leistungen besteht" (ibid., 118f.). Bei seinen Studien stellte er als „wesentlich" fest, „daß nur wenige Hauptstraßen und Hauptplätze übrig bleiben, auf welche die Alten, mit weiser Ausnützung ihrer Mittel, in dichteren Massen häuften, was sie an öffentlichen Kunstwerken aufzubringen vermochten" (ibid., 98). Für den modernen Städtebauer hieß dies, „daß er für seine Zwecke nur wenige Hauptstraßen und -plätze braucht; alles übrige mag er gerne dem Verkehr und den täglichen materiellen Bedürfnissen preisgeben. Die breite Masse der Wohnstätten sei der Arbeit gewidmet und hier mag die Stadt im Werktagskleid erscheinen; die wenigen Hauptplätze und Hauptstraßen sollten aber im Sonntagskleid erscheinen können, zum Stolz und zur Freude der Bewohner, zur Erweckung des Heimathsgefühls, zur Heranbildung großer edler Empfindungen bei der heranwachsenden Jugend" (ibid., 98).

Wo Sittes Blick auf den „Verfall" der bürgerlichen Kultur gerichtet war, war er zugleich blind für die Wohnungsfrage; er ignorierte in seiner Bescheidung auf den von Fluchtlinien definierten öffentlichen Raum alles, was hinter der Fluchtlinie auf dem privaten Bauland geschehen mochte; am pointiertesten kennzeichnete bald darauf sein Gefolgsmann Karl Henrici diese Position: „Das Wohnen ist Privatsache, das geht den Städtebauer welcher für das öffentliche Wohl zu sorgen hat, nichts an!" (Henrici 1891, 23)
Sittes Methode der „Stadtbaukunst" war von der Beschränkung auf den öffentlichen Raum und die öffentlichen Gebäude bestimmt; er übertrug die in der Architektur übliche Methode auf den Städtebau: Zunächst sollten in einem genauen „Bauprogramm" (Sitte 1889, 136) „die voraussichtlich erforderlichen öffentlichen Gebäude nach Zahl und Umfang" (ibid., 139) festgelegt werden, dann sollte ein statischer, auf den kunstvollen Endzustand hin angelegter Plan entworfen werden, in welchem vom Entwerfer „zunächst die geforderten öffentlichen Bauten, Gärten usw. in die geeignete Verbindung untereinander und an die passende Stelle gebracht werden!" (ibid., 140), d.h. alles, „was vereinigt werden könnte zu einer Gruppe von gesteigerter Wirkung" (ibid., 147). Die Viertel „im Werktagskleid" sollten erst danach entworfen werden. Endlich sollte der allumfassende und möglichst detaillierte Plan „unter fortgesetzter künstlerischer Überwachung" realisiert werden, „damit das gut angefangene Werk nicht von selbst wieder degeneriere ... und aus einem Guß entstehe" (ibid., 143). Sittes Stadt war eine statische, unveränderliche, einfürallemal plangemäß gebaute – eben ein Kunstwerk, dessen Schöpfer seine anfänglichen Ideen schließlich auch realisiert sehen wollte.
Die von den „Volkserziehern" im Bildungsbürgertum verfolgte Strategie durchdrang viele Bereiche der Kunst; die „Stadtbaukunst", die neben die „Baukunst" trat, war mit ihrer betont erzieherischen Ausrichtung am „historischen Stoff" der eigentlich restaurative Weg zum „modernen Städtebau";[7] nur langsam gelang es einigen Architekten, wie Otto Wagner in Wien, sich bei der „Stadtgestaltung" von den Vorbildern der Vergangenheit zu lösen (ausf. Schorske 1982). Protagonisten der „Stadtbaukunst" waren der Kunsthistoriker und Architekt Camillo Sitte in Wien, der Architekt Karl Henrici in Aachen und der Kunsthistoriker und Architekt Cornelius Gurlitt in Dresden. Da die „Volkserzieher" unter den Städtebauern als „Individualisten" und im Vertrauen auf die „Macht des Geistes" glaubten, die Welt durch Bücher und Pläne verändern zu können, schlossen sie sich nie in einer Organisation zusammen.

Die Geschichte des Städtebaues als Geschichte von Konflikten

Zur Lösung der „städtischen Frage" merkte Eberstadt 1892 an: „Zahlreiche Schriften sind erschienen, zahlreiche Vorschläge zur Abhilfe sind gemacht worden; dennoch haben sie in keinem Fall zu einem praktischen Ergebnis geführt. Es war auch nichts anderes möglich; denn sowenig die heutige Entwicklung die Folge vereinzelter Maßregeln ist, sowenig kann sie durch vereinzelte Maßregeln beseitigt werden" (Eberstadt 1892, 577). Bis gegen Ende der 90er Jahre war weder eine Einigung mit dem Grundbesitzerstand abzusehen, noch Einigkeit unter denen die auf den drei Wegen „modernen Städtebau" zu praktizieren trachteten. Da jeder Reformweg von einer ganz bestimmten Problemsicht und Interessenslage ausging, deckte er auch nur einen ganz bestimmten Sektor der Lösung städtischer Fragen ab: Geordnete Gesamtstadt-Entwicklung; künstlerische Gestaltung des öffentlichen Raumes; rationelle Formen der Bodenaufteilung und Bebauung auf dem Bauland. Trotz scheinbarer gegenseitiger Ergänzung suchte jeder der drei Reformwege sich gegen die anderen zu behaupten, vertrat seine spezifische Problemsicht als maßgeblich und beanspruchte, allein den Inhalt des „modernen Städtebaues" zu bestimmen. Auch wenn wir in der Einleitung zur neugegründeten Zeitschrift „Der Städtebau" nachlesen: „Der Städtebau ist die Vereinigung aller technischen und bildenden Künste zu einem geschlossenen Ganzen ... Der Städtebau ist eine Wissenschaft, der Städtebau ist eine Kunst" (Goecke, Sitte 1904, 1), so war dies noch immer eher ein Postulat von Einheit als eine Tatsache.
Als etwa von 1900 an die Integration des „4. Standes", des der Industrie-Arbeiter, in die bürgerliche Gesellschaft Fortschritte machte und die Sozialdemokratie im Zeichen langsam sich verbessernder Lebensbedingungen vom Klassenkampf Abstand zu nehmen begann, als ferner der Widerstand des städtischen Besitzbürgertums gegen die Wohnungs- und Städtebaureform unter dem Konkurrenzdruck der Siedlungsentwicklung in den Vororten aufweichte und in breiten Kreisen des Unternehmertums die Notwendigkeit sozialer Reformen erkannt und befürwortet wurde, ja gerade der Staat auf die Linie der die Produktivität steigernden Umwelt- und Wohnverbesserungen eingeschwenkt war, näherten sich die Standpunkte auch der Städtebaureformer und der drei Reformwege einander an: Zumindest wurden extrem konträre Positionen aufgegeben, ein Weg der Arbeitsteilung und ein Konsens zu den Aufgaben, Methoden und Instrumenten des „modernen Städtebaues" gesucht. Eine partielle

Synthese aus allen drei Richtungen bahnte sich im Laufe der weiteren Konsolidierung der Disziplin „Städtebau" an, wobei der auf die Verwirklichung von Siedlungsprojekten bezogene Siedlungsbau eine deutlich vermittelnde Rolle spielte: Während die Stadtbaukunst sich ab 1900 dem Siedlungsbau zuzuordnen begann, insbesondere bei der Gestaltung von Siedlungszentren, entwickelte der Siedlungsbau im Zuge der Verwirklichung der Wohnungsreform eine eher arbeitsteilige Beziehung mit der Stadtplanung, indem diese für den Siedlungsbau die Rahmenbedingungen auf großem Maßstab klärte. Stadtbaukunst und Stadtplanung, nach Baumeisters Zwei-Stufenmodell auf unterschiedlichen Konkretisierungs-Ebenen arbeitend – Rahmen setzend, Rahmen ausfüllend –, lagen sich weiterhin in den Haaren.

Camillo Sittes „Streitschrift" gegen Reinhard Baumeister

Wir wollen nun den ersten grundsätzlichen Streit um den Städtebau zwischen den beiden gegensätzlichsten Reformansätzen herausgreifen: „Stadtbaukunst" contra „Stadtplanung". Lesen wir Camillo Sittes Buch von 1889: „Der Städtebau nach seinen künstlerischen Grundsätzen", so können wir feststellen, daß er es ausdrücklich als eine Antithese zu Reinhard Baumeisters Buch von 1876: „Stadterweiterungen in technischer, baupolizeilicher und wirtschaftlicher Beziehung" verstanden und auch als „Streitschrift" gegen Baumeister angelegt hat.
Der Anlaß für Sittes Streitschrift: Da Sitte bei Abfassung seines Buches offensichtlich nur Baumeisters Buch „Stadterweiterungen" kannte, sah er in ihm zwangsläufig „den ersten und bisher einzigen Theoretiker dieses Faches" (Sitte 1889, 90), und so konnte er seine „Streitschrift" auch nur gegen Baumeister richten. Oberflächlich gesehen ging es Sitte um die Frage der „Schönheit der Stadt", die wiederherzustellen er forderte und in die er volkserzieherische Hoffnungen setzte; dann aber ging es auch um die Einschränkung der „Baufreiheit" im Hinblick auf die Gestaltung, d.h. um die ästhetische Kontrolle des Bauens auf privatem Grund und Boden. Während Baumeister seinen Standpunkt realistisch einschätzte und behauptete, suchte Sitte einen „Compromiss" herzustellen. Beide Positionen charakterisieren die kaum zu überbrückenden Differenzen zwi-

schen einer wissenschaftlich-rationalen und einer künstlerisch-irrationalen Behandlung der städtischen Frage.

1. Streit um die ästhetische Kontrolle der Stadt
Zur Frage ästhetischer Kontrolle bei der Stadterweiterung hatte sich Baumeister als „Techniker" eindeutig negativ geäußert und vier Gründe angeführt:
1. Er glaube hierfür keine Legitimation im Allgemeininteresse finden zu können: „Kann man die Ästhetik in gleiche Linie setzen mit Feuersicherheit, Gesundheit und freiem Verkehr?" (Baumeister 1876, 265); eine Gleichstellung war für Baumeister „ein gefährlicher Irrweg" (ibid.);
2. Er sehe, daß dies der Lösung der Wohnungsfrage hinderlich im Weg steht: „Ästhetische Vorschriften haben den Nachtheil, daß sie die Baulust beschränken. Denn was heißt Schönheit im vulgären Sinn: Das Bauen kostet mehr Geld" (ibid., 265); für ihn konnte es gar keine Frage sein, „ob dem allgemeinen Wohl das ‚schöne' Bauen oder vorerst noch das ‚billige' Bauen mehr frommt" (ibid., 267);
3. Er erkenne, daß die einheitliche ästhetische Regelung der Stadtgestaltung nur Nachteile für die gesamte Stadtentwicklung mit sich bringen werde: „Es wird überhaupt die nathürliche Entwicklung der Stadt erschwert, wenn man von vorneherein verlangt, daß bis an die äußerste Grenze der Zukunftsstadt gleichschön gebaut werden muß, denn hiermit ist die Befriedigung von mancherlei baulichen Bedürfnissen ... unmöglich gemacht", und zwar „für jeden, der irgendeine individuelle Liebhaberei treiben möchte" (ibid., 266);
4. Er wandte sich gegen den Historismus: „Der historisch gebildete Künstler wendet sich (beim Entwurf) wohl unwillkürlich an die Vergangenheit ... und bewundert die noch erhaltene malerische Erscheinung mittelalterlicher Städte ... Kann das in einer modernen Stadterweiterung ohne weiteres wiederholt werden? Gewiß nicht, denn Gewordenes läßt sich nicht machen" (ibid., 97); außerdem sind dafür „kaum allgemeine Regeln zu schildern", vielmehr „macht hier das Gefühl oder die Übung den Meister" (ibid., 97).
Genau hierdurch fühlte sich aber der „historisch gebildete Künstler" Camillo Sitte aufs äußerste zum Widerspruch gereizt; er ging Baumeister im Frontalangriff an: „Der Theoretiker des modernen Städtebaues, R. Baumeister, sagt in seinem Buche über Stadterweiterungen Seite 97: ‚Die Momente, welche einen befriedigenden architektonischen Eindruck hervorbringen, dürften kaum nach allgemeinen Regeln zu schildern sein.'

Bedarf es da noch eines weiteren Beweises? Sind denn die Resultate des bisher Vorgeführten solche allgemeinen Regeln? Hinlänglich, um bei noch detaillierterer Ausführung ein ganzes Lehrbuch des Städtebaues, eine Geschichte dieser Kunst daraus zu machen" (Sitte 1889, 89). Die „Resultate des bisher Vorgeführten" aber bestanden in den Untersuchungen historischer Platzanlagen und Bauten, die Sitte zusammengetragen hatte. In Baumeisters Methode erkannte er „nur negative Vorschriften, nur Einschränkungen" und damit den „Verlust von Kultur"; statt dessen „müssen unbedingt die Forderungen der Kunst positiv formuliert werden ... es müssen unbedingt die Werke der Vergangenheit studiert und an der Stelle der verlorenen Kunstüberlieferung die theoretischen Erkenntnisse der Gründe gesetzt werden, weshalb die Anlagen der Alten so trefflich wirken. Diese Ursachen der guten Wirkung müssen als positive Forderungen, als Regeln des Städtebaues hingestellt werden, nur das kann uns wirklich vorwärts helfen" (ibid., 135).

Daß Sitte sein Buch als „Streitschrift" gegen Baumeister angelegt hat, stellte er unverhüllt, aber den akademischen Anstand wahrend, fest. Bei seinem, Sittes eigenem Ansatz „handelt es sich im Sinne einer künstlerischen Wiederbelebung des Städtebaues um nichts Geringeres, als um die vollständige Verwerfung der gegenwärtig herrschenden Methode" (ibid., 145), die für Sitte eben „Baumeisters Methode" war, der ja der bestehenden technischen – und damit kunstlosen – Stadterweiterungspraxis als erster Theorie und Methode verliehen hatte. In der Vorrede seines Buches betont Sitte zwar ausdrücklich, daß es „weder eine Geschichte des Städtebaues noch eine Streitschrift darstellen" (ibid., III) solle, läßt aber gleichzeitig den Leser wissen, daß es eine Streitsituation gibt: „Erörterungen über Systeme von Stadtanlagen gehören zu den brennenden Fragen der Zeit. Wie bei allen Zeitfragen bewegen sich auch hier die Urtheile nicht selten in den heftigsten Gegensätzen" (ibid., III). Eben den Gegensätzen zwischen „Stadtplanung" und „Stadtbaukunst".

2. Streit um die Einschränkung der privaten Baufreiheit
Wo es Sitte um die „künstlerische Wiederbelebung des Städtebaues" ging, da konnte das Vorbild nur bei den „Alten" in Griechenland, im Mittelalter oder bei den Landsherren der Barockzeit, die Sitte besonders schätzte, gesucht werden. Jedoch hatten die Zeiten sich seither geändert; wo im Feudalismus der Landesherr bei Neuplanungen weitgehend frei über den Boden zu verfügen pflegte und seine städtischen Schöpfungen, „aus einem Guß" nach seinem Willen realisierte, da war nach der Auflösung des

Landesfürstentums und mit dem neu eingekehrten Kapitalismus in vielen Gemeinden mittlerweile fast alles Land in der Stadt und um die Stadt herum in Privateigentum übergegangen und folglich der Verfügung seitens der Gemeinde entzogen. Zunächst schien also das erzieherische Ziel einer „Stadtbaukunst" nach Vorbildern der Vergangenheit, vor allem des Barock, bar jeder Aussicht auf Realisierung.
Wie hatte dagegen Baumeister die Frage der Einschränkung der privaten Baufreiheit gesehen: „So einfach eine Stadterweiterung auf Gemeindeterrain oder auf einer vom Staat zu diesem Zwecke überlassenen zusammenhängenden Grundfläche durchzuführen ist, so schwierig gestaltet sie sich auf Privatgrund" (Baumeister 1876, 355). „Schwierig", zumal Baumeister ganz richtig erkannt hatte, daß im praktisch unbeschränkten, am Spekulationsgewinn ausgerichteten Vorgehen privater Grundeigentümer eine der Wurzeln lag für die „sozialen Übelstände, unter welche die Wohnungsnot gehört" (ibid., 11). Ferner hatte er richtig erkannt, daß durch Stadterweiterungspläne die Bodenspekulation erst richtig in Gang gesetzt wurde: „Der Plan schafft neue Werthverhältnisse in einer bis dahin unbebauten Gegend, nach Lage der Straßen ..., nach der zu erwartenden Geschäftschance oder Annehmlichkeit" (ibid., 87). Wertsteigerungen also, die unverdient dem Spekulanten zuflossen. „Wenn", so schloß er als engagierter Techniker, „außer dem Recht des Besitzes in der Gesellschaft auch die Pflicht des Besitzes gegen die Gesellschaft anerkannt wird" (ibid., 53), dann war die Gesellschaft berechtigt, die Rechte dessen einzuschränken, der seinen Pflichten nicht nachkam, insbesondere da „aus der unbemittelten städtischen Bevölkerung ... auch Gefahren für die Wohlhabenden entstehen (ibid., 17). So befürwortete er die „Intervention der Gemeinschaft zugunsten der unbemittelten Classen" (ibid., 52) im Hinblick auf:
1. die „Expropriation, ... die zwangsweise Abtretung von Grundeigentum gegen Entschädigung in Geld" (ibid., 356), um auf diesem Wege die dringend für öffentliche Anlagen – Parks, öffentliche Gebäude usw. – benötigten Flächen in die Hand der Gemeinde zu bringen;
2. die „Umlegung" des Baulandes in der Hand der Gemeinde: „Hier kommt es ... im wohlverstandenen Sinne aller und im Interesse der Gemeinde darauf an, die alten Grenzen (der Feldfluren) zwangsweise aufzuheben und neue (dem speziellen Wohnungsbedarf entsprechende) zu schaffen" (ibid., 386), um auf diese Weise der Bodenspekulation gezielt entgegenwirken zu können;

3. allgemeine Beschränkungen der Art der Nutzung und der Bauweise; z.B. sollten die privaten Grundeigentümer nicht befugt sein, in ausgewiesenen Wohngebieten Gewerbe anzusiedeln und bei vorgeschriebener halb-offener, drei-geschossiger Bauweise eine geschlossene fünf-geschossige Bebauung zu errichten: Eben jene „negativen Vorschriften", die später den Kern der sogenannten „Zonen-Bauordnungen" ausmachten und die Sitte heftig beanstandete. Weitergehende „positive" Vorschriften zur Gestaltung aber lehnte Baumeister strikt ab: „Aufgabe der Baupolizei ist die Wahrung der nothwendigen Interessen der Hausbewohner, der Nachbarn und der Gesamtheit gegenüber dem Bauherrn. Solche Interessen sind: Feuersicherheit, Verkehrsfreiheit, Gesundheit ... Dagegen sind alle ästhetischen Vorschriften verwerflich" (Baumeister 1874, 265);

4. die zweistufige Methode der Planung; der allgemeine, nur auf das Wichtigste reduzierte Rahmenplan sollte der Spekulation die Spitze abbrechen, indem er nur wenige Anhaltspunkte für die Grundeigentümer bot: „Die Gemeinde behält somit die Richtung und Raschheit der Stadterweiterung einigermaßen in der Hand und kann, soviel an ihr liegt, die projektierte Gruppierung des Planes wirklich an die vorgesehenen Bezirke fesseln. Bald werden Wohnungsviertel, bald Industriebezirke im Einzelnen entworfen, je nachdem das Bedürfnis der Bevölkerung hervortritt" (ibid., 467).

Die Grundlage von Baumeisters Vorstellung der Kontrolle der Stadtentwicklung war die der Kontrolle der privaten Grundeigentümer im gesamten Stadtgebiet; allerdings sollte die Beschränkung der privaten Baufreiheit nur soweit gehen, wie sie durch das Allgemeininteresse legitimierbar war; dagegen war allen Grundeigentümern gleichermaßen und unbeschränkt Baufreiheit in allen Detailfragen und in den Bereichen individueller Gestaltung zu gewähren.

3. Sittes Kompromiß

„Unerträglich! Geradezu unerträglich! Was müssen das für Nerven sein, die davon nicht unangenehm berührt werden!" (Sitte 1889, 158) So zeterte Sitte in Befürchtung der Ergebnisse, die aus Planungen nach Baumeisterschen Prinzipien hervorgehen könnten. Dabei sah er die Ursachen für Kunstlosigkeit, „Zerissenheit und Langeweile" ganz richtig im Streben nach Gewinn und nach Wertsteigerung der Bauplätze: „Häuserblock, Platzblock, Gartenblock, jeder rings von Straßenfluchten begrenzt ... das Ideal solcher Anlagen ließe sich mathematisch definieren als das Streben nach einem Maximum von Straßenfluchten ... Der Wert jedes Bauplatzes steigt mit der Größe seiner Straßenflucht" (ibid., 137). Im Gegensatz zu Baumeister resignierte er jedoch im Hinblick auf eine Veränderung dieser ökonomischen Gegebenheiten: „Bei so kolossaler Anhäufung der Menschen an einem Punkt steigt aber der Werth des Baulandes ungemein und liegt es gar nicht in der Macht des einzelnen oder der kommunalen Verwaltung, sich der nathürlichen Wirkung dieser Werthsteigerungen zu entziehen, weshalb allenthalben, wie von selbst ... eine Annäherung an das leidige Blocksystem sich ganz im Stillen vollzieht. Es ist (das) einfach eine Erscheinung, welche mit einer gewissen Höhe des Baugrundwerthes und des Straßenfluchtwerthes naturgemäß zusammenhängt und an sich nicht wegdekretiert werden kann, am allerwenigsten durch bloße ästhetische Erörterungen" (ibid., 113). Folglich fordert Sitte vom Städtebauer, daß er sich an diese „nathürliche Wirkung" anpaßt: „Mit allen diesen Erscheinungen muß gerechnet werden, wie mit gegebenen Kräften, welche der Stadtbaukünstler ebenso zu beachten hat, wie der Architekt die Gesetze der Festigkeit und Statik, wenn auch im Detail noch so unangenehme Beschränkungen damit zusammenhängen" (ibid.).

Um nun der dem Bodenmarkt ausgelieferten Stadt die „Weihe der Kunst" (ibid., 174) dennoch nicht vorzuenthalten und um „wenigstens in formaler Beziehung manches Gute zustande (zu) bringen, wenn uns schon das Ideal der Alten noch auf unabsehbare Zeit unerreichbar bleiben sollte" (ibid., 180), drängte Sitte auf einen „Compromiss" (ibid., 98) zwischen „Volkserziehern" und „Spekulanten", der beiden Seiten zum Nutzen ausschlagen sollte: „Die Forderung der Kunst ... und die Forderung der Bauplatzverwerthung ... das ist ein Widerstreit, wie er entschiedener nicht sein könnte. Die Forderung an einen guten Stadtplan wird aber sein, weder das eine, noch das andere ausschließlich zur Geltung zu bringen sondern den in jedem einzelnen Fall gegebenen Umständen entsprechend beide Extreme so geschickt zu vermitteln, daß ein Maximum der Gesamtwirkung in der Summe des ökonomischen und des künstlerischen Erfolges erzielt wird" (ibid., 145). Damit meinte er, daß sich Stadtbaukunst, um ihre volkserzieherischen Ziele erreichen zu können, in den Dienst des Bodenkapitals stellen und von dieser Position aus jegliche Eingriffe in die Baufreiheit, die diesen „Compromiss" stören könnten, ablehnen müsse: „Hierdurch ist der Standpunkt gegeben, von dem die modernen Stadtbausysteme auf ihre künstlerische Eignung zu prüfen sind, das heißt lediglich auf die Möglichkeit eines Compromisses hin, denn da alle Forderungen der Kunst sonst vom modernen Standpunkt aus abgelehnt werden müssen, ist ... hinlänglich klar" (ibid., 98). So wundert

es nicht, wenn Sitte bis an sein Lebensende jede Form von Enteignung, Umlegung und Zonenbauordnung aufs schärfste ablehnte: „Zu den Freunden der ‚Enteignung' gehören noch die ‚Bodenreformer' ... Diese erhoffen nämlich durch zwangsweise Umlegung, Zusammenlegung und Zonenenteignung die Aufschließung des Baulandes ... ein starkes Herabgehen der Bauplatzpreise ... also nichts geringeres als die Behebung der städtischen Wohnungsnot mit allen ihren hygienischen und sozialen Folgeübeln. Lauter Phantasien und Trugschlüsse!" (Sitte 1904, 3).
Wie nun stellte sich Sitte seinen „Compromiss" mit dem privaten Boden- und Baukapital vor? Zunächst wollte er Stadtbaukunst – ganz im Gegensatz zum feudalistisch-landesherrlichen Städtebau mit seiner „sozialen Fürsorge für die Bodenparzellierung" (Eberstadt 1909, 51) – hauptsächlich auf den öffentlichen Bereich beschränkt wissen: Auf den Raum der Straßen und Plätze und der öffentlichen Gebäude, die auf öffentlichem Bauland erstellt werden. Damit wäre der Konflikt mit dem privaten Grundeigentümer schon auf ein Minimum reduziert. Dort aber, wo eine ästhetische Kontrolle der privaten Grundeigentümer unabwendbar war, um der Stadt die „Weihe der Kunst" zu verleihen, sah er den Ansatzpunkt für seinen „Compromiss" mit folgender Argumentation:
1. Angesichts der „Riesendimensionen, zu denen unsere Großstädte anwachsen", kann Stadtbaukunst sich nicht auf die Gesamtstadt erstrecken, vielmehr können „deren Dimensionen ... kaum mehr künstlerisch wirksam gegliedert werden" (Sitte 1884, 89);
2. Stadtbaukunst muß sich also, wie „die Alten, mit weiser Ausnützung ihrer Mittel" auf „nur wenige Hauptstraßen und Hauptplätze" konzentrieren, dort wo sie volkserzieherisch besonders wirksam sein kann. Bei einem Projekt für ein neues Stadterweiterungsgebiet müssen also alle öffentlichen Einrichtungen zusammengerafft werden, „jedenfalls wären Monumente, Brunnen und öffentliche Bauten thunlichst zu verbinden, damit wenigstens ein größerer effektvoller Platz ermöglicht wird. Ergeben sich mehrere Plätze, so sollten sie gleichfalls lieber zu einer Platzgruppe vereinfacht werden, statt weit auseinander verzettelt zu werden" (ibid., 140).
3. Diese Konzentration öffentlicher Bauten und ihnen entsprechender Plätze sollte Kristallisationskern der Entwicklung eines neuen Stadtteils werden, an der sich auch die Lagegunst und damit die ‚Differentialrente' bemißt: Eine Differentialrente, die aus der kunstvollen Gestaltung und aus der bevorzugten Nähe zum Kristallisationskern gegenüber dem Rest des Baulandes entsteht und einigen wenigen glücklichen Grundeigentü-

mern ohne deren Zutun vom Stadtbaukünstler zugeschanzt wird. Das einzige, was diese wenigen Glücklichen zu tun hatten, war, im Ausgleich für den gesteigerten Bodenwert die ästhetischen Kontrollen als Eingriff in die private Baufreiheit zu dulden. Genau dieser Kuhhandel legitimierte in Sittes Augen die ästhetische Kontrolle des Bauens im Bereich der „Platzgruppen".

4. An die anspruchsvoll entworfenen Kristallisationskerne würden sich selbstverständlich anspruchslose Wohn-Quartiere angliedern, jene „Stadt im Werktagskleid", für die er nur die Straßen zu entwerfen, aber keine ästhetische Kontrolle auf dem Bauland vorzusehen gedachte; die er vielmehr gänzlich der ökonomischen Ausnutzung, der „Ausschrotung nach dem Quadratmeter" (ibid., 136) überlassen wollte: „Eines der allgemein anwendbaren Hilfsmittel, diese Versöhnung (zwischen Stadtbaukunst und Spekulation) zu bewerkstelligen (ist es): Der Kunstforderung bei Hauptplätzen und Hauptstraßen in erster Linie den Vorrang zu gewähren; während zugunsten der Ökonomie die Nebenpartien nach dem System der Bauplatzverwertung preisgegeben werden können" (ibid., 146). Diese ökonomisch-ästhetische Differenzierung der gesamten Stadt legitimierte in Sittes Augen die Stadtbaukunst auf höherer Ebene: Indem er den Kuhhandel sozusagen auf die Gesamtstadt ausdehnte, rechtfertigte die private Ausbeutung des Baulandes im Großen die öffentliche Stadtbaukunst im Kleinen.

5. Entlang den sorgfältig komponierten Hauptstraßen und den „Platzgruppen" mußte nun alles darauf angelegt sein, die einmal im Plan fixierte städtebauliche Konzeption zu sichern und vor allem auch die privaten Anlieger und Bauherren an den Plan zu binden. Hier sah Sitte zwei Ansätze:

a) Das Bauland liegt in der Hand der Gemeinde und wird an die Baulustigen nur mit Auflagen vergeben: „Unter allen Umständen dürfte ... die Bauparzelle nicht zur freien Verfügung des Erwerbers übergeben werden. Das müßte von vorneherein alles verderben, denn da würden sicher wieder die einzelnen Baukünstler mit ihren Fassaden sich gegenseitig überbieten wollen. In diesem Fall müßten alle Pläne für sämtliche Bauten schon früher so fertiggestellt werden, daß der gewünschte harmonische Gesamteffekt erzielt wird ... An der Parzelle müßte die Verpflichtung haften, den gegebenen Plan ohne wesentliche Änderung auszuführen" (ibid., 178).

b) Wo aber das Bauland bereits in privater Hand lag, da hoffte Sitte auf eine imaginäre „starke Hand", die die erforderlichen Auflagen durch-

setzt: „Wenn jeder Architekt selbstgefällig nur darauf ausgeht, die Werke seiner Nachbarn in den Schatten zu stellen und nach Möglichkeit um ihre Wirkung zu bringen, ... dann muß derlei das Ensemble eines Platzes gerade so zerstören, wie im Drama die Wirkung einer großen Scene vernichtet wird, wenn die Träger der zweiten und dritten Rolle die Ersten sein wollen ...; da wäre schon die starke Hand eines gleichsam bautechnischen Regisseurs schon bei der Konsensertheilung (d.h. bei der Baugenehmigung, d.V.) dringend nöthig" (ibid., 159). Der Barockkenner Sitte vertraute in diesem Fall doch wohl eher der feudalen Macht eines vergangenen Landesherren als den Lockungen der Differentialrente, um seine Stadt „im Sonntagskleid" „aus einem Guß" entstehen zu lassen.
Die Grundlage von Sittes Vorstellung der Kontrolle der privaten Grundeigentümer bestand darin, daß ihre Baufreiheit in gestalterischer Hinsicht beschränkt sein sollte; und zwar bis hinein in das Detail der Fassaden, und soweit es eben die stadtbaukünstlerische Konzeption zur Sicherung einer „harmonischen Gesamterscheinung" nach barockem Muster erforderte; allerdings sollte diese Beschränkung ausschließlich an den „Hauptstraßen und -plätzen" gelten; dagegen sollte in allen anderen Teilen der Stadt keinerlei Einschränkung der privaten Baufreiheit in gestalterischer Hinsicht vorgesehen werden.
Von solch konträrer Grundposition ausgehend, sah Sitte an Baumeister nur Negatives: So warf er ihm künstlerische Impotenz vor (ibid., 134), bezichtigte ihn der theoretischen Inkonsequenz (ibid., 90-91), bekämpfte mit allen Argumenten Baumeisters zweistufige Methode der Planung (ibid., 130-142); insgesamt stritt er an 9 Stellen gegen Baumeister namentlich an, und an mindestens 25 Stellen setzt er sich krittelnd mit Konzepten von Baumeister auseinander, ohne dessen Namen zu erwähnen.

Städtebau: Eine unvollendbare Synthese

Sittes schroffe Antithetik zu Baumeister wurde von seinen Gefolgsleuten im Ton abgemildert; trotzdem ging der Streit um die Sache weiter: Um die Stellung der Ästhetik beim Städtebau, um die Methodik der Planung und um die Art und das Ausmaß der Kontrolle der privaten Grundeigentümer und Bauherren. Auf Sittes Angriffe ist dem Verfasser eine Antwort Baumeisters nicht bekannt; Sitte und Baumeister überließen es ihren Gefolgsleuten, den Streit in der Fach-Öffentlichkeit auszufechten: Karl Henrici für Sitte und Josef Stübben für Baumeister. Lediglich in seiner letzten Schrift zum „Städtebau" schrieb Baumeister als 81jähriger abgeklärter Verfechter einer rationalen, ingenieurmäßigen Stadtplanung: „... ist vor allem Camillo Sittes Werk ‚Der Städtebau nach seinen künstlerischen Grundsätzen' zu nennen. An bestehenden Platz- und Stadtanlagen, namentlich aus älterer Zeit, hat Sitte die Ursachen ihrer architektonischen Schönheit in sehr anziehender Weise aufgedeckt und daraus Regeln für Entwürfe abgeleitet. Indem das Beweismaterial in weiten Kreisen bekannt und verständlich war, konnte es dem Buch einen bedeutenden Einfluß auf die Entwicklung des Städtebaues verschaffen. Freilich trat damit unter den Nachfolgern Sittes die Gefahr ein, die künstlerische Auffassung als die allein maßgebliche anzusehen, unter Geringschätzung von Verkehr, Hygiene usw." (Baumeister 1914, 376).

So schmerzlich es für Baumeister auch sein müßte zu wissen: Die Synthese im dialektischen Verhältnis blieb dauerhaft „unvollständig", und die Disziplin Städtebau konnte bis heute nicht zu einer abgerundeten Einheit ihrer Ziele, Methoden und Instrumente finden: Sich in der Praxis notwendigerweise ergänzend, stoßen Stadtbaukunst/Stadtgestaltung und Stadtplanung/Raumplanung durch konkurrierende Ansprüche, differierende Ansätze und die unterschiedliche Wirkungsweise ihrer Ideen auf die „materielle Produktion von Stadt" (ausf. Fehl 1995) sich immer wieder von einander ab; Mißverständnisse pflastern ihren gemeinsamen Weg.

Anmerkungen

Der Beitrag ist die gekürzte und überarbeitete Fassung des Artikels „Stadtbaukunst contra Stadtplanung – Zur Auseinandersetzung Camillo Sittes mit Reinhard Baumeister" in der *Stadtbauwelt* 65, 1980 (*Bauwelt* 1980, Heft 12).

1 Hierzu gehören m.E. in chronologischer Reihe: *Arminius:* Die Großstädte in ihrer Wohnungsnoth und die Grundlagen einer durchgreifenden Abhilfe (1874); *Reinhard Baumeister:* Stadterweiterungen in technischer, baupolizeilicher und wirthschaftlicher Beziehung (1876); *Camillo Sitte:* Der Städtebau nach seinen künstlerischen Grundsätzen (1889); *Josef Stübben:* Der Städtebau (1890); *Rudolf Eberstadt:* Handbuch des Wohnungswesens (1909); *A.E. Brinckmann:* Platz und Monument als künstlerisches Formproblem (1909); *Werner Hegemann:* Der Städtebau nach den Ergebnissen der Allgemeinen Städtebau-Ausstellung in Berlin (1911). Aus der Auflistung ist bereits die Spannweite der Behandlung des Themas zwischen Baukunst und Ingenieurwesen, Wohnungswesen und Wirtschaft zu erkennen.

2 Sitte hatte den Begriff „Städtebau" im Sinne von „Stadtbaukunst" mit seinem Buch 1889 in die Fachwelt eingeführt; Joseph Stübben, mit der Planung für die Stadterweiterung von Köln beauftragt, hatte dem 1890 sein Buch „Der Städtebau" als taktischen Gegenzug entgegengesetzt und reklamierte damit das Wort „Städtebau" auch für das ingenieurmäßige Planen. Dadurch kam jene Unschärfe des Begriffs in die Welt, die in anderen Ländern unbekannt geblieben ist und kaum in andere Sprachen zu übersetzen ist; z.B. in England: „Town Planning" und „Civic Design"; in den USA: „Urban Planning" und „Urban Design". In Deutschland dagegen wurde das Wort „Städtebau" zu einer Art Oberbegriff, der beides bezeichnet: sowohl die Stadtbaukunst als auch die ingenieurmäßige Stadtplanung. Aber gerade darin, daß beides mit nur ein und demselben Wort „bezeichnet" ist, in der Tat aber zweierlei verschiedenes ist, gerade darin liegt die Außenstehenden (= Fachfremden und Landesfremden) kaum erklärbare Unschärfe begründet. Die Unschärfe wurde besiegelt durch die 1904 gegründete maßgebliche Fachzeitschrift „Der Städtebau", die beide Seiten behandelte – und Wohnungs- und Siedlungsbau noch dazu. Um der Unschärfe beizukommen, wurden später neue Begriffe geprägt, so im Nationalsozialismus der der „Raumplanung". Dennoch hat sich das Wort „Städtebau" hartnäckig gehalten. Eine Eigentümlichkeit kommt weiter verunklärend hinzu: Der „Städtebauer" unterscheidet sich nämlich vom „Häuslebauer" dadurch, daß er mit dem Bauen gar nichts zu tun hat, sondern Pläne für Entwicklung und Bau der Stadt produziert und Prozesse von Entwicklung und Bau der Stadt organisiert und steuert. Die Verfasser des Begriffs, der Ästhetiker Th. Vischer und der Architekt Sitte, gingen wohl eher nach dem guten Klang als nach dem Sinn.

Der hier vorgeführten ersten Auseinandersetzung um die Sache (noch nicht um den Begriff!!) folgten weitere, die schließlich zu einer „partiellen Synthese" führten; sie sind in verschiedenen Fachbeiträgen des Verfassers aufgearbeitet, u.a. in dem hier abgedruckten Beitrag zum Streit über Stadtbaukunst und Stadtplanung zwischen Karl Henrici und Josef Stübben. Da die Auseinandersetzung um den Inhalt des Begriffs Städtebau noch immer nicht beigelegt ist, rechnet der Verfasser mit Widerspruch.

3 Ein gutes Beispiel für R. Baumeisters Art zu planen bietet der von ihm 1891 aufgestellte und dann auch plangemäß verwirklichte Bebauungsplan für die Heidelberger Weststadt, bei dem die nach Badischem Recht mögliche „Umlegung" des Baulandes vorgenommen wurde (Vierneisel 1985).

4 Zu dem damit verbundenen „Dilemma" der Wohnungsreformer ausf. Fehl 1988, 104f. Zur Entwicklung des neuen Haus- und Wohnungstypus der „abgeschlossenen Kleinwohnung" ausf. Geist/Kürvers 1984.
5 Theodor Goecke, Regierungs-Baumeister der Provinz Brandenburg und mit Rudolf Eberstadt zusammenarbeitender Wohnungsbau-Reformer, vertrat ab 1896 als erster in Deutschland das Lehrfach „Städtebaulehre" durch einen Lehrauftrag an der Technischen Universität Berlin-Charlottenburg und war als Mitbegründer der Fachzeitschrift „Der Städtebau" weithin bekannt; da er zwar viele Fachbeiträge, nie aber ein Buch über seinen vom Wohnungsbau ausgehenden „Städtebau" geschrieben hat (siehe u.a. Fehl 1988), ist er jedoch in Vergessenheit geraten; bis heute hat ihn die städtebaugeschichtliche Forschung fast völlig übersehen; selbst in der angeblich repräsentativen Biographien-Sammlung Berliner Städtebauer/Architekten von 1987 ist er nicht erwähnt.
6 Zur These, daß Camillo Sitte sich auf Theodor Vischer abstützte, indem er dessen Begriff „Städtebau" übernahm, kann nur ein Indizienbeweis angetreten werden, insofern Vischers „Ästhetik oder Wissenschaft des Schönen"(1848) ein unter Kunstfachleuten – auch in Wien – weit verbreitetes Buch war; Sitte wurde mit hoher Wahrscheinlichkeit schon während seiner kunsthistorischen Studien 1863-68 an der Wiener Universität damit bekannt.
G. und C. Collins haben nachgewiesen, daß Sitte sich in seiner theoretischen Position auf Rudolf Eitelberger, Professor für Kunstgeschichte und Ästhetik in Wien, abstützte, der seinerseits wieder Vischer'sches Gedankengut verarbeitete (Collins 1965, 6ff.). Dies steht der obigen These indes nicht im Wege, sondern spricht eher für die weite Verbreitung der Gedanken Vischers im Wien der 60er Jahre.
7 Zur These, daß der Weg des „Städtebaues" im Sinne von „Stadtbaukunst" aus dem national-konservativen Lager des Bildungsbürgertums hervorging und dort auch am meisten Anklang fand, ist mit G. und C. Collins darauf hinzuweisen, daß Camillo Sitte selbst, obwohl dies in seinem Buch „Der Städtebau" nicht sonderlich deutlich wird, überaus „national" gesinnt war und dementsprechend nicht nur die französische Kultur ablehnte, sondern sich selbst als „Teutonen" zu bezeichnen und auch so aufzutreten pflegte; daß er Darwin verehrte und gemäß dessen Evolutionstheorie aus dem „Kampf um das Überleben" die „nordische Rasse" als Sieger hervorgehen sah; daß er als Österreicher von nationalem Selbstbewußtsein im Sinne des Germanentums geradezu beflügelt war und engen Kontakt zu Richard Wagner pflegte, den er als „Helden deutscher Kunst" verehrte und zu dessen Ehren er seinen Sohn „Siegfried" nannte; auch beabsichtigte er, das der germanischen Schöpferkraft gewidmete „nationale Gesamtkunstwerk" eines „Holländer Turms" zu errichten (Collins 1965, 14f.). Als selbstverständlich darf gelten, daß „Techniker" wie Josef Stübben überzeugt waren, daß „Sitte dem ‚Modernen' im Städtebau gewiß nicht zugetan ist" (Stübben 1891, 128); Carl Schorske (1980) kommt in seinem Vergleich des Werkes von Sitte mit dem etwa zeitgleichen Werk von Otto Wagner in Wien zum gleichen Urteil.

Camillo Sitte als Volkserzieher.
Nachforschungen zur „praktischen Ästhetik des Städtebaus"

> *Die Kunst soll mithelfen, erzieherisch auf das Volk einzuwirken, sie soll auch den unteren Ständen nach harter Mühe und Arbeit die Möglichkeit geben, sich an den Idealen aufzurichten ... und zu diesen Idealen gehört, daß wir den arbeitenden, sich abmühenden Klassen die Möglichkeit geben, sich an dem Schönen zu erfreuen und sich aus ihren sonstigen Gedankenkreisen heraus- und emporzuarbeiten.*
> Wilhelm II., 1901

Als Camillo Sitte 1904 gestorben war, feierte ihn Karl Henrici als „Reformator des deutschen Städtebaues" und prophezeite, daß an seinem „wenn auch noch unvollendeten Lebenswerke noch Generationen sich werden bereichern können" (Henrici 1904, 34). Und in der Tat: Sehen wir uns heute wieder in der städtebaulichen Ahnengalerie um, dann finden wir vor Sittes Figur eine beachtliche Schar von Verehrern, die sich angesichts der fortschreitenden Auslöschung der überkommenen Stadt zu bereichern gedenken durch Sittes an Mittelalter und Barock ausgerichtete Stadtbaukunst und die den alten Traum der Stadtbaukünstler fortspinnen: „Was könnte ... an Wirkung alles gewonnen werden, wenn der Architekt (über seine Baustelle hinaus, d.V.) auch mit mehr Freiheit über die Umgebung und den Platz verfügen dürfte!" (Sitte 1889, 91). Ehe sich jedoch jemand bei Sitte bereichert, sollte er sich nicht nur mit Sittes Art, städtischen Raum zu analysieren und nach historischem Vorbild zu gestalten, beschäftigen, sondern auch mit Sittes „leitender Absicht" (ibid., III) durch Stadtbaukunst – Sitte verwendet den Begriff „Stadtbau als Kunstwerk" (ibid., 4) – den „Kunstkenner" zu erfreuen und gleichzeitig das „Volk" zu erziehen. Bei der Untersuchung wird uns also die Frage leiten, welche gesellschaftliche Bedeutung damals die „Volkserziehung" bei Baukunst und Stadtbaukunst hatte. Bei der Suche nach Antwort werden wir, weit über Sitte hinausreichend, auf einen Eckstein des gesamten Gebäudes der Baukunst des 19. Jahrhunderts und ihrer Ausrichtung am „historischen Stoff" stoßen.

Ehe wir Sittes Anliegen kritisch hinterfragen, soll klargestellt sein, daß wir keineswegs Sittes Platz in der städtebaulichen Ahnengalerie anzweifeln; auch soll kein Stein auf ihn geworfen werden dafür, daß später die Nationalsozialisten gerne auf ihn zurückgriffen; uns geht es allein darum, seine Idee von Stadtbaukunst in den Strömungen des 19. Jahrhunderts zu verorten: gleichzeitig zweifeln wir damit allerdings auch seine Aktualität bei der Lösung heutiger Städtebau-Aufgaben an.

Um Sittes Beitrag zum „modernen Städtebau" besser einschätzen zu können, wollen wir zunächst skizzieren, worin die Wurzel seiner bis in die Gegenwart reichenden Popularität zu suchen ist und worin er selbst 1889 das Anliegen eines „Städtebaues nach seinen künstlerischen Grundsätzen" sah. Da er sein Buch in der Vorrede als „Theil des großen Lehrgebäudes der praktischen Aesthetik" (ibid., III) für den „Stadtbautechniker" bezeichnete und mit ihm deutlich volkserzieherische Absichten verfolgte, die heutzutage nur noch schwer nachzuvollziehen sind, wird in einer weiter ausholenden Betrachtung dem im 19. Jahrhundert von Architekten, Kunsthistorikern und Ästhetikern als bedeutsam erachteten Ansatz sowohl der „praktischen Ästhetik" als auch dem ihr zugrunde liegenden „ideellen Determinismus"[1] nachzugehen sein. Wir werden uns also mit einem wissenschaftstheoretischen Ansatz befassen, der dem Idealismus, der Romantik und der Schule des „Malerischen" verpflichtet war und aus dem wie selbstverständlich der an die Künstler jener Zeit herangetragene Erziehungsauftrag hervorging: „Volkserziehung" (Vischer 1851 [1975, 84]) durch Kunst, Baukunst, Stadtbaukunst. Abschließend zu Sitte zurückkehrend, werden wir versuchen, sein Buch einzuordnen in die Strömungen der Zeit, als nämlich die Aufklärung und Klassik vom neuen Irrationalismus des vaterländischen Mythos abgelöst wurde.

Sittes sieben stadtbaukünstlerische Anliegen

Wenn wir die Schar der Sitte-Verehrer der letzten hundert Jahre betrachten, dann fällt auf, daß sich ein Gutteil von Städtebauern darunter befinden, die sich dem Nationalismus und der Überlieferung verpflichtet fühlten:

Die Reihe reicht unter vielen anderen von Karl Henrici aus Aachen über Paul Schultze-Naumburg, Paul Wolf in Dresden und Gustav Langen in Berlin bis hin zu Städtebauern im Nationalsozialismus, die, wie Heinz Wetzel, der Deutschen Arbeitsfront (DAF) zuarbeiteten, und von da bis in die Gegenwart hinein, wo sich u.a. der ehemalige Wiener Stadtbaurat Rudolf Wurzer einreiht, und wo Leon Krier, als Bewunderer von Albert Speer, Sittes Stadtbaukunst anhängt. Die Verehrerschar Sittes nutzte sein Buch zur Stadtbaukunst gern als eine Quelle der Inspiration; dabei interpretierten sie Sittes Grundsätze teilweise frei, teilweise falsch, teilweise mißbrauchten sie Sittes Ideen. Ferner fällt auf, daß es Sitte-Konjunkturen mit anschwellender Sitte-Begeisterung gab, die in auffälliger Weise mit dem Aufquellen restaurativer Tendenzen zusammenzuhängen scheinen: Sitte wurde in der Zeit um den 1. Weltkrieg besonders geschätzt, dann wieder im Nationalsozialismus und eben, nach längerer Ruhepause, wieder in jüngster Zeit (u.a. Zucchoni 1992).

Sitte muß mit seinem Buch zu dieser lange andauernden Begeisterung, insbesondere bei den an der Vergangenheit ausgerichteten Städtebauern, nachhaltigen Anlaß gegeben haben. Bei näherem Hinsehen lassen sich sieben miteinander verknüpfte Ansatzpunkte dafür ausmachen:

1. Kunstvoll gestalteter städtischer Raum: Sitte wurde „die Wiedereinführung der dritten Dimension" (Ilz 1943 [1965, 17]), die baukörperlich-räumlich Gestaltung der Stadt bei der Planung zugerechnet; er habe, so der Münchener Stadtbaurat Theodor Fischer in seinem Nachruf auf Sitte, „mit seinem Wort die Kunst des Städtebaues vom Schlafe erweckt" (Fischer 1904, 33). Während nämlich Reinhard Baumeister, der Vater der modernen Stadtplanung, seit 1874 eine sachliche „zweidimensionale", nur auf die Ebene des Planes bezogene, von Erschließungs-Systemen, Nutzungsarten und Bebauungsweisen bestimmte Stadtplanung vertrat, sprach Sitte vom „Stadtbau als Kunstwerk", wobei ihm das Ideal aller humanistisch Gebildeten vorschwebte: „Eleusis, Olympia, Delphi... Architektur, Plastik und Malerei vereinen sich hier zu einem Gesamtwerk der bildenden Künste" (ibid., 10). Sittes Übertragung von Richard Wagners Idee eines „Gesamtkunstwerkes" auf den Städtebau (Schorske 1980 [1982, 65ff.]) war einer der Gründe für bewunderndes Lob von Nationalsozialisten, die darin ein „totalitäres Kunstwerk, welches ein Zusammenwirken aller Künste zum Ziel hat" (Ilz 1943 [1965, 12]), meinten erkennen zu können.

Marktplatz von Athen, „klassisch-hellenisches Ideal" des Städtebaus, wie er Camillo Sitte als „Versinnlichung der Weltanschauung eines großen Volkes" vorschwebte.
(Aus: C. Sitte 1889, 1. Auflage)

2. Autorität im Städtebau: Sitte war der Überzeugung, daß Stadtbaukunst, genau wie Baukunst, gänzlich in die Hand des Baukünstlers gehöre: „Kunstwerke können nicht von mehreren im Verbande der Comittee- oder Bureauthätigkeit geschaffen werden, sondern immer nur von einem Einzelnen, und ein künstlerisch wirkungsvoller Stadtplan ist eben auch ein Kunstwerk und keine bloße Verwaltungsangelegenheit" (Sitte 1889, 132). Die vom genialen Einzelnen konzipierte Stadt solle in Planung und Realisierung „aus einem Guß erstehen" (ibid., 143). Damit nun „nicht jeder Architekt selbstgefällig nur darauf ausgeht, die Werke seiner Nachbarn in Schatten zu stellen und nach Möglichkeit um ihre Wirkung zu bringen, ... wäre die starke Hand eines gleichsam bautechnischen Regisseurs schon bei der Consensertheilung (= Baugenehmigung, d.V.) dringend nöthig" (ibid., 158). Vorbild für diese eher autoritäre Art von Städtebau war für Sitte der Barock (ibid., 85), eine Zeit, in der es ein Landesfürst „mit starker Hand" vermocht hatte, eine „Stadt aus einem Guß" hinzuzaubern. Solch umfassender autoritärer Anspruch des Baukünstlers wurde im 19. Jahrhundert nicht als ungewöhnlich angesehen, denn „wer den Bau erdacht, dem kommt es auch zu, ihm bis in die letzten Einzelheiten das Gepräge seines Geistes zu geben" (H. Wagner 1883, 7). Es war das Prinzip der Unteilbarkeit der Kunstproduktion, das Sitte anmahnte und das, um die Idee des „Gesamtkunstwerkes" erweitert, nun auf den Städtebau zu übertragen sei: Also vom privaten Bauplatz auf den öffentlichen Raum und, was die Angelegenheit erschwerte, auf die privaten Bauplätze anderer, die sich dem städtebaulichen Plan zu fügen hätten. Ein drastischer Eingriff in das Heiligtum des Privateigentums, zu dessen Umsetzung seit dem Ende des Absolutismus in Deutschland jedoch meist die Mittel fehlten (ausf. Fehl/Rodrigues 1994).

3. Gefühl, Gemüt, Erhabenheit: Angesichts der damaligen schematischen Stadterweiterungen mit ihren meist regelmäßigen, oft langen geraden Straßen und der vorwiegenden Berücksichtigung von Verkehr, Grundstücksverwertung und Hygiene wurde es Sitte als besonderes Verdienst angerechnet, mit dem „Künstlerischen" wieder das in den Städtebau eingebracht zu haben, was das „Gemüth der Menschen" (Sitte 1889, 1) anspricht, „erhebende Eindrücke" (ibid., 120) und das Gefühl für „Erhabenheit und Herrlichkeit" (ibid., 10) hervorruft. Sittes Ausfälle gegen die „allgemein eingerissene Nüchternheit" (ibid., 115) im Leben, gegen „Schematismus und Bürokratie" (ibid., 97), die „Geradwinkeligkeit und Rechtwinkeligkeit" (Sitte 1889, 91) im Städtebau, waren Trost für die

Seelen der vielen von den neuen Stadterweiterungen gepeinigten „Kunstfreunde und Gebildeten" (ibid., 127). Der „unerqicklichsten Nüchternheit" (ibid., 131) stellte Sitte „das hochgradig Malerische" (ibid., 116) entgegen, das die Stadtbilder, „wie sie uns im alten Nürnberg ... entzücken" (ibid., 114) ausmachte und das wieder im Städtebau Eingang finden müsse: Wichtige Bauten dürften nicht länger in klassizistischer Manier freigestellt werden, sondern müßten in die umgebende Baumasse „malerisch" eingebunden, mit ihr verschmolzen werden: „So ein freigelegts Bauwerk bleibt ewig eine Torte auf dem Präsentirteller. Ein lebensvolles organisches Verwachsen mit der Umgebung ist da von vorneherein ausgeschlossen" (ibid., 30). So wurde sein Buch bei Erscheinen lebhaft begrüßt als ein „Sieg des Malerischen" und ein „gesunder Widerspruch (= Einspruch, d.V.) des Gemüthes und der künstlerischen Empfindung gegen die Herrschaft des Lineals und gegen den einförmigen Zirkelschlag des Ingenieurs" (D. in DBZ 1889, 408).

4. Ablehnung des modernen Lebens: Sitte bedauerte unaufhörlich das Vergehen der „guten alten Zeit" (Sitte 1889, 179) mit ihren engen Nachbarschaftskontakten (ibid.), dem Gemeinschaftsleben im öffentlichen Raum (ibid., 4), ihrer „Harmonie" (ibid.) und „den Freuden kindlicher Heiterkeit" (ibid., 119); abfällig äußerte er sich dagegen über „unser mathematisch abgezirkeltes modernes Leben, in dem der Mensch förmlich selbst zur Maschine wird" (ibid., 113) und „nur lebt um Geld zu verdienen" (ibid., 137), über dessen „schale Modernität" (ibid., 153), die „moderne verrottete Stadtbaumanier" (ibid., 86) und ihre „modernen Systeme" (ibid., 97): Das „moderne Häuserkastensystem" (ibid., 4), das „sinnlose Rechtecksystem" (ibid., 138), „das leidige Blocksystem" (ibid., 109); besonders bedrohlich empfand er den das städtische Leben rasch verändernden „modernen Verkehr" (ibid., 153) mit elektrischer Straßenbahn, der „Tramway, ... als unanständiger Aufdringlichkeit" (ibid., 166); und mit neuzeitlichen „Straßen-Netzen", die „immer nur der Communikation dienen, niemals der Kunst" (ibid., 97); er schlug daher vor, „das Entwerfen nach Verkehrsrichtungen" (ibid., 103) nicht länger in den Vordergrund zu stellen, Kreuzungen und breite Straßen tunlichst zu vermeiden und dem Fußgänger wieder mehr Raum und „schöne Plätze" zu geben (ibid., 100ff.). Raymond Unwin in London, ein aufmerksamer Beobachter des deutschen Städtebaues und in vieler Hinsicht ein Bewunderer von Sitte, lehnte indes Sittes Verkehrs-Konzept angesichts des Londoner U-Bahn-Systems (1868), der Wiener Stadtbahn (1888) und der sich seit 1885 überall rasch verbreitenden elektrischen Straßenbahnen als völlig rückständig ab: „Ich neige daher zu der Ansicht, daß, was den Verkehr anbelangt, das deutsche System, wenn wir es so nennen dürfen, wie Camillo Sitte es vorträgt, keineswegs ein ganz richtiges ist. Es wird am ehesten dort zutreffen, wo es sich hauptsächlich um Pferdeverkehr handelt" (Unwin 1910, 143). Karl Schorske vermutet wohl zu Recht, daß Sitte mit seinem Rückgriff auf die vergangene Kleinstadt mit Pferdefuhrwerk, engen Straßen und beschaulichen Plätzen dem technischen und gesellschaftlichen Wandel in die Speichen greifen wollte, um so „die Macht des Vergangenen gegen die Verwüstungen der Gegenwart zu behaupten" (Schorske 1980 [1982, 95]). Da sich gerade das städtische Bildungsbürgertum vom raschen technischen Fortschritt und der ausfernden Verstädterung in seiner angestammten Position überrannt fühlte, fand Sittes gegen den Fortschritt gewandte Grundhaltung hier lebhafteste Zustimmung.

5. *Das Anknüpfen bei der Vergangenheit:* Sittes Bekenntnis zu den „alten Meistern" (Sitte 1889, 166) und ihren städtebaulichen Leistungen „im Alterthum, im Mittelalter, in der Renaissance, überall da, wo überhaupt die Künste gepflegt wurden" (ibid., 2), führte ihn auf den Weg der Begeisterung für die Vergangenheit, der immer mehr vom klassischen Ideal abzweigte und Vorbilder eher im Mittelalter, in der Renaissance, vor allem aber im Barock suchte: „Am reichsten entfaltet zeigt sich diese ganze neue Welt des Städtebaues in den Werken der Barocke ... Bei den barocken Anlagen ist alles wohl bedacht und auf seine Erscheinung hin vorherbestimmt" (ibid., 82f.). Den Historismus ablehnend, wollte Sitte die Werke der „alten Meister" im Städtebau nicht kopieren, sondern strukturell weiterbilden: „Sowohl das moderne Leben als auch die moderne Technik des Bauens lassen eine getreue Nachahmung alter Stadtanlagen nicht mehr zu; eine Erkenntnis, der wir uns nicht verschließen können, ohne in unfruchtbare Phantasien zu verfallen. Die herrlichen Meisterleistungen der alten Meister müssen bei uns in anderer Weise lebendig bleiben, als durch gedankenloses Kopieren; nur wenn wir prüfen, worin das Wesentliche dieser Leistungen besteht, und wenn es uns gelingt, das bedeutungsvoll auch auf moderne Verhältnisse anzuwenden, kann es gelingen, dem scheinbar unfruchtbar gewordenen Boden eine blühende Saat abzugewinnen" (ibid., 119). Mit seiner aus dem Samen der Vergangenheit gezogenen Stadtbaukunst meinte er, auch in der Großstadt das ruhige Leben der Kleinstadt wieder zum Leben erwecken zu können, insbesondere das Gemeinschaftsleben auf den Stadtplätzen: „Das Volks-

leben zieht sich seit Jahrhunderten stetig, hauptsächlich aber in neuester Zeit, von den öffentlichen Plätzen zurück, wodurch ein gut Theil ihrer einstigen Bedeutung verloren ging und es so beinahe begreiflich wird, warum das Verständnis für schöne Platzanlagen in der großen Menge bereits so arg verschrumpfen konnte" (ibid., 113). Viele der vom Zerfall der Überlieferung und der Auflösung der herkömmlichen Bindungen verunsicherte Zeitgenossen (ausf. Nipperdey 1983 [1990, 141ff.]) stimmten darin mit Sitte überein, daß mit einem der Vergangenheit nachgebildeten städtebaulichen Rahmen nicht nur die Werte der Vergangenheit wieder in die Gegenwart zurückgeholt, sondern auch wirklich wieder nachgelebt werden könnten: Gemeinschaftsgefühle, Heimatgefühle, Vaterlandsgefühle!

6. Deutscher Städtebau: Sitte fühlte sich als „Teutone" und „nordisch" (Collins 1965, 15) gesinnter Patriot, als Verteidiger deutscher Kultur gegen alle Anfeindungen (Schorske 1980 [1982, 99]) und als Anhänger einer „künstlerischen Versinnlichung des Reichsgedankens" (Sitte 1889, 173). Im Nachruf auf Sitte strich Henrici dessen nationale Gesinnung besonders hervor: „Eine Vision, die ihm schon in jüngeren Jahren im Geist ein von jeglichem Gebrauchswert losgelöstes, rein künstlerisches Nationaldenkmal erstehen ließ, rein national im Grundgedanken, rein national in der Durchbildung und verklärt zusammenfassend und darstellend, was jemals deutschem Geist künstlerisch entsprungen – diese Vision war es, die ihn wachend und schlafend nicht verließ und an der, wie an einem Faden, sein ganzes Lebenswerk hing ... Diese Vision fällt mit der Zeit höchster Begeisterung für Richard Wagners Kunst zusammen und ging aus ihr hervor" (Henrici 1904, 33f.). Die damals auf die deutsche Kultur bezogene nationale Gesinnung war durchgängig, und alles andere hätte befremdet; so sah sich auch Sitte, der drei Kapitel den italienischen Platzanlagen aus Mittelalter und Renaissance gewidmet hatte, zu einer nationalen Begründung genötigt: „Im Vorhergehenden waren meist italienische Beispiele als Muster herangezogen ... Fraglich erscheint es aber, ob wir auch deren Übertragung in den Norden gutheißen könnten" (Sitte 1889, 69); er beantwortete seine Frage mit dem Hinweis, daß dem eigentlich nichts im Wege stehen dürfe: „Das alles gilt von dem Italien des Mittelalters und der Renaissance genau so wie von nordischen Stadtanlagen, denn" – und nun kommt sein erstaunlicher, unter dem Druck nationaler Gesinnung entstandener Hinweis auf die Einordnung des Südens – „der germanische Wohnhausbau hat auch Italien erobert ... Eben

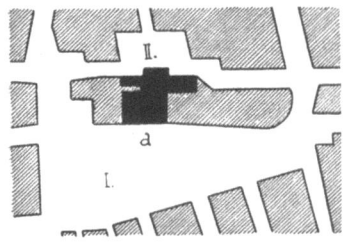

KÖLN:
a. Rathaus.   I. Altmarkt.

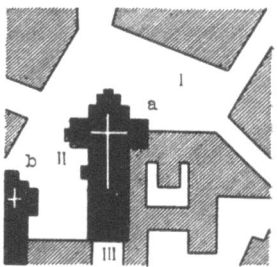

WÜRZBURG:
a. Dom. | I. Paradeplatz.
b. Neumünster. | II. Münsterplatz.
         III. Domplatz.

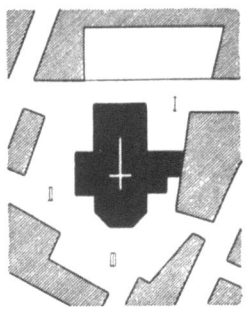

SCHWERIN: Der Dom.

Platzanlagen im nördlichen Mitteleuropa: das „nordische Ideal" eines „malerischen Städtebaus", von dem Camillo Sitte als eine seiner Regeln das *Prinzip des Einbauens* ableitete. (Aus: C. Sitte 1909, 4. Auflage)

deshalb hat ja selbst Italien den Typus des antiken Forums nicht treu bewahrt, weil es das neue Leben aller Völker Europas mit angenommen und mit geschaffen hat ... Der Unterschied zwischen dem Norden und dem Süden Europas" sei so „nicht sehr bedeutend" (ibid.). Dem sich „nordischer Kultur" zurechnenden Publikum leuchtete Sittes Hinweis auf die nachhaltigen Erfolge der germanischen Völkerwanderung in Italien ein; ebenso würde seine stadtbaukünstlerische Strategie, die deutlich auf Erzeugung eines alle verbindenden Gefühls nationaler und lokaler Identifikation abzielte, gebilligt. Zum großen Erfolg seines Buches merkte Sitte im Vorwort zur 3. Auflage an, „daß eine solche Wirkung durch eine literarische Arbeit nur dann ausgeübt werden kann, wenn die ganze Sache bereits sozusagen in der Luft liegt" (Sitte 1900 [1909, IX]). In den damit gemeinten 90er Jahren lagen beim deutschen Bürgertum tatsächlich Nationalismus, Vergangenheitsvergoldung und Kunstschwärmerei, aber auch Fortschrittsfurcht, Großstadtskepsis und Sozialistenangst „in der Luft"; Sittes besondere Anziehungskraft für national-konservative Städtebauer beruhte damals auch darauf, daß 1890, mit dem Auslaufen der Sozialistengesetze in Deutschland, wieder einmal der Gedanke der „Volkserziehung" in der Luft lag, zu der Julius Langbehn, Wortführer des national-konservativen Bildungsbürgertums, die Gebildeten aufgerufen und zu der Sitte einiges beigetragen hatte.

7. Volkserziehung: Julius Posener hat Sittes Buch ein „Dokument der Verzweiflung" (Posener 1979, 244) genannt; der Verzweiflung darüber, nahezu ohnmächtig zusehen zu müssen, wie die überlieferte Stadt und Stadtkultur verlöschten. Zutreffender scheint es indes, Sittes Buch als ein „Dokument restaurativer Hoffnung" zu verstehen. Für einen Verzweifelten ist seine Argumentation zu systematisch und zielgerichtet; auch würde ein Verzweifelter seine „Einleitung" nicht mit dem Satz geschlossen haben: „Bei der weiteren Untersuchung der Grundsätze, nach welchen solche Schöpfungen (vergangener Stadtbaukunst, d.V.) zustande kamen, wird sich übrigens zeigen, dass die wesentlichsten Motive des Aufbaues durchaus nicht verloren gingen, sondern vielmehr bis zu uns herauf sich erhalten haben, und es wird nur eines günstigen Anlasses bedürfen, sie lebensvoll wieder erstehen zu lassen" (ibid., 11). Die Möglichkeit der Restauration, der Wiederherstellung der vergangenen Welt, ihrer Ideale und Ordnungen, schien greifbar nahe, und so beflügelte ihn Hoffnung, den „günstigen Anlaß" bald herbeiführen zu können; etwa durch eine schlaue Vereinbarung zwischen Ingenieuren, Bodenverwertern und Stadtbaukünstlern die „Möglichkeit eines Compromisses" (ibid., 98) zu eröffnen, wobei durch Konzentration der Stadtbaukunst „auf nur wenige Hauptstraßen und Plätze ... die künstlerischen Forderungen nicht bedingunglos den Forderungen des modernen Lebens – Verkehr, Hygiene etc. – zuwiderlaufen" (ibid., 98f.). Hierdurch würde wenigstens sein Hauptanliegen, durch Stadtbaukunst das Volk zu erziehen, abgesichert; durch richtige Erziehung des „ungebildeten Volkes" aber würde die alte Ordnung wieder auf neuer Grundlage erstehen. Daß Sittes Hauptanliegen nicht nur auf die „künstlerische Wiederbelebung des Städtebaues" (ibid., 145) gerichtet, sondern diese für ihn nur Mittel für den höheren Zweck der „Volkserziehung" war, ist seiner Einleitung zu entnehmen, wo er zu den „alten schönen Städten" feststellt, daß „sie auf das Gemüth der Menschen mit sanfter unwiderstehlicher Gewalt wirkten" (ibid., 1); weswegen auch der gegenwärtige „Städtebau nicht bloß eine technische Frage sein dürfe, sondern müßte im eigentlichen und höchsten Sinne eine Kunstfrage sein" (ibid., 2). „Auf das Gemüth zu wirken", und zwar mit Kunst, mit Absicht und mit Ziel, kann sicherlich als eine Form von Erziehung angesehen werden. Sitte erläutert sein Anliegen an anderer Stelle noch genauer: „Die erhebenden Eindrücke, welche künstlerische Formvollendung unablässig ausströmt, können auch in unserem vielbeschäftigten Alltagsleben nicht entbehrt werden. Man sollte meinen, dass gerade bei Stadtanlagen die Kunst voll und ganz am Platze sei, denn dieses Kunstwerk ist es vor Allem, das bildend auf die große Menge der Bevölkerung täglich und stündlich einwirkt, während Theater und Concerte doch nur den bemittelteren Classen zugänglich sind" (ibid., 120). Es ging Sitte um die „Wirkung" von Stadtbaukunst, denn es sollten nicht nur die „Gebildeten" sich an der kunstvoll gestalteten Stadt erfreuen, sondern „die große Menge der Bevölkerung", d.h. „das ungebildete Volk" sollte gebildet, geformt, und zu den höheren Ideen der Klassik und der jungen deutschen Monarchie hin erhoben werden: zu den „edlen Empfindungen" von Kaisertreue, Vaterlandsliebe, Heimatgefühl.

Diese höheren Ideen aber wurzelten, so gängige Meinung der Gebildeten, in der klassischen oder deutschen Vergangenheit: „Die historischen Ideale ... Sie sind die Erzieher ihres Volkes" (Langbehn 1892, 6). In der Stadtbaukunst sah Sitte das Mittel, die „historischen Ideale" der Gestaltung aus der Vergangenheit der mittelalterlichen Kleinstädte und der Barock-Residenzen in die Gegenwart herüberzuretten, wobei es ihm darum ging, „die Grundsätze der Alten mit den modernen Anforderungen in Einklang zu bringen" (Sitte 1889, 120). Da dies ohnehin nicht überall möglich schien, genügte es Sitte im Sinne seines „Compromisses", die Stadt an wenigen Stellen „im Sonntagskleid erscheinen" zu lassen, „zum Stolz und zur Freude der Bewohner, zur Erweckung des Heimathgefühls, zur steten Heranbildung großer edler Empfindungen bei der heranwachsenden Jugend" (ibid., 98). Um zielgerecht verfahren zu können, war es Sittes im Vorwort geäußerte „leitende Absicht ..., Material sammt theoretischer Ableitung für den Praktiker zu bieten" (ibid., III); also eine „praktische Ästhetik" der Stadtbaukunst zu erarbeiten und „eine Menge schöner alter Platz- und überhaupt Stadtanlagen auf die Ursachen der schönen Wirkung hin zu untersuchen; weil die Ursachen, richtig erkannt, dann eine Summe von Regeln darstellen würden, bei deren Befolgung dann ähnlich treffliche Wirkung erzielt werden müßten" (ibid.). Seine Hoffnung als Volkserzieher setzte darauf: „Die Ursachen der guten Wirkung müssen als positive Forderungen, als Regeln des Städtebaues hingestellt werden, nur das kann uns thatsächlich vorwärts helfen" (ibid. 135). Mit „guter Wirkung" war vordergründig nur die „schöne Wirkung" gemeint; auf einer höheren Stufe stand aber die Weiterwirkung vom Schönen auf das Sittliche, eben die „gute Wirkung". So attestierte eine Buchbesprechung Sitte, daß nun „endlich auch die Hand des Künstlers eingreife, um die Wohnstätten der Menschen so zu ordnen, daß sie nicht nur den Bedürfnissen der Gesundheit ..., sondern auch unseren ethischen Bedürfnissen genügen" (D. in DBZ 1889, 409). Daß „ethische Bedürfnisse" bestünden und ihnen durch Kunst zu „genügen" sei, hieß, an einen Wirkungszusammenhang zwischen Ästhetik und Ethik, Schönheit und Sittlichkeit zu glauben; eine Vorstellung, die in der Ideenwelt der Romantik und des Malerischen blühte.

Der Rahmen: Die Romantik und das Malerische

Die Suche nach den Gesetzmäßigkeiten der versittlichenden Wirkung des Schönen geht wohl schon auf Johann J. Winckelmann (1717-1768) und seine Wiederentdeckung des klassischen Hellas zurück. Das „Schöne" zur Steigerung der Sittlichkeit, des „Guten" nach hellenischem Vorbild einzusetzen, beflügeltete seither die Vorstellungen der humanistisch Gebildeten. Die Romantik bot einer „Volkserziehung durch Kunst" den angemessenen Rahmen. Seit dem 18. Jahrhundert, in Deutschland seit dem frühen 19. Jahrhundert war mit der Romantik eine neue, scheinbar dem Mittelalter entlehnte Weise des Sehens, Erlebens und Deutens der Welt aufgekommen; sie drängte sich neben die im 18. Jahrhundert wiederentdeckte, zunächst von der Aufklärung und der Vernunft besetzte Klassik, überlagerte diese dann und drängte sie allmählich ins Abseits. Romantisches Empfinden läßt sich umschreiben als gefühlsgeleitetes Verarbeiten der Welt in Form von Bildern; in ihr wird die Welt in Stimmungen, in ganzheitlichen Empfindungen erlebt, die „die Seele anrühren"; der Wechsel von Bildern, Stimmungen, Standorten beim Betrachten ist maßgeblich für das Erleben; das gefühlsbetonte Erlebnis atmet gleichsam, hebt und senkt sich beim Durchwandeln einer Bilderfolge – sei es im romantischen englischen Garten, sei es in einem nach „malerischen Gesichtspunkten" angelegten Gebäude, sei es in einer aus vielerlei Motiven zusammengefügten Stadt.

Mit der Romantik korrespondierte das „Malerische", das in den Mittelpunkt des Sehens, aber auch der Gestaltung und Darstellung gerückt wurde: Während bei der klassischen Art des Sehens und Gestaltens das Objekt isoliert, von anderen abgegrenzt und „die Linie als Blickbahn und Führerin des Auges" vorausgesetzt wird, liegt beim „malerischen" Sehen und Gestalten die Betonung auf der Auflösung der Einzelheit in den Gesamtzusammenhang hinein. Während also bei der klassischen Betrachtung „das Interesse mehr in der Begreifung der einzelnen Objekte als fester faßbarer Werte" liegt, liegt es beim „Malerischen mehr darin, die Sichtbarkeit in ihrer Gesamtheit als einen schwebenden Schein aufzufassen" (Wölfflin 1915 [1960, 25]). Das gilt auch für die Architektur: Während in der klassischen Architektur „in allen Ansichten (eines Bauwerks, d.V.) doch die tektonische Grundform als das Entscheidende durchschlagen wird", da hat „umgekehrt die malerische Architektur ein besonderes Interesse, die Grundform in möglichst vielen und verschiedenartigen Bildern erscheinen zu lassen", ja, hier ist geradezu „die Komposition auf ‚Bilder' angelegt; je vielfacher sie sind und je mehr sie sich von der objektiven Form entfernen, für um so malerischer wird die Architektur geschätzt" (ibid., 80). Objekte und Räume sollten daher in „bildmäßiger Verschmelzung" stets mit anderen und dem Hintergrund zusammengebunden sein zu einer „malerischen Composition", einem komplizierten Ganzen, das dem Beschauer viele Bildseiten bietet. So finden wir auch bei Sitte die dem genau entsprechende Illustration des „Malerischen" im Städtebau am Beispiel der Stadt Amalfi, wo es „auf einem

oft geradezu grotesken Durcheinander von Innen- und Aussenmotiven beruht, so dass man zu gleicher Zeit im Inneren eines Hauses oder auf der Straße und an derselben Stelle noch zugleich ebenerdig oder auch in einem Obergeschoß sich befindet, je nach der Auffassung, die man der sonderbaren Baukombination zu geben beliebt. Das ist es, was den Veduten-Sammmler in Wonne schwimmen läßt und was wir auf den Theatern als Bühnenbilder zu sehen bekommen" (Sitte 1889, 116).
Veduten (= Stadtansichten), Bilder und bildhafter Schein sollten nicht nur Vergnügen bereiten, sondern den Betrachter in seinen Empfindungen erheben und seine Seele, wie im mystischen Erleben des Mittelalters, dem Göttlichen näherbringen; nicht ohne Grund drängte sich die Gotik als erste neben die Klassik. „Erhabenheit" als der „Antipode der Vernunft" ist Kulminationspunkt allen romantischen Erlebens und zugleich ein „Paradoxon", denn „das Wesen des erhabenen Gefühls liegt darin, etwas zu erleben, was nur angedeutet ist, was selbst nicht gezeigt werden kann... Erhaben ist, was in seiner Darstellung auf seine Undarstellbarkeit verweist" (Früchtl 1994): Das Erhabene als das nicht Greifbare, als reine Idee, die beim willigen Betrachter hervorgezaubert wird und in ihm das erhabene Gefühl, das Verspüren eines Hauchs des Göttlichen, Ewigen, Allerhöchsten, einzig Wahren und Guten auslöst. Dichtung, Musik, Bilder und Bauten sollen auf dieses Göttliche, das „Gute und Schöne", sei es allegorisch, sei es metaphorisch, durch Symbole verweisen.
Heinrich Heine zeigte 1833, daß die Vermählung von Romantik und Mystik gewissermaßen zwangsläufig war: „Die klassische Kunst hatte nur das Endliche darzustellen und ihre Gestaltung konnte identisch sein mit der Idee des Künstlers. Die romanische Kunst hatte das Unendliche und lauter spiritualistische Beziehungen darzustellen oder vielmehr anzudeuten, und sie nahm ihre Zuflucht zu einem System traditioneller Symbole, oder vielmehr zum Parabolischen, wie schon Christus selbst seine spiritualistischen Ideen durch allerlei Parabeln deutlich zu machen suchte. Daher das Mystische, Räthselhafte, Wunderbare und Überschwängliche in den Kunstwerken des Mittelalters; die Phantasie macht nun ihre entsetzlichsten Anstrengungen, das Reingeistige durch sinnliche Bilder darzustellen, und sie erfindet die kollossalsten Tollheiten ... um den Himmel zu erreichen" (Heine 1833 [1884, 128]). Der Unterschied zwischen klassischer und romantischer Darstellung bestand für Heine darin, „daß die plastischen Gestalten in der antiken Kunst ganz identisch sind mit dem Darzustellenden, mit der Idee, die der Künstler darstellen wollte, z.B. daß die Irrfahrten des Odysseus gar nichts anderes bedeuten als die Irr-

fahrten des Mannes, der ein Sohn des Laertes und Gemahl der Penelopeia war und Odysseus hieß ... Anders ist es in der romantischen Kunst; da haben die Irrfahrten eines Ritters noch eine esoterische Bedeutung, sie deuten vielleicht auf die Irrfahrten des Lebens überhaupt; der Drache, der überwunden wird, ist die Sünde; der Mandelbaum, der dem Helden aus der Ferne so tröstlich zuduftet, das ist die heilige Dreieinigkeit, Gott Vater und Gott Sohn und Gott Heiliger Geist, die zugleich eins ausmachen, wie Nuß, Faser und Kern einunddieselbe Mandel sind ... In der Architektur zeigt sich dieselbe parabolische Tendenz wie in der Dichtkunst. Wenn wir einen alten Dom betreten, ahnen wir kaum mehr den esoterischen Sinn seiner steinernen Symbolik. Nur der Gesammteindruck dringt uns unmittelbar ins Gemüth; wir fühlen die Erhebung des Geistes und die Zertretung des Fleisches. Das Innere des Doms selbst ist ein hohles Kreuz und wir wandeln da im Werkzeug des Martyriums selbst ...; und mit den kolossalen Pfeilern strebt der Geist in die Höhe, sich schmerzlich loßreißend von dem Leib, der wie ein müdes Gewand zu Boden sinkt. Diese gothischen Dome, diese ungeheuren Bauwerke ..., die selbst den Stein so zu bewältigen wußten, daß er fast gespenstisch durchgeistigt erscheint, daß sogar diese härteste Materie den christlichen Spiritualismus ausspricht" (ibid. 129-130).

Mit der Romantik des 19. Jahrhunderts wurde der christliche Spiritualismus durch einen säkularen ersetzt, bei dem an die Stelle der alten Heiligen Dreieinigkeit von Vater, Sohn und Heiligem Geist nun die neue von Vaterland, Familie, heiliger Ordnung trat. Eine „säkulare Religiosität" prägte seither „das tägliche Leben, das auf etwas Mächtiges hin transzendiert wird, eben auf die Nation ... Ein Volk, eine Nation sein, das sei die Religion unserer Zeit, heißt es 1813 in Deutschland" (Nipperdey 1983 [1990, 138]). Dieser religiös unterfütterte „romantische Nationalismus" war „Reaktion auf die französische Vorherrschaft in Europa: auf die kulturelle Vorherrschaft der französisch geprägten Aufklärung wie auf die missionarischen Tendenzen der Jacobiner und die imperialen Napoleons ..., auf die Drohung, Europa zu uniformieren. Es ist darum kein Zufall, daß Deutschland zu einem Kernland des romantischen Nationalismus wird" (ibid., 141).

Nicht nur keimte damals in Europa die Romantik auf und mit ihr das Bedürfnis nach mystischer Erhebung und malerischer Gestaltung der Welt; mit ihr verband sich auch jene Idee, die Menschen durch Kunst, insbesondere aber durch Baukunst zu erziehen, da diese zwangsläufig der Öffentlichkeit ausgesetzt ist und sich daher als Medium, das ein großes

Publikum anspricht, besonders anbietet. Mit der in Frankreich schon vor der Revolution einsetzenden Auflösung der „heiligen Ordnung" – der Stände, des Feudalismus, der geschlossenen Gemeinschaften von Zünften, Orden, Bruder- und Bürgerschaften – schien es notwendig, die unruhigen Massen in den Städten drastisch auf die „heilige Ordnung" hinzuweisen und jedem unmißverständlich den gottgewollten Platz auf der weltlichen Stufenleiter zu weisen. Hinzu kam noch, daß mit der aufkeimenden Industrialisierung der Bedarf nach Arbeitskräften stieg, die sich aus dem überlieferten zünftigen Handwerk nicht ohne weiteres ziehen ließen. Vor die Verwendung in der neuen „Fabrik" war also die Formung der Sitten und Einstellungen der „Barbaren" (u.a. Schmoller 1887, 17) gesetzt, jener „halbwilden ländlichen Arbeitskräfte" (Ledoux 1804) und der bedrohlich anwachsenden Massen des städtischen „Lumpengesindels", die erst zu arbeitssamen und disziplinierten Arbeitskräften herangezogen werden mußten (ausf. Vidler 1981, VIff.). Ihre Erziehung wurde verstanden als Hilfe zur Hebung auf eine höhere Stufe der Sittlichkeit – der Friedfertigkeit, der Fügsamkeit und der Erkenntnis der eigenen Nützlichkeit; die Erziehung der für die Gesellschaft zwar nützlichen, aber auf der untersten Stufe angesiedelten „Barbaren" richtete sich also auf die Hervorbringung einer neuen Unterordnungs- und Arbeitsmoral durch paternalistische Fürsorge und Disziplinierung, durch Überwachung (surveillance) und eben auch durch „Architektur als Sprache" (ibid, IX).
Im vorrevolutionären Frankreich finden wir die ersten systematischen Bemühungen dazu, die u.a. Claude Nicholas Ledoux, seit 1775 Architekt der königlichen Salzwerke in Chaux und daher mit der oft mangelnden Arbeitsmoral der Salzarbeiter befaßt, in seinem 1804 erschienenen Buch „Architektur unter dem Gesichtspunkt der Kunst der Sittlichkeit und der Gesetzeskenntnisse" dargelegt hat; in Theorie und in Entwürfen für Chaux zeigt er, wie „Architektur durch Grundformen, Anordnung im Raum und Symbole zu einer Sprache wird, mit der sich der Arbeiter ansprechen, seine Seele reinwaschen und ihm die Idee einer höheren Sittlichkeit nahebringen ließe" (ibid., IX); die neue Unterordnungs- und Arbeitsmoral war zwar noch für einige Zeit kirchlich bemäntelt, im Kern aber war sie allein von den Anforderungen der industriellen Produktion her begründet.[2] Uns soll hier indes nicht weiter die französische „Volkserziehung durch Kunst" beschäftigen, sondern die deutsche, die, im Rahmen der deutschen Romantik, auf dem „ideellen Determinismus" und der „praktischen Ästhetik" in der Baukunst aufbaute.[3]

„Volkserziehung", „praktische Ästhetik", „ideeller Determinismus" –
ein Dreiklang

Im 19. Jahrhundert entstand der „ideelle Determinismus" auf der Suche nach Objektivität bei der Bestimmung der Wirkung von Kunst auf Gemüt und Seele der Betrachter. Der Mechanik entlehnt, war er eine analog auf Ästhetik und Ethik übertragene Struktur von Ursache und Wirkung: Ein Kunstwerk als Objekt könne direkte ästhetische Wirkungen auf das Gefühl des Betrachters auslösen oder sei, vermittelt über seine „Schönheit" und die verwendeten Symbole, die Ursache von ethischen Wirkungen; könne also über das „Schönheitsgefühl" beim Betrachter sittliche Einstellungen erzeugen entsprechend sein Verhalten beeinflussen und seine bewußt zu verantwortenden Handlungen leiten. Diese gedachten Wirkungen auf Gemüt und Seele des Betrachters sollten angeblich eindeutiger, d.h. determinierter Art sein, insofern ihnen eine Art von gesetzmäßigem Zusammenhang zwischen Ursache (= Objekt) und Wirkung beim Betrachter (= Subjekt) zugrunde gelegt werden könne. Die durch Schönheit unmittelbar oder durch Symbole mittelbar hervorgebrachten Wirkungen eines Kunstgegenstandes oder Bauwerkes auf das Gemüt des Betrachters könne sowohl „gut" als auch „schlecht", sowohl schwach als auch intensiv sein; ihr müsse daher wissenschaftlich, sofern möglich sogar empirisch vom Ästhetiker nachgegangen werden; wäre die Gesetzmäßigkeit, der Kausalzusammenhang, erst einmal erkundet, dann könnten daraus „Regeln" für die praktische Anwendung im Sinne einer „praktischen Ästhetik" abgeleitet werden: „Gesetzt ich kenne die Bedingungen zur Erzeugung eines Schönheitsgefühls ..., dann kann ich auch ohne weiteres sagen, welche Bedingungen erfüllt werden müssen und was zu vermeiden ist, wenn das fragliche Schönheitsgefühl ins Dasein gerufen werden soll, d.h. die Einsicht in den thatsächlichen Sachverhalt ist zugleich auch eine Vorschrift" (Lips 1897 [1908, 36]).[4] Ähnliches hatte Sitte mit seiner „praktischen Ästhetik" der Stadtbaukunst und seinen „Regeln" wohl im Sinn. Dieser Determinismus blieb indes nur eine Idee, deren Substantiierung die Ästhetiker jahrzehntelang nachjagten und die auch ohne wissenschaftlichen Beleg äußerst populär war; als Beleg reichte schon der Hinweis, daß objektive „Regeln" für den Wirkungszusammenhang entdeckt und damit die Idee greifbarer geworden sei. Auch knüpften sich große Hoffnungen an die Idee: Kunst spielte beim Determinismus nämlich die Rolle eines Mediums zwischen dem Kunst Schaffenden und dem Kunst Betrachtenden. In der an Medien noch vergleichsweise armen Zeit des 19. Jahrhunderts schien für den Staat – und den in seinem Auftrag arbeitenden Künstler – die Möglichkeit gegeben, auf der Grundlage des Determinismus mit Kunst zielgerecht und dauerhaft „auf das Gemüth der Menschen mit sanfter, unwiderstehlicher Gewalt zu wirken". Im 19. und in der ersten Hälfte des 20. Jahrhunderts beherrschte der „ideelle Determinismus" nicht nur die Denkweise vieler Architekten, sondern auch Bildhauer, Maler, Musiker und Dichter – ja eigentlich weiter Kreise des Bildungsbürgertums. In einer Art von Klassenkonsens empfanden sie das ihnen in die Hand gegebene Medium ‚Kunst' als eine Art von Verpflichtung, es im Interesse der eigenen Klasse oder auch im Sinne des Staates zur Hebung der Sitten und zur Stärkung des Nationalgefühls einzusetzen; Kunstausübung im öffentlichen Bereich war ihnen eine besondere, eben politisch motivierte Erziehungsaufgabe, bei der es darum ging, „ethische Werte in Formen zu übersetzen" (Rudorff 1897 [1926, 25]).

Theodor Vischer (1807-1887), Professor in Tübingen und führender Vertreter der „idealistischen Ästhetik" im deutschsprachigen Raum hatte den Begriff geprägt. Seine „Ästhetik oder Wissenschaft des Schönen" (Vischer 1846-1852) war schon vor 1840 aus der Beobachtung der wachsenden gesellschaftlichen Gegensätze hervorgegangen und aus dem unerfüllten Sehnen des gebildeten Bürgertums nach einem „Reich des Schönen", wie es ihnen aus der Vergangenheit des klassischen Hellas in vollendeter Form zuzuwinken schien: „Im Reiche des Schönen ist wolkenlose Heiterkeit ... hier sind wir als geistige Wesen befriedigt, ohne mit unserer Sinnlichkeit brechen zu müssen, und so schließt die Heiterkeit mit dem Ernste einen vollkommenen Frieden. Die Wirklichkeit ist von der Idee gesättigt, und die Idee läßt sich auf die Wirklichkeit herab. Der herbste und größte Gegensatz ist gelöst. Es ist Sonntag; Werktagsseelen begreifen dies nicht" (Vischer 1837, 38). Die deutsche Revolution von 1848 enthüllte Vischer, damals Abgeordneter der gemäßigten Linken in der deutschen Nationalversammlung zu Frankfurt am Main, daß „der herbste Gegensatz" beileibe nicht gelöst, sondern, im Gegenteil, „zwischen den gebildeten Ständen und dem arbeitenden Volke eine unendliche Kluft" (Vischer 1848, 346) aufgerissen war und die „Entfremdung" zwischen den Ständen den „Verfall" (Vischer 1851 [1975, 69]) der bürgerlichen Kultur beschleunigte; das „Reich des Schönen" wäre darüber in weite Ferne gerückt. Dem entgegenzuwirken war für Vischer 1851 Anlaß zu seinem Konzept der „Volkserziehung", das noch von der alten humanistisch-aufklärerischen Idee getragen war, die Sittlichkeit auf breiter Ebene, also das ganze Volk umfassend, durch verstärkte Bildung und Erziehung auf höhere Stufen zu heben, um schließlich doch jenes „Reich des Schönen" noch zu erreichen. „Volkserziehung durch Kunst" sollte die „Kluft" und die festgestellten Bildungsunterschiede entschärfen, insbesondere das „arbeitende Volk" in seiner Sittlichkeit anheben. Da für Vischer auf höchster ideeller Ebene „das Schöne seinem Gehalt nach einfach als identisch mit dem Guten zu fassen" (Vischer 1846 [1975, 77]) war, forderte er 1851, daß „der Staat im Geiste einer freien, zusammenfassenden Leitung die Kunstpflege in die Hand nimmt und so die Zukunft vorbereitet, wo in einem erneuten öffentlichen Leben der im Volke als Einheit aller Stände erwachte Sinn sich in einer Hebung der Kunst ausspricht" (Vischer 185 [1975, 82]).

Diese bürgerliche Strategie einer „Volkserziehung durch Kunst" erwies sich bekanntermaßen als ohnmächtig gegen die sich mit der Industrialisierung verschärfenden Klassengegensätze: Die „Entfremdung" hatte sich bis 1890 soweit vertieft, daß Julius Langbehn auf der anderen Seite der Kluft nicht mehr „arbeitendes Volk", sondern nur noch den gefürchteten „Pöbel" zu sehen glaubte: „Der Besitzlose ... gehört stets zum Pöbel; so auch die gesamte Sozialdemokratie; dieser Pöbel muß erst wieder in Volk verwandelt werden" (Langbehn 1890 [1892, 15]). Dieser „Pöbel" machte sich in der bürgerlichen Stadt breit, bedrohte den angestammten Ort bürgerlicher Kultur und schien deren weiteren Verfall noch zu beschleunigen; Langbehn erneuerte aus diesem Anlaß den Erziehungsauftrag: „Gewisse Theile eines Volkes sind nicht nur vorübergehend, sondern dauernd zur Erziehung des Ganzen berufen" (ibid., 153); eben die „Gebildeten", die sich bei der „Volkserziehung durch Kunst" nicht mehr am klassisch-hellenischen Vorbild ausrichten sollten, sondern an einer idealisierten deutschen Vergangenheit: „Ein Volk wird für seine Zukunft nur erzogen durch seine Vergangenheit ... Historische Ideale ... sind Spiegelbilder seines eigenen schönsten Daseins; an ihnen vermag das Volk seine Leistungen und seine Kräfte und seine Ziele zu messen; in ihnen ehrt es sich selbst" (ibid., 6). Der Gedanke der „Volkserziehung", ursprünglich aus Aufklärung und Klassik hervorgehend, hatte nach der Reichsgründung tiefe Wurzeln in national-konservativen Kreisen geschlagen, wo er sich aufs engste und platteste verband mit dem neuen Wilhelminischen Nationalismus, der den „romantischen Nationalismus" (Nipperdey 1983 [1991]) der Heine-Zeit überlagerte:[5] Auf der Grundlage des Determinismus schien es möglich, vaterländische Gefühle zielgenau erzeugen zu

können durch nationale Architektur – und eben auch nationalen Städtebau.
Der Ohnmacht der „Volkserziehung durch Kunst" standen auf dem Gebiet der Naturwissenschaften und Erfindungen große Fortschritte gegenüber; sie gaben nach der Reichsgründung Anlaß zur Hoffnung, „das Schöne" und vor allem das „Schönheitsempfinden" ließen sich in seiner Wirkung auf die Sittlichkeit – vor allem des sogenannten „4. Standes" der Arbeiter – in gleicher Weise wissenschaftlich auf Gesetzmäßigkeiten hin durchdringen, die dann, in sozusagen Newtonsche Kausalgesetze der Baukunst gegossen, das Herzstück eines endlich empirisch abgesicherten Determinismus wären. Auf solcher Grundlage könne eine „praktische Ästhetik" aufbauen und die „Volkserziehung durch Kunst" zu höchster Wirksamkeit führen. Die sich vom Idealismus abwendende und an die Naturwissenschaften anlehnende „experimentale Ästhetik" (Fechner 1871), die von Gustav Th. Fechner (1801-1887) begründet worden war, verzichtete indes auf die Verbindung zur Ethik; im weiteren Verlauf nahm sie zur Ergründung der ästhetischen Wahrnehmung mit den verschiedensten Wissensgebieten – der Kunstgeschichte, der Mathematik, der Psychologie, der Physik, der Optik etc. – Berührung auf und entwickelte sich von einer „Psycho-Physik" (Fechner 1872; F. Lips 1914) über eine „Psychologie des Schönen" (Th. Lipps 1903) zu einer „empirischen Ästhetik" (Meumann 1908); und schließlich verirrte sich Theodor Lipps noch zu einer „ästhetischen Mechanik" (Th. Lipps 1920). Sittes „praktische Ästhetik" des Städtebaues ruhte auf dem Fundament zeitgenössischer Ästhetik, insbesondere auf Vischers „idealistischer Ästhetik" und indirekt wohl auch auf Maertens' „praktischer Ästhetik der Baukunst"[6]; diese Grundsteine wollen wir nun freilegen, wobei uns die unterschiedliche Klärung interessiert, welche „Wirkungen" der Baukunst bei der „Volkserziehung durch Kunst" beigemessen wurden; d.h. die verschieden beantwortete Frage nach der Umsetzung von Schönheit in Sittlichkeit.

„Praktische Ästhetik der Baukunst" und ihre Vorläufer

Vischers „idealistische Ästhetik" war eine in Idealismus und Romantik verankerte „spekulativ-metaphysische Ästhetik ... Sie sah als Aufgabe der

Kunst an: die Darstellung des Unendlichen in endlicher Erscheinung und das Ästhetisch-Wirksame in dem Ideengehalt des Kunstwerkes" (Meumann 1908, 12). Vischer neigte zwar der klassisch-hellenischen Ideenwelt zu, handhabte sie jedoch in romantischer Weise; so war für ihn die Wirkung eines Bauwerks stets eine „ideelle Wirkung". Er stellte das Prinzip auf, daß mit „Ideen ... die großen, bewegenden sittlichen Mächte" (Vischer 1846 [1975, 75]) bezeichnet sein sollen und daß folglich, „indem die Idee sich zuletzt in höchster Bedeutung als der sich verwirklichende sittliche Zweck, hiermit als das Gute darstellt, das Schöne seinem Gehalt nach einfach identisch mit diesem zu fassen ist" (ibid., 77). Kurz, die Verknüpfung des Ästhetischen mit dem Ethischen: „Das Schöne ist gut, aber darum das Gute noch nicht schön" (ibid).

Vischer verstand das Verhältnis zwischen Künstler, Kunstwerk und Betrachter als ein Verhältnis von Sender-Medium-Empfänger, bei dem die Phantasie des Künstlers eine „Idee" im Kunstwerk verschlüsselt, die Phantasie des Betrachters eine entschlüsselnde Rolle spielt und dadurch das Kunstwerk, als ein Medium betrachtet, zur „Sprache" wird: Es spricht zum Betrachter und vermittelt ihm die „Idee" des Künstlers. „Die bildende Phantasie ergreift als tätige Kunst den körperlich ausgedehnten schweren Stoff und verarbeitet ihn so, daß ihm die schöne Form, wie sie vor der Phantasie des Künstlers ... als Objekt seines inneren Sehens schwebt, als ein geistiger Mantel übergelegt wird. Das fertige Werk ist zunächst im eigentlichen Sinn bewegungslos und stumm. In einem gewissen Sinn freilich muß es sprechend sein, in dem Sinne nämlich, daß es überhaupt eine Idee in sinnlicher Form ausdrückt; und diesen, die Phantasie des Zuschauers mittelbar in Schwingung versetzenden Ausdruck verstehen wir unter Sprache ... Nehmen wir nun die drei Momente zusammen: den Künstler, in welchem ein Phantasiebild innerlich lebt; das Werk, welches körperlich bewegungslos und stumm hingestellt ist in den Raum; den Zuschauer, in dessen Anschauung es auflebt, auftaut. So haben wir einen Prozess. Es ist eine Bewegung in zwei Tempi, deren erstes das Hinstellen des Objektes im Raum, deren zweites das Hinüberspringen des Objektes in den Zuschauer ist" (Vischer 1848 [1975, 21]). So wurde die klassizistische Architektur des frühen 19. Jahrhunderts selbstverständliche als eine internationale Sprache der Gebildeten verstanden, die sie, gleich ob in London, Berlin oder Florenz, unmittelbar verband mit der längst vergangenen Welt der Hellenen und die ihnen die Ideale der Klassik vermittelte (ausf. Summerson 1980). Nach dem Verlöschen des klassischen Ideals verbreitete sich gegen Ende des 19. Jahrhunderts die Ansicht, daß jedes Haus, ob groß ob klein, ungeniert von seinen inneren Werten und denen seiner Bewohner spreche: In einem Vergleich zwischen einer „Gruppe alter Häuser in Nürnberg" und einem in der Nähe stehenden „Block von modernen Wohnkasernen" äußerte Ernst Rudorff: „Wovon redet die eine, wovon redet der andere? Dort Familiensinn, bürgerliche Tüchtigkeit, Gemütlichkeit, Schlichtheit, Friede und Freude, Genügsamkeit und Genügen, Humor und Gottesfurcht; hier Strebertum, Scheinwesen und Aufgeblasenheit, elegante Rennomisterei, vollkommenste Nüchternheit, Kälte und Blasiertheit" (Rudorff 1898 [1926, 25]).

Die Baukunst aber hatte Vischer nicht als Quasselstrippe verstanden, sondern als „symbolische Kunst" (Vischer 1851 [1975, 234]), bei der „Schönheit" eine maßgebliche Rolle spielte: „Schönheit ist vollkommener Ausdruck der Idee in reiner Form. In der Baukunst ist die Idee des Weltgebäudes symbolisch darzustellen, und ein Gebäude ist schön, wenn es diese Idee in ihrem wahren Vollgehalt, d.h. als die Idee eines wohlgeordneten Ganzen, einer lebendigen, sich bis zur Beruhigung auslebenden Wechselwirkung der Kräfte, kurz, wenn es den Kosmos darstellt" (ibid., 277). Daraus folgte für Vischer: „Je höher eine Idee steht, desto größer muß auch die Schönheit sein" (Vischer 1846 [1975, 237]). Gipfel romantischen Erlebens sei es also, wenn „die Baukunst ... eine Kunst zum Ausdruck unsichtbarer Weltkräfte" werde und dadurch „den allgemeinen Charakter der Erhabenheit" (Vischer 1851 [1975, 237]) annehme. Der Baukünstler sei daher verpflichtet, sich in den Dienst der „Volkserziehung" zu stellen und dem Wohl des Staates durch Vermittlung seiner erhabensten Ideen zu dienen: „Das Bewußtsein aber, ein lebendiges Glied des Volkes und Staates zu sein, ist alleine die wahre Lebensluft, worin die Gedanken des Künstlers in großen Entwürfen frei und lebendig sich entwickeln können" (ibid., 84).

Fechners „experimentelle Ästhetik" beruhte nicht auf dem „Schönen", sondern nur auf dem „Gefallen und Mißfallen" (Fechner 1876, 1): Ein Gebäude wirke auf den Betrachter lediglich psychisch, indem es gefällt oder nicht gefällt. In seiner „experimentellen Ästhetik machte er den Versuch, durch Anwendung des Experimentes und experimenteller Forschungsmethoden gewisse Grundfragen der Psychologie, wie insbesondere die Beziehung zwischen Reiz und Empfindung, zu erforschen" (Meumann 1908, 16). Ausgangspunkt seiner Forschung waren die psychischen Wirkungen von einfachen geometrischen Grundformen und Proportionen, und zwar „ohne Beziehung zum Absoluthen, Göttlichen, den göttlichen Ideen" (Fechner 1876, 1). Die naturwissenschaftliche Vorgehensweise mit der Erforschung von Gesetzmäßigkeiten und ihrer tautologischen Transformation in Anwendungsprogramme bestimmte seine Arbeit: „Klarstellung der Begriffe, welchen sich die ästhetischen Tatsachen und Verhältnisse unterordnen, und Feststellung der Gesetze, welchen sie gehorchen, wovon die Kunstlehre die wichtigsten Anregungen erhält" (ibid., 5). Obwohl Fechner Baukunst nicht als „Sprache" verstand, die über die Schönheit das Gemüt und die Seele anspricht, brachte er doch das Verhältnis von Ästhetik und Ethik ins Spiel. Wohl das wichtigste Prinzip, das Fechner für die „Kunstlehre" aufstellte, war nämlich das „ästhetische Assoziationsprinzip" (ibid., 86), demzufolge „jedes Ding, mit dem wir umgehen, für uns geistig charakterisiert ist durch eine Resultante von Erinnerungen an Alles, was wir bezüglich dieses Dinges ... äußerlich und innerlich erfahren, gehört, gelesen, gedacht, gelernt haben. Diese Resultante der Erinnerungen knüpft sich unmittelbar an den Anblick des Dinges, wie die Vorstellung desselben an das Wort, womit es bezeichnet wird" (ibid., 93). Also werde auch „psychische Wirkung" allein durch Erinnern an früher Erlebtes und Erlerntes ausgelöst: „Nach Maßgabe nun, als uns das gefällt oder mißfällt, woran wir uns bei einer Sache erinnern, trägt auch die Erinnerung ein Moment des Gefallens oder Mißfallens zum ästhetischen Eindruck einer Sache bei ... Die stärksten und häufigsten Einwirkungen, die wir von einer Sache, in Verbindung mit einer Sache und vergleichsweise mit einer Sache, erfahren, hinterlassen natürlich auch Erinnerungen" (ibid., 94). Mit dem „ästhetischen Assoziationsprinzip"[7] hatte Fechner eine völlig andere Art der Wirkung eines Objektes auf einen Betrachter im Sinn als etwa Vischer; denn nun ginge die Wirkung nicht mehr von z.B. einem Bauwerk unmittelbar aus, sondern das Bauwerk wirke, indem es den Betrachter an bereits vorher Gesehenes, Erlebtes, Bekanntes erinnere; diese durch das Objekt heraufbeschworene Erinnerung wirke nun psychisch als eine „reflektierte", vom Beschauer dem Objekt hinzugefügte Wirkung: „Ist es hiernach verwunderlich, wenn wir auch die aus früheren Erfahrungen resultierende Wohlgefälligkeit vieler Dinge für Sache ihrer sinnlichen Erscheinung halten, die vielmehr Sache unserer eigenen geistigen Zuthat ist?" (ibid., 95). Hiermit bot er eine Erklärung für das Entschlüsseln von Symbolen, die als sinnbefrachtete Objekte bestimmte Erinnerungen beim Betrachter auslösen; waren diese Erinnerungen identisch mit dem gemeinten Sinn, dann war das Symbol richtig entschlüsselt und der gemeinte Sinn vermittelt. Wichtig für Fechner war, daß Schönheit nicht selbst zu einer Steigerung der Sittlichkeit führe, bestenfalls könnten die assoziierten Erinnerungen und die dadurch ausgelösten „psychischen Wirkungen" beim Betrachter gewisse Veränderungen seiner Einstellungen und Haltungen, seiner Sittlichkeit herbeiführen (ibid., 101). Es lag indes außerhalb Fechners Interesse, sein „ästhetisches Assoziationsprinzip" empirisch zu untermauern; als der wissenschaftlich-empirischen Forschung zugänglich betrachtete er allein die von einem Bauwerk ausgehenden ästhetisch-psychischen Wirkungen, bei denen die Assoziationen nur als „Störfaktoren" auftreten.

Maertens' „Praktische Ästhetik" und „spiritualistischer Determinismus"

Der Statistiker und Ästhetiker Hermann Maertens (1828-1891) verfaßte seine „Praktische Ästhetik der Baukunst und der gewerblichen Künste" 1885 im Bestreben, eine empirisch abgesicherte Grundlage für die Vermittlung von Harmonie, Ideen und Sittlichkeit durch Baukunst zu schaffen; das Buch traf die Stimmung der Zeit und war bei Architekten überaus populär – es erlebte bereits 1887 die 2. Auflage; es stand genau am Übergang von Vischers „idealistischer Ästhetik", der Maertens sich verpflichtet fühlte, und der neuen „experimentellen Ästhetik" Fechners, dessen empirische Methoden und „ästhetisches Assoziationsprinzip" er aufgriff. Sein Werk war insgesamt ein seltsames Zwittergebilde aus Empirismus und Metaphysik: Versuch der empirischen Erforschung des Unerforschlichen, Undarstellbaren, das sich in gebauter Form darstellen sollte.
Anders als Fechner richtete Maertens seine empirische Forschung nicht auf die Psyche des Betrachters, sondern ging von einer von Baukunst ausstrahlenden, umfassend „ideellen Wirkung" aus; er suchte also „die Herstellung eines Zusammenhangs zwischen Bauformen und Ideen" (Maertens 1887, 99) zu erkunden und wie diese „die Seele des Beschauers ansprechen, an die Seele des Beschauers appellieren" (ibid., 58). Die ideelle Wirkung eines Bauwerkes sollte, entsprechend Vischers Vorschlag, durch Symbole hervorgerufen werden und die bereits bekannten Ideen entsprechend Fechners Assoziationsprinzip aus der Erinnerung des Beschauers heraufbeschwören: Das Bauwerk sollte also „durch sinnliche Zeichen in der Seele des Beschauers verwandte Vorstellungen erwecken,

sollte also nur allein physiognomisch, bzw. symbolisch wirken" (ibid., 59). Bei der symbolischen Wirkung durch „Ideen-Assoziation" (ibid.) sei das rationale Denken völlig ausgeschlossen, da „diese Vorstellungen einen viel kürzeren Weg als den des abstrakt-logischen Denkens zur tiefsten Tiefe der Seele unserer Mitmenschen finden und dort auch sehr viel leichter die einzelnen sympathischen Saiten zum Mitklingen anregen; daß also derartige symbolische Vorstellungen beim Beschauer gleichsam leichtfüßig über das weite und lückenhafte Gebiet des Verstandes hinwegspringen" (ibid.). Wie Vischer, so legte auch Maertens der Vermittlung von Ideen das Schema von Sender-Medium-Empfänger zugrunde, wobei jedoch die vom Baukünstler ausgesandten und in Baukunst symbolhaft verschlüsselten Ideen vom Empfänger nur noch gefühls-, nicht aber verstandesmäßig entschlüsselt, assoziiert würden: „Die praktische Phantasie des Künstlers gibt sich in sinnlich wahrnehmbaren Bildern nach außen kund und sucht dadurch den Weg, sich unmittelbar mit dem tiefsten Empfinden anderer Seelen in Rapport zu setzen. Es rühren sich... bei der produktiven Phantasie des Künstlers die Saiten seiner eigenen Seele gleichsam durch eine gewisse Urkraft selbständig, und erst dieses Klingen läßt die Saiten fremder Seelen sympathisch mitertönen" (ibid.). Zweck seiner „praktischen Ästhetik" war es, im Sinne des Determinismus zu erkunden und zu zeigen, wie ein Bauwerk die „Seele des Beschauers" möglichst intensiv anspricht, „die Saiten möglichst intensiv zum Klingen bringt". Zu diesem Zweck erarbeitete Maertens eine „formenlogische Kunstsprache, ... um im Einzelnen die eigenartige Sprache nachzuweisen, mittels welcher die künstlerischen Empfindungen des gesetzmäßigen Ordnens durch symbolische Formen schnell anschaulich und für die Seele anderer Menschen schnell ansprechend gemacht werden können" (ibid., 64). Da er mit dieser „formenlogischen Kunstsprache" zunächst geometrische Grundfiguren in eine Ordnung bringen wollte, stellte er Messungen an, unter welchem „Blickwinkel ... ein Kunstwerk in seiner Totalität auf den Besucher harmonisch zu wirken" (ibid., 14) vermochte, und erforschte „mit mathematischer Genauigkeit die harmonischen Gesamtdimensionen von Innenräumen, besonders die harmonisch wirkenden Höhen von Festsälen, Kirchenräumen etc." (ibid., 15). Damit allein konnte er indes noch nicht die Seele des Beschauers beeindrucken: „Eine ansprechende Wirkung auf die Seele und Sinne des Beschauers tritt erst ein, wenn solche einfachen Elemente in der Phantasie des Künstlers von weiteren Gestaltungstrieben befruchtet werden" (ibid., 67). Zu diesem Zweck erweiterte er seine „formenlogische Kunstsprache" in „gesetzmäßiger Ordnung ... um die Symmetrie, ... Rhythmus, Schwellung, Proportion und organische Entwicklung" (ibid., 69). Auf eine „bauliche Composition angewandt", würden diese empirisch ermittelten Gesetzmäßigkeiten der „formenlogischen Kunstsprache" den „logischen Inhalt" darstellen und würden, auf einer Stufenleiter voranschreitend, die verschiedensten „Empfindungen" beim Beschauer auslösen: „Von den naivsten Kindheitsempfindungen aufwärts bis zu den höchsten Empfindungen der Menschheit" (ibid., 74).

Maertens stand zwar noch auf dem Boden humanistischer Bildung, und seine durch Baukunst symbolisch vermittelten Ideen waren die der Klassik; aber er drängte darüber hinaus zur Vermittlung von teils christlich-religiösen, teils vaterländischen Ideen, die er in eine Art mittelalterliche Mystik einwob. Zur symbolisch vermittelten, mystischen Wirkung eines Bauwerkes gehörte die Stufenleiter der „Empfindungen", die Maertens den Beschauer hinaufgeleitet: War ein Bauwerk mittels der „formenlogischen Kunstsprache" in „ein ästhetisches Gleichgewicht gebracht, so beginnt bei uns das Gefühl eines gewissen Befriedigtseins, einer formalen Harmonie. Es ist dieses ästhetische Gleichgewicht jedoch in unserer Seele die niedrigste Stufe der durch Kunstübungen geschaffenen Harmonien" (ibid.). Baukunst dürfe nicht auf dieser „niedrigsten Stufe" verharren, sondern es sei ihre Bestimmung, den Menschen höher hinaufstreben zu lassen zu den „höheren Werten" und von da „zum Göttlichen". Auf den höheren Stufen mußte es dem Beschauer allerdings durch „Ideen-Assoziation" gelingen, „Materie als Materie zu vergessen ... und die bei der scheinbaren Durchgeistigung der Materie zum Ausdruck kommenden Menschheitsempfindungen" (ibid.) wahrzunehmen, d.h. die höhere Werte vermittelnden Symbole gefühlsmäßig durch Assoziation von erinnerten Wertvorstellungen zu entschlüsseln. Hierzu merkt Maertens an, daß „ihr Werth wesentlich steigt, wenn die Empfindungen ... nicht eine beschränkt individuelle, sondern eine allgemein menschliche, d.h. die Sitten und Gewohnheiten ... einer ganzen Nation streng und wahr charakterisierende Bedeutung haben; wenn also die Composition ‚Ideen' verkörpert" (ibid., 93). Auch diese „Ideen" seien auf einer Stufenleiter angeordnet und führten von den Alltagsideen hinauf zu jenen, „welche sich mit dem großen Räthsel des Daseins beschäftigen, welche den Beschauer, von Gott inspiriert, ahnungsvoll hinleiten zu dem höchsten Ziel des Daseins, zur absoluten Wahrheit, zur idealen Vollkommenheit, zur reifsten Sittlichkeit, zur Gottähnlichkeit" (ibid., 100). Erst auf den oberen Stufen offenbarten sich der Seele des Beschauers die im Bauwerk verschlüsselte „Schönheit" und die „Ideale": „Wie die absolute Wahrheit das durch die Wissenschaft ausgedrückte Ideal ist, so repräsentiert die Schönheit das durch die Kunst symbolisch den Sinnen und der Seele zur Erscheinung gebrachte Ideal ... Der befähigte Künstler kann dieses hohe Ziel erreichen, weil seine Sprache eine symbolische ist" (ibid., 104).

Die Umsetzung des Ästhetischen ins Ethische sollte also erst auf den höchsten Stufen „im Geistesnebel, welcher diese Weltziele mehr oder weniger verdeckt" (ibid., 101) stattfinden; dort, „wo die Seele ahnungsselig erzittert", denn hier, „dem unendlichen Weltziel der Gottähnlichkeit gegenüber ... sinkt der einzelne Mensch im Strome jeder Culturperiode zu einem beinahe willenlosen, vergänglichen Nichts herab ... Die Religion ist es nun, welche uns aus diesem trostlosen Hinblick auf unsere eigene Nichtigkeit befreit durch den willensstarken, idealen Kampf in uns selbst, d.h. durch Reinigung unserer Seele, durch Stimmung derselben zum frommen Verlangen nach gottähnlicher Vollkommenheit, durch Selbstlosigkeit und durch aufopfernde Menschenliebe" (ibid., 101).

Der Baukünstler, der der „praktischen Ästhetik" von Maertens „formenlogischer Kunstsprache" folgte, konnte also den Betrachter des Bauwerkes mittels zielgenau dosierter ästhetischer Wirkung von „Rhythmus, Schwellung, Proportion" und „Blickwinkel" bis zur ersten Stufe der Harmonie tragen. Jenseits dessen, im „Geistesnebel" der Mystik, wo es um „Werthe", „Ideen" und schließlich „Ideale" geht, um „Gottgleichheit" und um „Nation", galt dann eine Art „spiritualistischer Determinismus": „In jedem solchem Falle wird also der Geist durch die Nation geliefert" (ibid., 106). Anders als bei Vischer, geht es nicht mehr um die Annäherung an höchste sittliche Ideale, sondern um die Annäherung an den Geist der Nation als dem höchsten sittlichen Ideal, vor dem erst die Bereitschaft zum vollständigen Einsatz, ja zum Opfertod für das Vaterland entstehen konnte. Bei Maertens führt Schönheit zu seelischer Ergriffenheit und diese zu einer para-religiösen Offenbarung der Menscheits-Ideale und des heiligen Geistes der Nation.

Offen ließ Maertens, mittels welcher Symbole es dem Baukünstler gelingen kann, den gemeinten Sinn wieder beim Beschauer auszulösen und ihn so zur Höhe des Geistes emporzuführen; der Architekt sollte die Symbole wohl so handhaben wie im Mittelalter, als sie noch festen Sinn hatten, als eben alle Betrachter eine Mandel noch als Symbol der heiligen Dreieinigkeit entschlüsselten. Der Architekt, eingeweiht in das Mysterium und die Kulthandlung der Ver- und Entschlüsselung, wurde bei Maertens zum Hohepriester einer „säkularen Religiosität" (Nipperdey 1983 [1991,

138]): Ihm kam die Aufgabe des „Einhauchens des Zeitgeistes" (Maertens 1887, 106) zu, und in jedem Bauwerk hatte er „die zeitliche Culturstufe, die jedesmaligen sittlichen und religiösen Anschauungen der weltgeschichtlichen Perioden zum treuen Ausdruck zu bringen, denn monumentale Bauten müssen bestimmt erkennbar den hohen Geist, das historische Ideal abspiegeln" (ibid., 196).

Die von Heine bespöttelte Romantik, in der ja der göttliche Gehalt des Spiritualismus vom Christlichen zum Nationalen verschoben worden war, tritt uns hier mit 50jährigem Verzug wieder entgegen.[8] Wir können daran vielleicht ermessen, wie groß die aus den gesellschaftlichen Umwälzungen hervorgehende Verunsicherung in jener ohnehin zu Innerlichkeit und Metaphysik neigenden Gemeinde der Gebildeten gewesen sein muß, daß sie so vollständig dem Geist der Aufklärung den Rücken kehrte und statt dessen diesen zweistufigen, über einem empirischen Sockel errichteten „spiritualistischen Determinismus" so begeistert aufnahm. Das bereits erwähnte „ethische Bedürfnis", ja eine geradezu mediale Bereitschaft muß bei ihren Mitgliedern bestanden haben, sich den von Maertens verhießenen Offenbarungen höchster, gerade auch nationaler Ideale überhaupt auszusetzen und sich daran im „Geistesnebel" zu berauschen: „Der Nationalismus: Er greift auf den Ursprung zurück, entwickelt eine emphatische Idee der Brüderlichkeit, verspricht in der nationalen Erfüllung säkulares Heil und fordert das Opfer des Lebens" (Nipperdey, 1983, [1990, 145]). Zu der, wie sie uns heute erscheint, nationalen Gefühlsduselei wissenschaftlich beigetragen zu haben, war wohl der Schlüssel zum Erfolg von Maertens Buch.

„Praktische Ästhetik" durch „Ideen-Assoziation"

Das „Praktische" an Maertens' Ästhetik beruhte darin, daß er den gedachten Wirkungszusammenhang zwischen Ästhetik und Ethik als „Programm" zu praktischer Anwendung in der Baukunst bringen wollte und dafür praktisch nachvollziehbare Regeln auf wissenschaftlich erarbeiteter Grundlage anbot. Maertens unterstellte, genau wie die meisten anderen Ästhetiker, daß das Schöne in versittlichender oder nationalisierender Weise auf Gebildete und Ungebildete gleichermaßen wirke. Hierin aber lag ein doppelter tautologischer Trugschluß, denn nur die Gebildeten waren gebildet, während die Ungebildeten eben ungebildet waren, was soviel heißt, daß ihnen nicht nur die Voraussetzungen fehlten, sondern auch das Interesse, dem Gedankengang einer „praktischen Ästhetik" nachzueifern.

Kehren wir zunächst zu Fechner und seinem „ästhetischen Assoziationsprinzip" zurück: Ein Bauwerk wirkt auf den Betrachter, indem es Erinnerungen in ihm heraufbeschwört, die ihrerseits wieder psychisch und die Sittlichkeit oder das Vaterlandsgefühl verändernd wirken können. Auf Grund solcher „Assoziation" von Erinnerungen können die betrachteten Symbole entschlüsselt und ihr gemeinter Sinn verstanden werden. Voraussetzung für die Entschlüsselung ist allerdings, daß der Baukünstler den gemeinten Sinn so in Symbolen verschlüsselt, daß der Betrachter sie auch wieder entschlüsseln und den gemeinten Sinn zurückgewinnen kann; das heißt im Rahmen eines gesellschaftlich festgelegten Begriffskanons, der, wie im Mittelalter z.B. mit der Mandel, jedem Symbol einen festen Sinn zuordnete. Die Zuordnung von gemeintem Sinn, Symbol, subjektiver Assoziation und entschlüsseltem Sinn konnte indes bei individuellen Erinnerungen nicht so eindeutig sein, wie es der Determinismus voraussetzte, da „das assoziative Sehen ... nur die eigene Erinnerung, die eigene Lebenserfahrung zur Grundlage hat" (ibid., 99): Vor einem Symbol assoziiert jeder etwas anderes – oder auch nichts! Also liegt eine breite Vielfalt von Unverständnis und Mißverständnis auf dem Weg zwischen Verschlüsselung und Entschlüsselung. Eine gleichsinnige Ver- und Entschlüsselung, ähnlich der im Mittelalter, war in der zweiten Hälfte des 19. Jahrhunderts nur noch in einer geschlossenen Gemeinschaft oder Gemeinde denkbar, deren Mitglieder alle mit einem Satz gleicher Erinnerungen, Ideen gefüttert waren, die also alle die gleichen Sinn-Symbol-Zusammenhänge verinnerlicht hatten, ehe es ans Ver- und Entschlüsseln ging: Die Priester der Gemeinde mußten die als Symbole dienenden Gegenstände zuvor mit Sinn, jenen Ideen, befrachtet haben, den auch alle anderen Gemeindemitglieder beim Betrachten der Gegenstände wieder aus ihrer Erinnerung assoziieren konnten: „kollektive Assoziationen" waren nun möglich.

Dieses Füttern mit gleichem Stoff und die Kenntnis der Handhabung von Symbolen geschah u.a. auch im begrenzten Kreis der sogenannten „Gebildeten". Gebildet sein hieß im jungen deutschen Kaiserreich fast ausnahmslos, dem Bürgertum anzugehören, auf ein Gymnasium zu gehen und dort frühzeitig und recht umfassend mit der Welt der Griechen und

Römer vertraut zu werden: deren Göttern, Helden, Bauten, Schriften, Mythen und Idealen: „Bildung beruht wesentlich auf klassischen Studien, einem Apparat, der dem Volk in umfassendem Sinn unzugänglich ist" (Vischer 1851 [1975, 76]); die Sittlichkeit wurde dem Gebildeten in seiner Jugend durch die an klassischen oder auch christlichen Idealen ausgerichteten Erziehung in Elternhaus und Schule eingeprägt. Dieser, gemessen an der gesamten Bevölkerung, kleine und abgehobene „Stand" war im Hinblick auf Bildung und Sittlichkeit weitgehend homogen: In ihm war das Ver- und Entschlüsseln von Symbolen selbstverständlich, solange sie der vertrauten Welt der Griechen, Römer oder dem Christentum entlehnt waren. Wirkung stellte sich also dank Bildung und Erziehung ein; und zwar eine aus der gemeinsamen Subkultur der Gebildeten resultierende Wirkung auf Gemüt und Seele und von dort auf die Sittlichkeit jedes einzelnen Mitgliedes dieses „Standes": Die „ästhetische Assoziation" vor einem Bauwerk gemahnte jeden Gebildeten an die Einhaltung der anerzogenen Sitten und an das einprogrammierte unermüdliche Streben nach dem ideell Höheren. Der „ideelle Determinismus" war also ein gedachter Wirkungszusammenhang zwischen Ästhetik und Ethik, der durch die Regeln „praktischer Ästhetik" in Handlung umgesetzt werden sollte; der indes nur innerhalb des Kreises der Gebildeten eine Grundlage hatte und somit esoterische Züge trug; den Gebildeten bestätigte er sich jedoch tagtäglich aus der eigenen Erfahrung mit Kunstwerken als wirksam. Wohl deswegen glaubten Gebildete auch, daß die ihnen vertrauten Symbole und hohen Ideen in gleicher Weise versittlichend oder nationalisierend wirken müßten bei jenen, die sie selbst als „ungebildet" zu bezeichnen pflegten: bei der großen Masse der kleinen Leute und Proletarier und bei den Unternehmern. Es gehörten jedoch ein mit dem Standesbewußtsein verbundener Dünkel und eine entsprechende Blindheit dazu zu meinen, die „Ungebildeten" hätten überhaupt das Bedürfnis, sich den Offenbarungen der höchsten Ideale der Klassik oder der Nation auszusetzen; oder gar, die am Wege stehende Baukunst wirke auch auf die „Ungebildeten" selbsttätig mittels derjenigen Symbole und Ideen, die die Gebildeten der Klassik, dem Christentum oder der nationalen Vergangenheit entnommen hatten. Hierin vor allem beruhte der Kurzschluß, dem die Gebildeten in Sachen „Volkserziehung durch Kunst" aufsaßen.

Probleme „praktischer Ästhetik" bei der „Volkserziehung"

Mit der „Volkserziehung durch Kunst" stand das Bildungsbürgertum in der Zeit von Maertens und Sitte, also in den 80er Jahren, vor drei miteinander verknüpften, nahezu unlösbaren Problemen. Cornelius Gurlitt (1850-1924) hat sie als Zeitgenosse auf einen bündigen Nenner gebracht: „In einer Zeit, die auf Bismarck folgte, konnte eine schulmeisternde Ästhetik so wenig lebendig werden wie eine festgeschlossene, die Vergangenheit leugnende Kunstform" (Gurlitt (1899) [1968, 122]).

1. Ungenügende Vorbildung der Ungebildeten: Vischer hatte, aus Sorge vor der sich auftuenden „Kluft" zwischen Gebildeten und „arbeitendem Volk", 1851 Vorschläge zur Schaffung eines allen gemeinsamen Fundus an Erinnerungen – Geschichte, Mythen, Ideen – gemacht: „Da nämlich das ideal Schöne in seiner hohen Freiheit dem Publikum überhaupt unbekannt und fern ist, der Schönheitssinn daher auch nicht in ihm entwickelt" (ibid., 85), sollte durch eine „gründliche Volksbildung" (ibid., 82) zunächst eine Bildungsgrundlage gelegt werden: „Es hat sich in unserer Zeit ein Drang geltend gemacht nach Stoffen aus der Geschichte und der lebendigen Gegenwart des eigenen Volkes und nach dem Verständlichen, allgemein Menschlichen im Leben anderer Völker, ein Drang nach einer die geistigen, sozialen und politischen Kämpfe des Lebens nathurkräftig und gewaltig darstellenden Behandlung, ein Drang zur monumentalen Aufstellung und öffentlichen Aufführung des Kunstwerkes vor aller Augen, so daß das Volk sich freue" (ibid.). Historienmaler, Romanschreiber und Theaterschriftsteller wurden dazu aufgerufen und ihnen aufgetragen, daß „der Inhalt so zugänglich und gewaltig, die Form so klar, einfach, mächtig ist, daß auch der nicht gebildete Bürger, der Arbeiter, der Bauer, das Kind fühlt und genießt" (ibid.): Hierdurch wäre dann der Acker bestellt, um auf zweiter Stufe durch die „Volkserziehung" den „Schönheitssinn" beim Volk zu wecken und gründend auf dem Fundus der von allen assoziierten Erinnerungen auch alle an die höheren Ideen heranzuführen. Daß dabei „ein Unterschied zwischen Kennern und Nichtkennern immer bleiben muß" (ibid.), war auch für Vischer selbstverständlich, der die Kluft in der Bildung zwar überbrückt, das Privileg der Gebildeten, alleine zu den höchsten Idealen vordringen zu können, aber nicht angetastet sehen wollte. In den 80er Jahren war die „gründliche Volksbildung" durch die inzwischen durchgesetzte allgemeine Schulpflicht, die Arbeiter-Bildungsvereine und Volksbibliotheken ebenso zur Selbstverständlichkeit geworden wie die Versittlichung des „arbeitenden Volkes" durch strenge Disziplinierung in Schule, Armee und Fabrik. Es zeigte sich jedoch, daß auf solcher Grundlage die „Volkserziehung durch Kunst" nicht aufbauen konnte: Die erreichte Vorbildung war, gemessen an der Höhe der Ideale, zu gering. Da ferner „das gesellschaftliche Sein das Bewußtsein bestimmt" und „die Gedanken frei sind", pflegen sie sich dem Diktat kollektiver Assoziationen zu entziehen: Angesichts seiner Notlage war an das „arbeitende Volk" mit „Erziehung durch Kunst" nicht auf leichte Weise heranzukommen: „Schwerlich wird aber die Kunst das Volk zu erziehen vermögen. Sie ist die Frucht des Volksgeistes, nicht sein Nährboden. Wie das Volk ist, wird seine Kunst sein" (Gurlitt 1899 [1968, 149]).

2. Sachlichkeit und Zweckdenken: Das gebildete Bildungsbürgertum mußte sich verstärkt behaupten gegen die Zurückdrängung und Schwächung seiner Rolle als maßgeblicher Hüter und Künder deutscher Kultur. Es sah sich mehr und mehr eingeklemmt „zwischen dem Mammonismus des organisierten Kapitalismus und dem Materialismus der organisierten Arbeiterschaft" (Linse 1976, 129). Der sich entwickelnde Kapitalismus drängte die überkommenen Denk-, Lebens- und Wirtschaftsformen ins Abseits, und an deren Stelle trat vermehrt der Eigennutz. Ein pragmatisch-materialistisches Denken bürgerte sich ein; Naturwissenschaft, Technik, Wirtschaft und Politik traten in den Vordergrund der sich bildenden Industriegesellschaft. Technische und naturwissenschaftliche Ausbildung auf der Grundlage verbesserter und verbreiteter Schulbildung war gefordert; „Volkserziehung durch Kunst" konnte daneben kaum die gleiche Bedeutung und Breitenwirkung beanspruchen und geriet demgegenüber ins Hintertreffen. Erschwerend kam hinzu, daß dem in der Romantik verankerten „Schöpferisch-Künstlerischen" nun das in der Aufklärung verankerte „Vernünftig-Rechnerische" wieder entgegentrat mit der an der Sache ausgerichteten Ingenieurplanung (Gurlitt 1899 [1968, 108ff.]). Auch stand die mit dem technischen Fortschritt verbundene „Sachlichkeit" vor der Tür der Baukunst: Eine sich an Rationalität und „Zweckmäßigkeit" (necessitas) ausrichtende, von der Aufklärung beflügelte Ingenieur-Architektur schickte sich an, dem aus dem Fluß der Geschichte gezogenen Formen- und Symbolschwulst Lebewohl zu sagen: Architektur sollte Gebautes sein, zweckmäßig-schön, nicht aber länger Träger von Symbolen und Diener mystischer Mächte. Dem auf den „historischen Stoff" verzichtenden Bauen gab Otto Wagner 1896 in Wien den Namen „Moderne Architektur", ausgehend von seiner Feststellung, daß „etwas Unpraktisches ... nie schön sein" könne (ibid., 41). Damit zog er den Hohepriestern der Baukunst, den Deterministen, den Teppich unter den Füßen weg, war für sie doch nur das Sittlich-Ideale identisch mit „Schönheit": Das Praktisch-Triviale durfte ebensowenig schön sein, wie nur das Unpraktische schön sein konnte (ausf. Fehl 1980).

3. Verlöschen der Klassik: Die an „klassischen Studien" ausgerichtete Bildung verlor in dem Maß an Bedeutung, wie der junge Nationalstaat nach Verankerung in der eigenen Geschichte dürstete und nach Bildern, Formen und Symbolen verlangte, welche die Ideale, die der nationalen Vergangenheit zu entnehmen waren, in die Gegenwart transportieren und gleichzeitig ein breiteres Publikum als nur die Gebildeten ansprechen würden. Dies spiegelt sich deutlich in der Baukunst, wo der Klassizismus, in den 80er Jahren längst an den Rand gedrängt (Gurlitt 1899 [1968, 108ff.]), als Sprache fast „verstummt" war vor dem oft lauten Getöse der sich in schneller Folge einbürgernden Baustile aus angeblich deutscher Vergangenheit: Gotik, Renaissance, Barock, Romanik und deren Verschnitte. Der Kunsthistoriker Adelbert Matthaei zog 1898 den dicken Schlußstrich: „Das deutsche Volk ist ein Kulturvolk von höchster Bedeutung. Es hat die griechisch-römische Welt in der Führungsaufgabe abgelöst" (Matthaei 1898 [1904, 10]). Neue Mythen und Symbole sollten der jungen Nation bei ihrer „Führungsaufgabe" in der Welt einen gemeinsamen „höheren Sinn" geben, Einheit in die hergebrachte Zerrissenheit bringen, inneren Zusammenhang und Frieden herstellen, Schlagkraft und Wehrhaftigkeit nach außen signalisieren und die Modernisierung von Industrie und Wirtschaft durch Rückblicke in die vorindustrielle Zeit nostalgisch abfedern. Aber es galt auch: Wem Eigenes fehlt, wird versuchen, „aus dem Geist anderer heraus zu schaffen" und „alle Kraft auf Neugebärung des Alten richten" (Gurlitt 1899 [1968, 120]).
Die Suche in der Vergangenheit nach den als unentbehrlich angesehenen nationalen Idealen, welche gleichwertigen Ersatz geboten hätten für die Ideale der zerbröckelnden Klassik, hatte längst eingesetzt und führte im national aufgeheizten Klima nach der Gründung des neuen Reichs zu neureichen Überspitzungen und dem von Otto Wagner bespöttelten „Kostümfest" in der Architektur. Wo die in geschlossenen Verbänden gliederte Gesellschaft – Zünfte, Orden, Bruderschaften, Stände – sich mit dem Absolutismus auflöste und sich mit dem Kapitalismus neu sortierte

in Parteien, Bewegungen und Bünde, da blieb die Verbindlichkeit der den neuen Idealen zugeordneten neuen nationalen Symbole prekär. Es gab darüber ausgedehnten Streit.

Die Gebildeten, durch die in ihrer Jugend genossene Bildung noch als „Stand" verbunden, beim Tagesgeschehen jedoch schon in Parteien zerfallen, versuchten zu Maertens und Sittes Zeit, diesen Problemen zum Trotz einen Weg aus der sich anbahnenden Krise ihres „Standes" zu finden: Sie beharrten weiter auf dem Fernziel eines harmonischen „Reichs des Schönen", das sie später umbenannten in das „Ideal einer ästhetischen Kultur" (Meumann 1908, 54). Der Weg dorthin sollte weiterhin geebnet werden mit „Volkserziehung durch Kunst", sei „doch die Kunst die eigenthliche Bezwingerin wilder Sitten, die den Menschen dem Menschen gesellt" (Schliepmann 1897, 71); später nannten sie es „Ästhetische Erziehung des Einzelnen wie der Gesellschaft" (Meumann 1908, 54). Da indes der Nährboden klassischer Bildung immer weniger verwertbare ideologische Frucht brachte, lief eine sich rasch mehrende Anzahl von der Fahne der Klassik über zum nationalen Mythos des neuen Reichs, der nach eigener Formgebung und eigenen Symbolen verlangte: „Nationale Kunst – nothwendige Kunst!" (ibid.). Die Überläufer justierten dementsprechend ihren „ideellen Determinismus" neu zu einem mehr vom nationalen „Zeitgeist" inspirierten „spiritualistischen Determinismus"; derselbe „Zeitgeist" forderte, daß der Stoff für die nationale Architektur den heroischen Perioden der nationalen Geschichte entnommen werde, da dort die heroischen Ideale, „die Erzieher ihres Volkes", wie Langbehn sie 1890 nannte, zu finden seien. Die dem nationalen Mythos zuneigenden Gebildeten setzten gegen die Vernunft und Sachlichkeit nun den Irrationalismus, das Gefühl, das Malerische: „Bezüglich der heutigen deutschen Bildung, welche sich in erster Linie an den Verstand wendet, darf und muß man sagen: wir haben genug davon!" (Langbehn 1890, 190). Genug hatten sie auch von allen Versuchen zu einer aus der Sache heraus begründeten Baugestaltung, die auf den „historischen Stoff" verzichtete und sich dadurch dem nationalen Erziehungsauftrag entzog. Die Gebildeten zerfielen auch darüber in Parteien und Bewegungen (ausf. Gurlitt 1899 [1968, 120ff.]).

Im Jahrzehnt vor und nach der Jahrhundertwende suchten viele Gebildete in den verschiedensten Richtungen, das Medium Baukunst besser für die „Volkserziehung" einzusetzen: Unter anderem beanspruchten Kunsthistoriker nun, die „sittlichen und religiösen Anschauungen" der vater-

ländisch-heroischen Perioden von Jung-Siegfried über Karl den Großen bis Hans Sachs mit den dazu gehörigen Symbolen, insbesondere Baustilen, in Verbindung zu bringen und wissenschaftlich zu untermauern. Andere meinten, die neuen nationalen Ideale ließen sich besser durch besonders drastische Darstellung, durch Pathos, Pomp und große Dimensionen zum Ausdruck und damit breiteren Schichten der Bevölkerung näher bringen. Parallel dazu verlief die Bemühung, die hohen sittlichen Ideale der Klassik um einige Stufen zurückzunehmen und es bei den leichter erreichbaren nationalen Idealen, bei Kaisertreue, Vaterlandsliebe, und bei den schlichteren „sittlichen und religiösen Anschauungen" bewenden zu lassen, die auch der „kleine Mann auf der Straße" nachvollziehen und nachleben konnte. Wieder andere, wie der Kunsthistoriker Adelbert Matthaei, knüpften bei Maertens an und schlugen vor, daß Bauformen nicht die nach Höherem strebende Seele oder gar den Verstand ansprechen sollten, sondern lediglich das Gefühl, so daß der Beschauer in eine empfindsame Stimmung versetzt würde: „Durch die Raumverteilung an sich kann die Stimmung idyllischer Behaglichkeit oder majestätischen Stolzes, mystischen Grauens oder beängstigenden Gedrücktseins, oder aber das Gefühl beruhigender Beschaulichkeit oder sehnsuchtsvollen Emporstrebens erzeugt werden" (Matthaei 1898, 7); so eingestimmt, würde sich auf der nächsten Stufe dann die Seele aufnahmebereit dem „gemeinsamen deutschen Gefühl" (ibid., 8) öffnen.
Aus solcher Stimmung heraus würden die „arbeitenden Klassen" auch von ihren revolutionären Gedanken ablassen, wie Kaiser Wilhelm II. 1901 in seiner Rede vor den Künstlern der Berliner Siegesallee meinte; man müsse ihnen nur „die Möglichkeit geben, sich an dem Schönen zu erfreuen und sich aus ihren sonstigen Gedankenkreisen heraus- und emporzuarbeiten" (Wilhelm II. 1901 [1966, 102]). Dementsprechend waren die von Wilhelm II. in Berlin veranlaßten Staatsbauten – Dom, Marstall, Nationaldenkmal u.a. – auch keine Stilarchitektur mehr, die dem klassischen Grundsatz der „edlen Einfalt und stillen Größe" (Winckelmann 1762) folgte; es war „Stimmungsarchitektur", für die Bauformen und Symbole aus allen bedeutsamen heroischen Epochen mit Kalkül dekorativ und plakativ eingesetzt wurden. Die so mit Gewalt zum Sprechen gebrachten Steine gaben nichts als hohle Phrasen von sich, die auf „ideelle Wirkung" und die Vermittlung eines höherem Sinns als dem „Für Kaiser, Volk und Vaterland!" verzichteten; Wilhelm II. mußte wohl durch Pomp Eindruck machen, Stimmung erzeugen, um der im Moment begeisterten Masse leichter das Hurrah abzugewinnen. Über solchem „Kulissenzauber"

(Schumacher 1935 [1955, 99]) löste sich die Idee, durch Baukunst und ihre Schönheit auf die Sittlichkeit einzuwirken, gänzlich in Luft auf. Dennoch lebte der „ideelle Determinismus" noch eine Weile weiter, obschon die Ästhetiker, Kunsthistoriker und andere Volkserzieher trotz eifrigen Forschens in Psyche und Vergangenheit, trotz vieler dazu geschriebener Bücher die in die „praktische Ästhetik" gesetzten Hoffnungen nicht einlösen konnten; insbesondere ließ sich die Wirkungsweise des „ideellen Determinismus" weder empirisch nachweisen, noch aufklären. So verkamen der Determinismus und die Theoreme der „praktischen Ästhetik" angesichts „Kulissenzauber" und Stimmungsmache zu nicht mehr begründungsbedürftigen platten Glaubenssätzen: „Wir müssen es als eine der höchsten idealen Pflichten des Staates anerkennen, nicht nur die überkommenen geschichtlichen Baudenkmäler als Zeugen der früheren Kultur des Vaterlandes zu erhalten, sondern auch durch Förderung echter Monumentalkunst, durch gemeinsame Pflege der drei Schwesterkünste: Baukunst, Bildhauerei und Malerei, zu dem Sinne der Bevölkerung in weiten Kreisen zu sprechen, durch die Umgebung mit dem Schönen den Werth des Daseins zu erhöhen und damit die Vaterlandsliebe zu stärken, sowie das Bewußtsein von der Größe und Bedeutung des Gemeinwesens und der Ordnung zu steigern" (Pfeiffer 1898 [1899, 57]). Auf derartige Glaubenssätze in all ihrer Plattheit griff später Adolf Hitler wieder zurück, als er eines beeindruckenden Mediums bedurfte, um bei den „völkisch bewegten Massen" kollektive Assoziationen zu erzeugen und sie durch den „Kulissenzauber" auf Münchener Königsplatz, Berliner Führerforum oder Nürnberger Reichsparteitagsgelände in völkische Stimmung zu bringen: „Wenn große Völker große Zeiten erleben, so gestalten sie diese Zeiten auch äußerlich. Ihr Wort ist dann überzeugender als das gesprochene: Es ist das Wort aus Stein" (Hitler, zit. Troost 1938, 10).

Zurück zu Sitte: Zurück mit Sitte

Zu Sitte zurückkehrend, bleibt nur noch, die eingangs gestellte Frage zu beantworten: Welche Bedeutung hatte die Aufgabe der „Volkserziehung" für die Stadtbaukunst? Aus der Beantwortung ergibt sich auch

ein Hinweis, warum Sittes Buch und seine „Regeln" für den heutigen Städtebau nicht mehr instruktiv sein können.
Zunächst können wir, ohne seinen Ruf zu schädigen, von Sitte sagen, daß er nach den Maßstäben seiner Zeitgenossen (u.a. Stübben 1891, 128) und aus heutige Sicht als konservativ, deutsch-national, ja durchaus als restaurativ einzuschätzen ist. In seinem Buch brachte er sein Anliegen so vor, daß er, um Maertens Metapher zu gebrauchen, „die Saiten" anderer konservativ bis restaurativ gesinnter Städtebauer „sympathisch mitertönen ließ". Gründe dafür wurden angeführt. Aber auch andere fühlten sich zu Sittes „Regeln" der Stadtbaukunst hingezogen, oft ahnungslos nur auf das Äußere, die malerische Gestaltung achtend, nicht auf die „leitende Absicht" Sittes und seiner Zeitgenossen. Sehen wir zunächst von den heutigen Bewunderern ab. Die Begeisterung seiner Zeitgenossen beruhte nur vordergründig auf der „künstlerischen Wiederbelebung des Städtebaues" und der „mit starker Hand" durchzusetzenden „malerischen" Gestaltung, die Sitte gegen die „Langeweile" der zeitgenössischen Stadterweiterungen stellte. Hinter diesem Vorhang des Künstlerischen dehnte sich, wie gezeigt, das weite Feld der zeitgenössischen Ängste vor der mangelnden Sittlichkeit, insbesondere der Gewalttätigkeit des „4. Standes". Die Gebildeten hegten die Hoffnung, die Bildungsgegensätze abbauen, dadurch das Streben nach höherer Sittlichkeit einleiten und schließlich die Gewalttätigkeit in Friedfertigkeit ummünzen zu können. Das Augenmerk der Erziehung wandte sich nach der Reichsgründung dem inzwischen verschärften Klassenkonflikt zu, dem drohenden Zerfall in „zwei Nationen". Als Sitte sein Buch schrieb, schien es noch möglich, den Frieden zwischen den Klassen durch jenes „gemeinsame deutsche Gefühl", das die Gegner vereint hätte, herbeizuführen. Sitte nahm die zunehmenden gesellschaftlichen Spannungen in Wien ebenso wahr wie jeder andere Gebildete in jeder anderen Großstadt; aber statt die Herausforderungen des gesellschaftlichen Wandels aufzunehmen, wandte er sich in seiner Verunsicherung davon ab und suchte Zuflucht in der „guten alten Zeit". Die Spannungen suchte er mit den bewährten Mitteln der Gebildeten auszugleichen, indem er meinte, mit Stadtbaukunst, d.h. mit den neugebauten Bildern der „guten alten Zeit", beschwichtigend auf das „Gemüth" „der großen Menge der Bevölkerung" einwirken zu können. Kein aussichtsreiches Unterfangen, gemessen an der Brisanz der Spannungen.
Dabei stand er, wie Maertens, zwischen der wegdämmernden Klassik und dem mit der Reichsgründung aufblühenden neuen „romantischen

Nationalismus". In einem merkwürdigem Zwiespalt, der die Übergangszeit kennzeichnete, fühlte er sich der Klassik und dem Malerischen gleichzeitig verpflichtet, woraus viele Ungereimtheiten in seinem Buch stammen, wie z. B. seine himmelhohe Bewunderung der hellenischen Vorbilder und sein immer wieder durchklingendes Bedauern über die Unmöglichkeit, diese zu verwirklichen; oder seine Begeisterung für die malerischen mittelalterlichen Stadtbilder und die „meisterhaften barocken Anlagen" (ibid., 83), aus denen er seine „Regeln" zog. Auf Maertens deutet seine Annahme einer zweistufigen „praktischen Ästhetik" hin, bei der die praktische Anwendung der der Vergangenheit entnommenen „Regeln" auf der untersten Stufe zu einem „harmonischen Gesamteffekt" (Sitte 1889, 178) führe; von Vischer übernahm er dagegen die Vorstellung, daß die ungebildete „große Menge der Bevölkerung" zunächst zu „bilden" sei. Auf der zweiten Stufe griff Sitte mit seiner Zielsetzung vom „Guten und Schönen" (ibid., 2) ebenfalls auf Vischer zurück, der ja das Ideal-Schöne gleichgesetzt hatte mit dem Guten, dem sittlichen Ideal der Klassik. Gleichzeitig unterstellte er aber im Sinne Maertens, daß durch seine Stadtbaukunst auf der zweiten Stufe nicht der Verstand, sondern „das Gemüth" angesprochen werde, und daß das Ideal, wenn schon nicht klassisch, dann eben vaterländisch sein solle. Sittes Zwiespalt war wohl auch der Zwiespalt der Zeit und deren Schwäche, zu der Cornelius Gurlitt als Zeitgenosse anmerkte: „Nicht Regeln, sondern künstlerische Kraft kann alleine hier das Rechte herbeiführen" (Gurlitt 1899 [1968, 129]).
Aus dieser Schwäche heraus trugen Sitte und seine Zeitgenossen die Vergangenheit in die Gegenwart hinein, indem sie versuchten, das Volk für die Zukunft zu erziehen, und zwar gemäß jenen Werten, die sie aus der schwachen und zerrissenen Gegenwart in die scheinbar heroische und heile Vergangenheit zurückprojizierten: Also Tagträumereien von jener heilen Welt der „guten alten Zeit", als noch die alten Werte und die alte ständische Ordnung herrschten. Le Corbusier distanzierte sich, stellvertretend für viele, deutlich von Sitte: „Es gab eine Zeit, zu der mich die Lektüre Camillo Sittes, des Wieners, hinterlistig für das malerische Stadtbild gewann. Die Beweisführungen Sittes waren geschickt, seine Theorie richtig; sie waren auf Vergangenheit gegründet. In Wahrheit waren sie die Vergangenheit selbst – die Vergangenheit auf kleinem Fuß, die gefühlsselige Vergangenheit" (Le Corbusier 1925 [1964, 87]).
Ein anderer Aspekt muß noch bedacht werden: Öffentliche Baukunst und Städtebau waren Medien, die im öffentlichen Bereich wirkten und auf Straße, Platz, in Eingangshalle und den der Öffentlichkeit zugänglichen

Innenräumen die Gebildeten wie die Ungebildeten ansprachen. Ob jemand darauf achtete, stand auf einem anderen Blatt: Die Gebildeten konnten sich des Mediums zur Erbauung bedienen; Gebildete und Ungebildete gleichermaßen konnten sich seiner aber auch zur Grund- und Weiterbildung bedienen, zu ihrer Erziehung, Versittlichung oder auch, um in vaterländische Stimmung zu geraten. Sie mußten sehend dennoch nicht hinhören. Aber allein die Zuschreibung, der Baukünstler könne auf die Gesellschaft gezielt mit Baukunst einwirken, sie zum Sprechen bringen, er verstehe also, das Medium effektvoll mit Hilfe der „praktischen Ästhetik" zu handhaben, verlieh ihm den Nimbus, eine bedeutsame gesellschaftliche Funktion wahrzunehmen: Sozusagen der Programmdirektor der Baukunst zu sein. Solcher Nimbus erhob ihn weit über den einfachen Baumeister und den auf nüchterne Zweckerfüllung bedachten Ingenieur. Je mehr ein Baukünstler vorgab, über das deterministische Wissen zu verfügen und wirklich die „Regeln" der „guten Wirkung" zu kennen, desto höher war das Ansehen, auf das er rechnen konnte. So auch bei Sitte und seiner „praktischen Ästhetik" des Städtebaues. Mehr als mit dem Malerischen und dem Rückgriff auf vergangene Stadtbilder traf Sitte damit den Nerv seiner an Medien noch armen Zeit; seine „Regeln" der „trefflichen Wirkung" machten ihn zum vielbewunderten Programmdirektor der Stadtbaukunst. Aber dennoch sind seit altersher „Gesetz und Regel die beiden Feinde der Phantasie" (Gurlitt 1899 [1968, 57]).
Unter den Medien hat heute die Architektur, genauer: das öffentliche Bauwesen, eine höchst nachgeordnete Stellung; schon seit einer ganzen Weile hat auch der Städtebau die Funktion eines Mediums nahezu völlig verloren. „Volkserziehung durch Kunst" gilt seit 1945 als unerwünscht; insbesondere stellt niemand mehr den Erziehungsauftrag, durch Architektur die „Ungebildeten" zu höherer Sittlichkeit oder zum „gemeinsamen deutschen Gefühl" emporzuheben: Der „Zeitgeist" bläst heute, trotz Debatten um einen neuen Nationalismus, nicht mehr den „vaterländischen Gedanken" in die Nation hinein. Sittes „Regeln" für die Stadtbaukunst haben damit ihre ursprünglichen Zweckbestimmungen verloren: Sie, bzw. der von ihnen geleitete Städtebau, „wirkt" auf uns nicht mehr im ursprünglich gemeinten Sinn. Sie heute im Städtebau anzuwenden, ist also Spiel mit leeren Hülsen; schön anzuschauen, dient es nur noch der Nostalgie und führt den Städtebauer zurück zu jener „gefühlsseligen Vergangenheit", die sich heute so gut vermarkten läßt.

Anmerkungen

Der Beitrag ist die gründliche Überarbeitung und Einkürzung des Artikels „Camillo Sitte als Volkserzieher – Anmerkungen zum deterministischen Denken in der Stadtbaukunst des 19. Jahrhunderts" in dem vom Verfasser und Juan Rodriguez-Lores herausgegebenen Band: *Städtebau um die Jahrhundertwende – Materialien zur Entstehung der Disziplin Städtebau*; Köln/Stuttgart 1980.

1 Der Begriff „Determinismus" entstammt einerseits den Naturwissenschaften, wo er einen eindeutigen Wirkungszusammenhang, eine Gesetzmäßigkeit bezeichnet. Er wird andererseits in der Ethik verwendet und bezeichnet die göttliche Vorausbestimmung aller Handlungen des Menschen, der keine Willensfreiheit habe. Hier ist zunächst der naturwissenschaftliche Determinismus gemeint, der im 19. Jh. dann aber auch auf den Zusammenhang von Ästhetik und Ethik angewandt wurde: der „ideelle Determinismus", der ein eindeutiges Wirken der Schönheit auf die Sittlichkeit unterstellt; hinzu kam, übertragen in die Höhenluft des Spiritualismus, also dorthin, wo „die Ergriffenheit des Einzelnen durch den Geist Gottes" (oder der Nation) eine Rolle spielt, der „spiritualistische Determinismus". Die dem Determinismus hier angehängten Adjektive sind freie Erfindung des Verfassers zwecks besserer Unterscheidung.
2 Ledoux' Versuche mit „Architektur als Sprache" wurden unter dem Einfluß der Romantik an der Ecole des Beaux-Arts zu einem gängigen Topos umgeformt, der sich als „architecture parlante" (Vaudoyer 1852) auf den Fundus der aus der griechischen Klassik überlieferten Symbole abstützte (ausf. Levine 1977, 393ff.).
3 In der deutschen Geschichte des Bauwesens findet sich eine lange Reihe von „praktischen Ästhetiken" für die Baukunst: Vorrangig Gottfried Sempers „Der Stil in den technischen und tektonischen Künsten oder Praktische Ästhetik" von 1878 und Hermann Maertens' „Praktische Ästhetik der Baukunst" von 1885, dann Sittes Buch zum „Städtebau" von 1889, dem Karl Henrici 1904 eine Textsammlung unter dem Titel „Beiträge zur praktischen Ästhetik im Städtebau" folgen ließ; daneben Gerhard Gietmanns katholische „Ästhetik der Baukunst" von 1903, schließlich 1918 Hermann Sörgel mit seiner „Einführung in die Architektur-Ästhetik".
4 Wenn der Baukünstler derjenige war, der sich des Mediums Architektur im Sinne des „ideellen Determinismus" zur Steigerung der Sittlichkeit bediente, dann waren es die Ästhetiker, die ihm in der Baukunst Theorie verliehen; insofern kann der „ideelle Determinismus" in der Baukunst als die theoretische Grundlage einer instrumentell gewendeten, fachspezifischen, eben „praktischen Ästhetik der Baukunst" verstanden werden, die bei der „Volkserziehung durch Kunst" zur Anwendung gebracht wurde.
Im Sinne der modernen Wissenschafts-Theorie wird bei der von den Ästhetikern damals formulierten Struktur des Determinismus von einer „tautologisch-technischen Transformation"(ttT) gesprochen: Die Umformung einer Gesetzmäßigkeit mit der mathematischen Struktur $y = f(x)$ in ein Handlungsprogramm mit der Struktur $Y = f(X)$; wobei bei der Gesetzmäßigkeit y die abhängige, bewirkte Variable ist und x die unabhängige, wirkende Variable: Wenn x, dann y in eindeutiger, determinierter Weise; und wobei beim Handlungsprogramm Y die beabsichtigte Reaktion ist und X die dann erforderliche Handlung oder Maßnahme: Wenn Y gewollt ist, dann muß X gemacht werden.
Die Transformation erfolgt stets in vier Schritten: *1. Schritt:* „Beobachtung" an einer Anzahl von Fällen des Phänomens y, auf das ein anderes Phänomen x wirkt. *2. Schritt;* „Erklärung" der paarweise nach y und x zusammengestellten Fälle, indem verglichen wird, wie häufig

x die gleiche Wirkung hatte auf y und Einschätzung, ob eine „Gesetzmäßigkeit" vorliegt. Liegt eine ausreichend abgesicherte Gesetzmäßigkeit vor, dann kann das „Gesetz" oder zumindest die „Regel" abgeleitet werden, daß die Veränderung von x stets y nach sich zieht, daß also x die Ursache für die Veränderung von y ist und die Struktur y = f(x) Gültigkeit hat – zumindest unter den Laborbedingungen. *3. Schritt:* „Prognose": In einer ersten „tautologischen Transformation" wird die Bedeutung der Variablen in der Gesetzmäßigkeit geändert, und die Gesetzmäßigkeit mit der Struktur y = f(x) wird dazu benutzt, vorauszusagen, was mit y geschehen wird, wenn x verändert wird; y ist nun das prognostizierte Ergebnis der Veränderung von x. *4. Schritt:* „Planung": In einer zweiten „tautologischen Transformation" wird erneut die Bedeutung der Variablen in der Gesetzmäßigkeit mit der Struktur y = f(x) geändert in Y = f (X), wobei im Rahmen der Gesetzmäßigkeit jede gewünschte Veränderung von Y eindeutig herbeigeführt wird durch planmäßige Veränderung von X. Die „praktische Ästhetik" beruhte auf diesem 4. Schritt der praktischen Anwendung eines in den vorhergehenden Schritten abgeleiteten ästhetisch-ethischen Wirkungszusammenhangs.

Bei der tautologisch-technischen Transformation steckt der Teufel meist schon in den vielen Details des 1. Schrittes; bei der Anwendung auf gesellschaftliche Probleme – wie etwa bei Fechners „Experimenteller Ästhetik", wo seelische Empfindungen y als Wirkungen von ästhetischen Reizen x gemessen werden sollten – sind schon im 1. Schritt bestenfalls statistische Ergebnisse mit hoher Varianz zu erwarten, so daß der Forscher nie zu einer determinierten Abhängigkeit, einer eindeutigen Gesetzmäßigkeit im 2. Schritt gelangen kann, wie auch die jüngere „Architektur-Psychologie" gezeigt hat (u.a. Canter 1973).

5 Der Nationalismus der wilhelminischen Zeit hatte etwas von militärischer Kultur an sich und war getragen vom Siegesgefühl von 1870/71: Sedanstag war eigentlich immer. Darüber hinaus war er auch ein Wirtschafts-Nationalismus des in die Welthandels-Konkurrenz eintretenden Deutschen Reichs. Ein „völkisches" Element kam hinzu mit der Abgrenzung gegenüber Juden und Fremden, wie den billigen Arbeitskräften aus Polen etc. Diese Elemente des wilhelminischen Nationalismus überlagerten die älteren, eher kulturellen Elemente des „romantischer Nationalismus", wobei er dessen „säkulare Religiosität" erst zu voller Blüte brachte. Wenn dem romantischen Nationalismus zu Heines Zeit noch ein progressives, gegen die feudale Ordnung gerichtetes Element innegewohnt hatte, so war der wilhelminische ein deutlich von materiellen Interessen geleiteter Nationalismus, der nach Innen hin disziplinierend, ausgrenzend und militarisierend wirkte. Kaisertreue, Vaterlandsgefühl etc. waren aus der alten „heiligen Ordnung" des Feudalismus stammende Normen, die zur wilhelminischen Zeit im Katalog der Sittlichkeit an führende Position gerückt wurden; wir trennen hier zwecks besserer Unterscheidung die ethischen Normen in allgemein sittliche und nationale Ideale (ausf. Hobsbawm 1992, 121 ff.); Hobsbawm hebt hervor, daß dem Nationalsozialismus auch der Wilhelminischen Zeit durchaus ein positives Moment zu eigen war, das der zunehmenden Demokratisierung geschuldet war: Wo „das Klassenbewußtsein ... einen Anspruch auf Menschen- und Bürgerrechte behauptete und somit auch einen potentiellen Patriotismus" (ibid., 107).

6 Daß Sitte Th. Vischers „Ästhetik" mit höchster Sicherheit kannte, darauf ist in Fußnote 6 des Beitrages „Stadtbaukunst contra Stadtplanung" hingewiesen; daß Sitte auch Maertens' „Praktische Ästhetik der Baukunst" kannte, kann nur vermutet werden und ist auch bei G. u. C. Collins nicht geklärt; Sitte, der sehr belesen war, hat jedoch mit hoher Wahrscheinlichkeit von Maertens' populärem Buch gehört und diese Theorie zumindest in Umrissen gekannt. Den Begriff „praktische Ästhetik" kann Sitte sich auch bei Gottfried Semper entlehnt haben, dessen Buch „Der Stil... oder Praktische Ästhetik" (1878) durch seine umfangreiche Bautätigkeit in Wien gut bekannt war.

7 Das „Assoziationsprinzip" geht zurück auf aufgeklärte britische Denker des späten 18. Jahrhunderts, z.B. den Schotten Archibald Alison, einen Vertreter der sogenannten „common

sense school", die jede wissenschaftliche Erkenntnis mit dem Verständnis durch den gesunden Menschenverstand legitimiert wissen wollte; so ging Alison 1790 in seinem „Essay zum Wesen und den Prinzipien des Geschmacks" davon aus, daß Schönheit nicht eine Eigenschaft eines Objektes sei, sondern nur im Kopfe des Beschauers bestehe: Beim Betrachten eines Objektes würden „Assoziationen von Gedanken" in seinem Geiste ausgelöst; ganze „chains of associations", Ketten von Assoziationen, die, wenn sie genügend reichhaltig seien, in gutem Verhältnis zueinander stünden und neuartig, den Beschauer das Objekt als schön empfinden ließen. Von hier aus folgerte Alison, es müsse Ziel jeder Bildung (education) sein, den Geist des Menschen mit möglichst vielen denkbaren Assoziationen auszurüsten, damit er Dinge als schön empfinden könne; umgekehrt müsse der Baukünstler danach streben, Kunstwerke zu schaffen, die möglichst ausdrucksvoll (expressive) seien und klare Assoziationsketten auslösten (ausf. Hersey 1968, 89). Ob Fechner und später Maertens von der britischen „common sense school" wußten, ist dem Verfasser nicht bekannt. Wichtig erscheint nur der Hinweis, daß aufklärerisches Denken aus dem 18. Jahrhundert im späten 19. Jahrhundert in metaphysisches Denken übergeleitet wurde: Die Romantik ist hierfür ebenso ein Beispiel wie das Nationalgefühl und eben auch das „Assoziationsprinzip", das Maertens seinen „Geistesnebeln" einverleibte.

8 War zu Heines Zeit noch die Zersplitterung in viele Territorien das Problem der Deutschen gewesen, das den Wunsch nach der durch gemeinsame Kultur geeinten Nation genährt hatte, so war dieses Problem im jungen Kaiserreich gelöst; dafür machte sich die Angst vor der vielfältigen gesellschaftlichen Spaltung in Gebildet und Ungebildet, in Arm und Reich, in Unternehmer und Nicht-Unternehmer breit und ließ die Gebildeten von einer Nation träumen, in der alle gesellschaftlichen Klassen friedlich vereint seien, wenn möglich, angeführt von den Gebildeten. Die Aussichtslosigkeit, dies mit ihren gewohnten Mitteln zu bewirken, nämlich mit Kunst und Bildung, ließ viele Gebildete in einer Art von vaterländischer Trance ins Metaphysische flüchten.

„Im Kampf um deutsches Wesen im Städtebau".
Anmerkungen zu Karl Henrici

> *Ich bin der Meinung, daß die Anschauungen, welche fast allgemein den modernen Städtebau beherrschen, ausländischen Ursprungs sind, und daß es an der Zeit ist, diesen Einfluß fremder Ideen abzuschütteln und deutsche Eigenart auch in den Planungen der Stadterweiterungen einzuführen und darin zu pflegen.*   Karl Henrici, 1889

Karl Henrici (1842-1927) war Architekt und von 1877 bis 1919 Professor für Architektur an der Baufakultät der RWTH Aachen. Er errang einen Ehrenplatz im Olymp der deutschen Städtebauer vor allem dadurch, daß er sich als Gefolgsmann von Camillo Sitte zu dessen deutschem Vorkämpfer des Städtebaues machte. Unter dem Einfluß national-konservativer bürgerlicher Denker stehend,[1] sah er bei seinem „Kampf um deutsches Wesen im deutschen Städtebau" (Henrici 1904, 1) in Camillo Sittes Buch „Der Städtebau nach seinen künstlerischen Grundsätzen" (1889) eine wesentliche Quelle fachlicher Inspiration. Er betete Camillo Sitte (1843-1903) indes nicht nach, sondern interpretierte ihn auf eigensinnige Art, wobei er national-konservative Belange mit modern-aufklärerischen, rückwärts gewandte, restaurative Ansichten mit vorwärtsweisenden, reformerischen Bestrebungen verband. Insofern war seine „Reform unseres modernen Städtebaues" (Henrici 1893, II) die Frucht einer gesellschaftlichen Übergangszeit, in der sich das Bürgertum an das Hergebrachte klammerte und gleichzeitig selbstbewußt zum Aufbruch zu neuen Ufern drängte. Auf diesem doppelten Nährboden gedieh in allen Bereichen der Kultur auch jene „fortschrittliche Reaktion" (Hamann/Hermand 1977, 25ff.), deren teils vorwärtsdrängende, teils wirre Vorstellungen ihren Niederschlag in den vielfältig verzweigten Kultur- und Lebens-Reformbewegungen fanden. Von dort aus führten sie später teils in den National-Sozialismus (Hermand 1988, 103ff.), teils vermischten sie sich mit

jenen Gärungen und Klärungen, die dem Prozeß der Modernisierung eigen sind (u.a. Hartmann 1976); Henrici jedenfalls war auf dem Feld des „deutschen Städtebaues" ein eifriger Sämann der „fortschrittlichen Reaktion".
Diese Untersuchung wird sich auf Henricis deutsch-nationale Städtebau-Reform beschränken und auf seine „urdeutsche" Sitte-Interpretation am Beispiel seines Wettbewerbsbeitrags zur Stadterweiterung von München von 1891-93. Im Verlauf der Untersuchung wird indes auch zu zeigen sein, daß unter der ideologischen Decke seines „deutschen Städtebaues" das harte Ur-Gestein noch immer ungelöster praktischer Städtebauprobleme lag.

Konfliktfeld „Städtebau" um 1890

Wenn wir uns mit Henrici in der Zeit des Münchener Wettbewerbs beschäftigen, dann geraten wir unweigerlich in die Auseinandersetzungen um die damals sich in mehrere Richtungen entwickelnde Städtebau-Reform hinein, wobei die Vertreter der Aufklärung, des Rationalen mit den Freunden der Mystik, des Malerischen hart zusammenstießen; die Bau- und Stadtbaukünstler neigten damals letzterem zu. Vordergründig ging es um Stadtbaukunst versus Ingenieurwesen; in der nächst tieferen Schicht ging es um die Aufteilung des Kuchens Städtebau: Henrici beanspruchte für die Baukünstler einen maßgeblichen Platz in dem bislang von Ingenieuren bestimmten Berufsfeld und forderte die drei-dimensionale Gestaltung der Stadt im Namen der Stadtbaukunst ein. Noch tiefer lag die gewichtige methodische Frage nach der Art und Weise der „Produktion von Stadt" unter fortschreitenden kapitalistischen Bedingungen. Hier vertraten Ingenieure, wie Reinhard Baumeister (1833-1917) und Josef Stübben (1845-1936), den Standpunkt von mehr Plan und mehr gemeindlicher Intervention – sowohl im Interesse der Sicherung des Allgemeinwohles, als auch zum Zweck der Erleichterung kapitalistischer Boden- und Bauverwertung. Demgegenüber vertrat Henrici den Standpunkt des „kunstsinnigen Bürgertums", beim Städtebau zuvorderst deutsch-nationale Belange zur Geltung zu bringen, das Publikum zum „deutschen Wesen" zu erziehen und daher der Stadtbaukunst besonderes

Augenmerk zu widmen. So sei der Städtebau in die Hände des Architekten zu legen und in neuer Art und Weise zu organisieren: „Wie die Partitur zu einer Symphonie, so muß der Plan zu einer Stadt gefertigt werden" (Henrici 1897 [1904, 50]).

Er begab sich damit auf das Glatteis des „Idealismus", übersah er doch, daß die bestehende Form kapitalistischer Produktion von Stadt dem Bürgertum materiell am meisten nützte, obwohl sie ihm zugleich auch ästhetische Pein im Stadtbild und Mißbehagen verursachte. Bürgerliche Pein und Mißbehagen zu beseitigen, war seine Strategie: „Es gilt, unserer Kunst einen neuen fruchtbaren Boden zu erobern, sie den Krallen einer schnöden Spekulation zu entwinden und sie zu befreien von den Fesseln der von Ingenieuren ohne künstlerische Empfindung gezogenen Baufluchtlinien ... Nicht nur die materiellen Interessen, sondern ebensowohl die Wünsche, welche der Bürger an die Behaglichkeit seines Heimwesens zu knüpfen hat, sind bei der Einrichtung der Stadt mit in die Waagschale zu werfen. Möge der auf realer Grundlage beruhende Idealismus, der unserem Volkscharakter eigenthümlich ist, auch im Städtebau wieder aufblühen" (Henrici 1893, II).

Die Bürger jedoch von ästhetischer Pein und Mißbehagen durch eine neue Stadtbaukunst erlösen zu wollen, hieß, zugleich deren materiellen Nutzen einzuschränken. Dieser Widerspruch der stadtbaukünstlerischen Reform Henricis klärt sich indes erst auf, wenn die von Nietzsche immer wieder betonten Fronten innerhalb des Bürgertums berücksichtigt werden: Zwischen den „Geldmachern" (wie Grundbesitzern, Bankiers und Fabrikanten) und dem weniger betuchten „Bildungsbürgertum" (den höheren Beamten, Wissenschaftlern, Künstlern und Architekten), dem auch Sitte und Henrici zuzurechnen waren (Glaser 1993; Mayer 1984; Vondung 1976). Ziele und Ideale beider Gruppen des Bürgertums unterschieden sich deutlich: Nicht nur wurde die Bedeutung von Kunst verschieden eingeschätzt, sondern das Bildungsbürgertum hatte auf Grund beschränkterer materieller Verhältnisse weitaus weniger auf kommunaler und staatlicher Ebene zu sagen als die „Geldmacher". Henrici nahm folglich, stellvertretend für das Bildungsbürgertum, jede Gelegenheit wahr, sich an den „Geldmachern" zu reiben und deren Form von Städtebau in Frage zu stellen.

Henrici als „deutscher" Interpret Sittes

Henrici war Sitte seit 1890 in enger Freundschaft verbunden und schrieb nach Sittes Tod einen ehrenden Nachruf in der renommierten Städtebau-Zeitschrift „Der Städtebau", in welchem er Sitte „einen Idealisten in des Wortes verwegenstem Sinn" (1903, 50) nannte. Mit Sitte stimmte er in der Ablehnung des modernen Verkehrs, des „modernen Städtebau-Systems mit den langen geraden Straßen mit parallelen Häuserfluchtlinien" (Henrici 1891 [1981, 71]) ebenso überein wie in der Bewunderung mittelalterlicher Vorbilder der Stadtgestaltung. Sie beide gingen von der Überzeugung aus, „daß die Alten wohl mit Überlegung gebaut haben, daß sie ganz genau wußten, was sie wollten, und daß sie die Mittel, mit denen jene malerischen Wirkungen zu erzielen waren, kannten und mit Bewußtsein und Meisterschaft handhabten" (Henrici 1891 [1904, 12]). Die Regeln des Städtebaues der Alten erkundet und wiederentdeckt zu haben, war Sittes Anspruch (Wieczorek 1889, 36ff.); sie als praktisch anwendbar für die neuen Stadterweiterungen erachtet zu haben, war Sittes und Henricis Herausforderung an die Städtebauer ab 1890. Während jedoch Sitte im klassischen Griechenland das höchste Vorbild sah – „ein noch höheres Ziel zu stecken, ist unmöglich" (1889, 12) – und die italienischen Städte liebte, lehnte Henrici alle ausländischen Vorbilder grundsätzlich ab: „Ist es wirklich nöthig, daß diese auf das malerische gerichteten, urdeutschem Wesen entspringenden Bestrebungen den Platz räumen müssen für undeutsche, italienische oder französische Art, weil diese besser paßt zu dem ebenfalls undeutschen modernen Städtebausystem?" (1891, 83). Wo deutsche Ingenieure sich gern am Vorbild des Haussmannschen Paris orientierten (u.a. Stübben 1879), da war für Henrici dieses Paris der Inbegriff des Schrecklichen, eine „kosmopolitanische Charakterlosigkeit" (1894 [1981, 133]): „Nirgends mehr als in Paris ist in uns die Überzeugung fest geworden, daß wir alle Veranlassung haben ..., uns die Wiederaufnahme echter alter urdeutscher Art mit Herz, Gemüt und Hand zur Aufgabe zu machen" (Henrici 1891, 91). Demgegenüber hatte Sitte an Paris nicht viel auszusetzen, ja er bezeichnete die „wirkungsvolleren Stadtbilder" dieser Millionenstadt sogar als etwas, „was sich mit unseren praktischen Forderungen verträgt" (1889, 126).
Wie Sitte, lehnte Henrici es ab, die zusammmengetragenen und bewunderten Vorbilder einfach zu „kopieren"; „nachahmen" wollte er sie vielmehr, denn „ist nicht alles Gute und Schöne nachahmenswert – einerlei,

wann es entstand?" (Henrici 1891, 83). Während Sitte bedauert, „daß sowohl das moderne Leben als auch die moderne Technik eine getreue Nachahmung alter Stadtanlagen nicht mehr zulasse" (1889, 123), war Henrici, bei aller Orientierung am deutschen Mittelalter, eher den modernen Zeiten zugeneigt: „Die Bedingungen, unter welchen sich der heutige Städtebau vollzieht, sind wesentlich andere geworden als diejenigen, unter welchen die alten Städte entstanden ... Eine neue Stadt nach meinem Sinn wird nicht aussehen wie eine mittelalterliche Stadt, denn ich will nicht verzichten auf Eisen- und Straßenbahnen, auf Gaslicht und elektrische Beleuchtung, auf Wasserleitung und Kanalisation ...; ich will auch mehr Platz haben ..., vor allen Dingen mehr Licht und Luft ... Aber in meiner Stadt soll sich wieder Bild an Bild reihen, geeignet, um vom Maler gemalt und vom Dichter besungen zu werden" (Henrici 1891 [1904, 32]). Seine Städtebaureform galt also in erster Linie der Erzeugung von Bildern und einem „malerischen Städtebau" (1897 [1904, 36]).[2] Für seine „Städtebilder" lehnte er allerdings strikt jeden „Historismus" (1903, 110) ab, jeden „Firlefanz von Formen, jene Türmchen, Erker und Erkerchen, Giebel und Giebelchen" als „unnatürliche Effekthascherei" und „Surrogatwesen" (1891, 87), und orientierte sich eher an der Semperschen Formel vom zugleich Zweckmässigen und Schönen: „Die vollendete Schönheit einer Stadtanlage kann überhaupt nur dadurch erzeugt werden, daß man ihr durch und durch das Gepräge der Zweckmäßigkeit aufdrückt" (1891 [1904, 32] u. 1903 [1904, 165]). So suchte er in seinem Städtebau, „das Malerische" und das „Zweckmäßige" glücklich miteinander zu verbinden; im Gegensatz zu Sitte, für den ein „innerer Widerstreit zwischen dem Malerischen und dem Praktischen ... besteht und ... immer bestehen (wird) als ein in der Natur der Sache selbst Gegebenes" (Sitte 1889, 121).
Um jedoch „Städtebilder" nach historischen Regeln überhaupt erst schaffen und mit ihnen in den Stadterweiterungen „den Eindruck einer symphonischen Architekturdichtung" (Henrici 1897 [1904, 50]) herstellen zu können, forderten Sitte und, verstärkt, Henrici, im Städtebau dem Architekten alle drei Dimensionen des Stadtraumes zur künstlerischen Gestaltung zu überlassen; denn „das Bild einer Straße, eines Platzes setzt sich zusammen aus der Bodenfläche, also der den Raum nach unten begrenzenden Ebene, und den Hochbauten, welche die seitlichen Wandungen des Straßen- und Platzraumes ausmachen. Die Silhouette der Hochbauten, ihre oberen Begrenzungslinien, bilden zugleich die Umränderung des über der Straße, über dem Platz ausgespannten Himmelsge-

wölbes" (Henrici 1891 [1904, 3]). Daß die Stadt „nach Analogie des Hauses" (Tönnies 1887, 16) betrachtet werden könne, kam ihnen als Architekten entgegen, und so sahen sie beide den Städtebau als eine Art von erweitertem Hausbau an: Zumindest methodisch müsse eine Stadt programm- und plangemäß wie ein Haus gebaut werden (Sitte 1889, 140ff.; Henrici 1903 [1904, 167]), wobei die Plätze und Straßen nicht viel anderes wären als die „Zimmer eines Hauses" (Henrici 1897 [1904, 49]). Als erstes verlangten sie, wie beim Hausbau, nach einem Programm: „Nur beim Städtebau findet man es nicht verrückt, einen Bebauungsplan ohne bestimmtes Programm machen zu wollen" (Sitte 1889, 140; Henrici 1893, 11). Das Programm für den Städtebau aber müsse ermittelt werden „aus einer Wahrscheinlichkeitsbestimmung der Bevölkerungszunahme des geplanten Stadtteiles innerhalb der nächsten fünfzig Jahre .... Auf Grund dieser zunächst nöthigen Ermittlungen müßten dann die voraussichtlich erforderlichen öffentlichen Gebäude nach Zahl, Umfang und beiläufiger Ausstattung angenommen werden .... Sobald auch dies bestimmt ist, wäre die beste Gruppierung und Situierung samt allen nöthigen Verbindungen zu ermitteln, womit die eigentliche Verfassung des Stadtplanes beginnen würde ... Die Projektanten hätten die Aufgabe, zunächst die geforderten öffentlichen Bauten, Gärten etc. in die geeignetste Verbindung untereinander und an die passende Stelle zu bringen" (Sitte 1889, 143f.). Henrici ergänzte diesen methodischen Grundsatz Sittes mit seiner Forderung, daß der städtebauliche Plan die schönen Stadtbilder, insbesondere „die Plätze mit hervorragenden öffentlichen Bauten", von Anfang an festzulegen habe, um sie dann plangemäß zu verwirklichen, so daß „nichts dem Zufall überlassen bleibe" (Henrici 1894, 502f.).
Mit dieser Methode sollte der Städtebau von der Seite der öffentlichen Gebäude, Straßen und Plätze her betrieben werden; also von der Seite aller in der Hand der Gemeinde liegenden Einrichtungen und Anlagen. Die von Sitte erdachte „Stadt im Sonntagskleid" (Sitte 1889, 102), die er der ihm belanglosen „Stadt im Werktagskleid ... mit der breiten Masse der Wohnstätten" (ibid.) entgegengestellt hatte, war der Kern, auf den sich Sittes und Henricis Stadtbaukunst richtete: Die wichtigsten Monumentalgebäude wären entsprechend der im Programm festgelegten Bedarfsberechnung an den Hauptplätzen zu gruppieren. „Einigkeit macht stark", meinte Henrici für seinen Münchener Entwurf, und „in der gruppierten Anordnung einer Auslese von öffentlichen Monumentalgebäuden ... finde ich das Mittel und die willkommene Veranlassung, Großartigkeit, wirkliche Würde und Sehenswürdigkeit meinen Plätzen beizu-

legen" (Henrici 1893, 11). Sich an Sitte anschließend, meinte Henrici, daß die eine Schwäche des „modernen Städtebausystems" in seiner „Programmlosigkeit" liege, so daß „ein städtebaulicher Plan erstellt werde, ohne daß man bereits wisse, was da im Stadterweiterungsgebiet alles gebaut werden müsse und solle; daß also dem Zufall freies Spiel gelassen werde" (Henrici 1897 [1904, 53]). Die andere Schwäche liege in der Arbeitsteilung mit den Ingenieuren: So seien die Aufgaben bei der Erstellung des städtebaulichen Planes und der späteren Bebauung nicht nur zeitlich, sondern auch institutionell voneinander getrennt: „Für die Ausgestaltung der Erdoberfläche hat im allgemeinen der Straßen- und Tiefbautechniker zu sorgen, für die umgebenden Hochbauten der Architekt" (Henrici 1891 [1904, 3]). Die Forderung der Stadtbaukunst aber sei der von vorneherein vollständig durchgestaltete Gesamtzusammenhang (Henrici 1897 [1904, 50]) im Sinne eines städtebaulich-architektonischen Gesamtkunstwerks, das erst die „malerische Wirkung" der einzelnen Bilder beim Hindurchgehen hervorzaubere. Dazu gehöre vordringlich, daß der Stadtgrundriß nicht in der Hand des Ingenieurs läge, sondern daß seine Gestaltung, wie auch die der späteren Bebauung, gänzlich in die Hand des Architekten übergehe. Damit erst sei sichergestellt, daß städtebauliche Pläne nach der Methode des Architekten programmgemäß erarbeitet und plangemäß verwirklicht würden: „Wir müssen Stadterweiterungen in so großem Umfang planen, daß auf Jahrhunderte hinaus dem Spiel des Zufalls wenig überlassen bleibt" (Henrici 1893, 274). Henrici vertrat diese berufsständische Position der umfassenden stadtbaukünstlerischen Gestaltung mit weitaus mehr Engagement als Sitte, der eher dazu neigte, die gegebenen Verhältnisse zu bejammern.

Henricis Hauptargument für seine drei-dimensionale Stadtbaukunst war unter dem Einfluß Langbehns gereift: „Die treibende Grund- und Urkraft alles Deutschthums heißt Individualismus" (Langbehn 1890 [1892, 3]) – wohlgemerkt: ein dem „florentinischen" der Renaissance neu entgegengestellter „germanischer Individualismus" (Simmel 1917 [1957, 254]). Mit „Individualisierung" bezeichnete Henrici „eine neue Strömung, welche sich hier, wie auf vielen anderen Gebieten, auf einen gesunden Individualismus richtet" (1891, 297); kurz, auf das zunehmend von Selbstbestimmung geprägte Lebensgefühl des aus dem tradierten Obrigkeitsverhältnis und den traditionellen Bindungen heraustretenden deutschnationalen Bürgertums, das zur Stärkung seines Selbstwertgefühls neue Rückendeckung im Nationalismus suchte und fand (ausf. Nipperdey, 1983 [1990, 143f.]). Im Städtebau schlug Henrici eine Reform vor, die dem „germanischen Individualismus" und dem ihn absichernden Nationalismus gerecht würde und sich dem obrigkeitlich verordneten, undeutschen Schematismus des „Schachbrett-Systems" (Henrici 1891 [1904, 11]) entgegenstellen ließe, das mit seiner Gleichförmigkeit nur „Langeweile", aber keine Identifikation erzeuge. Er sah seine Aufgabe darin, dem „Individualismus" im Städtebau auf drei Ebenen Bahn zu brechen:

1. Auf der Ebene individualisierter Stadterweiterungspläne: „Individualisierung muß den Verschiedenartigkeiten der zu bebauenden Örtlichkeiten gelten: ... die natürliche Bodenformation, die klimatischen Verhältnisse, die Lage den Himmelsrichtungen und den herrschenden Winden gegenüber, die Grundbesitz- und Grenzverhältnisse, die Erwerbsarten der Bevölkerungen .... all diese und viele andere Dinge mehr werden sich nicht zweimal an verschiedenen Orten gleichen" (Henrici 1891, 297). Sie auszunutzen, um jeden Ort zu einem einmaligen – individuellen – Ort auszugestalten, mußte sowohl künstlerisches als auch das ökonomisches Ziel sein; vor allem schien dem Städtebauer mit der Art der städtebaulichen und infrastrukturellen Ausgestaltung eines Ortes ein Hebel in die Hand gegeben zur Bestimmung seines relativen Lagewertes: „Mein Mittel besteht darin, daß ich jeder Gegend, jedem Bezirk ein individuelles Gepräge gebe, daß ich in jedem Bezirke Baugrundstücke verschiedenartigen Werthes und verschiedenartigster Eigenschaften schaffe" (Henrici 1893, 16). Auf diesem Weg könne der Städtebauer die Differentialrente gestalterisch beeinflussen, die Art der Bebauung und damit letztlich die Art der Nutzungen und die Art der Bewohnerschaft in einem neuen Stadtviertel steuern (Henrici 1903 [1904, 240]); insbesondere könne er durch die stadtbaukünstlerische Gestaltung den Zuzug jener Teile des Bürgertums fördern, die einen ihrem Stande angemessenen Ort in Besitz nehmen sollten: „Der baulustige Bürger darf gar nicht darüber im Zweifel gelassen werden, in welcher Gegend oder an welchen Straßen er das für ihn passende Baugrundstück zu suchen hat" (ibid., 170); durch die mehr oder weniger aufwendige Gestaltung könnten dagegen andere, insbesondere die „kleinen Leute" und die Arbeiter, ferngehalten werden (Henrici 1893, 16f.).

2. Auf der Ebene der Gestaltung des einzelnen Straßen- und Platzraumes, der sich von den angrenzenden Straßen- und Platzräumen durch seine besondere Formgebung und Gestaltung deutlich unterscheiden sollte; die Mittel zur Individualisierung der Straßen waren für Henrici Kurven,

Ausweitungen des Straßenraumes, zurückgesetzte Platzwände, hervortretende Einzelbauten, Vorgärten und Bepflanzung; nicht aber die noch dem klassizistischen Sehen zugehörigen „perspektivischen Straßenbilder ..., die ermüdend und entmutigend auf den Wanderer wirken" (Henrici 1893, 271). Der „Wanderer" sollte vielmehr im Sinne des romantischen Sehens durch „individuelle Straßen" gehen und durch „die unterhaltende Abwechslung in den aufeinanderfolgenden Eindrücken in angeregte Stimmung versetzt" (ibid.) werden. Die neu hinzuziehenden Bewohner sollten sich in einer heimatlichen und behaglichen städtischen Umwelt niederlassen (Henrici 1893, 19) und nicht, wie üblich, an „langweiligen Straßen", die in Henricis Augen nur eine schematische und damit anonyme Bebauung zuließen. Solches nahm er bestenfalls für die Miethausviertel der Arbeiter hin, wo „die Fürsorge für geeignete Kleinwohnungen begünstigt wird durch die möglichste Ausnutzung des Baulandes" (Henrici 1901, 580). Dem finanziell bessergestellten „bauenden Bürger" beengten jedoch die schematischen Bebauungspläne den Weg zur Selbstdarstellung: „Es ist doch einleuchtend, daß in einer streng durchgeführten langen geraden Straße mit parallelen Häuserfluchten keine einzige Baustelle ihrer Lage nach sich von der anderen auszeichnet" (Henrici 1891 [1904, 24]).

3. Auf der Ebene des einzelnen Bauwerkes, das durch seine Gestaltung, aber auch durch seine Stellung im Gefüge anderer Bauten hervorgehoben, individualisiert wird. Hier hatte der Städtebauer dem „Wunsch des bauenden Publikums" zu entsprechen und möglichst viele Bauplätze so an die Straße zu legen, daß sie gut sichtbar waren, ja geradezu auffielen: „Von einem künstlerisch durchdachten Bebauungsplan ist zu verlangen, daß er eine große Mannigfaltigkeit in der Eigenart der Baugrundstücke darbiete, damit jeder bauende Bürger je nach seinem Beruf, Geschäft, Geschmack, Vorteil und Vermögen sich die ihm passende Stelle aussuchen könne .... Der Bebauungsplan wird auf diese Weise zu einer Grundlage, zu einer Anregung für originelles Schaffen im Hochbau. Unsere heutige Architektur verlangt nach solcher Grundlage, welche ihr die Berechtigung zu phantasievoller individueller Formengebung gibt" (ibid., 28). Solcher Aufwand verlohnte indes nicht beim Städtebau für die Masse der „kleinen Leute", da ja inzwischen dem „Durchschnittsbürger ... die Wohnung zur Industrieware geworden ist, um deren Herstellung er sich nicht mehr zu kümmern braucht und die ihm, wie der gewirkte Strumpf, fertig in allen Größen feilgeboten wird" (Henrici 1901, 308).

Den Feind des individualisierten und malerischen Städtebaus sah Henrici
– mehr noch als Sitte – im „modernen Städtebausystem" dessen schematische Bebauungspläne von den „Geldmachern" der Boden- und Bauspekulation und von den Ingenieuren beherrscht schienen. Beide, Spekulanten und Ingenieure, wirkten in Henricis Augen beim Städtebau zusammen – zum Schaden der Allgemeinheit und der Stadtbaukunst: „Das moderne Städtebausystem ladet zur Terrainausschlachtung ein und zur Schablonenmache, und Schuster, Bäcker, Kravattenmacher folgen eifrig seiner Einladung. Kein anderer Gedanke beherrscht den ganzen Vorgang als derjenige, möglichst rasch und bequem recht viel Geld herauszuschlagen ... Der gute Bürger wohnt daher durchschnittlich nicht, wie er möchte oder könnte, sondern er wohnt einfach in den Geldsack des Bauspekulanten hinein" (Henrici 1891 [1904, 8]). Dieser verdarb dem Städtebaukünstler mit seinen Spekulationsbauten die kunstvolle Stadtgestaltung: „Er knechtet den Geschmack, die Lebensweise der Bevölkerung, drückt den Sinn herab für die Kunst im Hause" (ibid.); der Ingenieur dagegen war – als der ungeliebte Konkurrent im Arbeitsfeld des Städtebaues (Henrici 1901, 308) – nur der Handlanger der „Geldmacher".
Folglich griff Henrici den von Sitte gegen den Stadtplaner Reinhard Baumeister 1889 angezettelten Streit (Fehl 1980) erneut auf, als Josef Stübben 1890 sein Buch „Der Städtebau" herausbrachte. Henrici nahm dies Buch seines alten Aachener Freundes Stübben zum Anlaß für eine Kritik im Lichte der neuen Sitteschen Lehre (Henrici 1891); er löste damit in der ‚Deutschen Bauzeitung' eine ausufernde Streiterei aus, die er 1893 durch seinen Beitrag zum Münchener Städtebau-Wettbewerb noch anheizte und die dann nach gegenseitiger öffentlicher Beschimpfung 1895 ein vorläufiges Ende fand (Henrici 1894; Stübben 1895). Immerhin trug dieser viel beachtete ideologische Streit nicht nur zur nachhaltigen Bildung von zwei Lagern im Städtebau bei – hier Stadtbaukünstler, dort Stadtplaner –, sondern im Hin und Her zwischen These und Antithese wurde schließlich eine – wenn auch unvollständige – Synthese für die junge Disziplin gefunden.

Henricis Verdienste um die Stadtbaukunst

Henrici hatte unbezweifelt maßgeblichen Anteil daran, daß der Reform-Richtung der Stadtbaukunst Geltung verschafft wurde, indem er in Wettbewerbs-Entwürfen und Gutachten demonstrierte, wie die Lehre Sittes in Deutschland praktisch anzuwenden sei; wobei er auf „die Erfüllung aller praktischen Notwendigkeiten" (1893, II) Wert legte; mit Blick auf Sitte, den „Idealisten", schätzte er sich selbst nämlich als „Realisten" (1893, 1) ein. Er war der erste, der in Deutschland in Sittes Fußspuren getreten war und 1889 dessen stadtbaukünstlerische Grundsätze in der deutschen Städtebaupraxis beim Städtebau-Wettbewerb für das „feine Viertel" der westlichen Stadterweiterung von Dessau (Henrici 1890) erprobt hatte. Ein Wettbewerbsbeitrag, für den Henrici zwar keinen Preis erhielt, dafür aber Sittes uneingeschränktes Lob, da er „bereits Alles enthält, was ... heute von einem sozusagen auf der Höhe der Zeit stehenden Stadtplane gefordert werden kann" (Sitte 1891 [1989, 8]). Im übrigen war Henrici nach Einschätzung von Gerhard Curdes „nicht einer von denen, die die Entwicklung vorantrieben" (1980, 12), sondern eher einer, der die einmal eingenommenen Positionen hartnäckig vertrat, selbst als die Zeit und bessere Argumente schon über sie hinweggegangen waren. Sicherlich ebnete Henrici mit seiner eigenwilligen Interpretation Sittescher Grundsätze dem Österreicher Sitte den Weg zur großen Anerkennung in Deutschland – und, so hat es den Anschein, auf dem Umweg über Deutschland dann zum Erfolg in der ganzen Welt. Fortan wurde folglich vieles, was von Henrici im Sinne der Sitteschen „Stadtbaukunst" weiterentwickelt worden war, kurzerhand auf Sitte als Urheber zurückgerechnet. So hatte, um nur ein Beispiel zu nennen, erst Henrici die „krumme Straße" zu einem wesentlichen neuen Gestaltungsgrundsatz für Stadterweiterungen erhoben – gemäß seinem wieder und wieder gepredigten Leitspruch: „Das Gesetz der geraden Linie ist das des Todes; das Gesetz des Lebens ist das der Bewegung. Gerade Linien gibt es nur eine, die Zahl der bewegten Linien ist unendlich groß" (Henrici u.a. 1894 [1981, 131]). Die romantisch-malerisch „bewegte Linie" hatte in London (Regent-Park-Village, 1826) und im amerikanischen Siedlungsbau (z.B. Riverside bei Chicago, 1865) die klassizistische „gerade Linie" längst abgelöst; Henrici, der schon in den frühen 80er Jahren für die malerische Kurve geworben hatte (vgl. Fisch 1988, 127), galt sie indes als besonders „deutsch" und zudem als probates Mittel zur städtebaulichen Individualisierung. Die „krumme Straße" nach Henricis Rezept wurde von der Jahrhundertwende an zu einem Kennzeichen „deutscher Stadterweiterungspläne", denen A.E. Brinckmann als Befürworter neuer klassischer Strenge allerdings schon bald attestierte: „Unter dem Eindruck der Sitteschen Doktrin entstanden Stadtpläne, die selbst auf ebenem Gelände nur gekrümmte Straßen zeigen: Das ist ein irriges Extrem, ein neuer Schematismus" (Brinckmann 1909, 208). Wie so viele andere, rechnete auch Brinckmann gerade dieses Kennzeichen deutscher Stadterweiterungspläne fälschlicherweise Sitte zu; mit der Folge, daß Henricis „malerische Städtebaureform" seither gewissermaßen im Windschatten Sittes segelt.[3]

Henricis Wettbewerbsbeitrag von 1892 für die Münchener Stadterweiterung

Mit dem wirtschaftlichen Aufschwung war auch in München um 1890 die Zeit gereift, von den vereinzelten schematischen Bebauungsplänen Abschied zu nehmen und die künftige Stadtentwicklung zusammenhängend und langfristig für das gesamte Gemeindegebiet, ja sogar über dessen Grenzen hinaus, zu regeln. In einem städtebaulichen Wettbewerb, der 1891 von der Gemeinde ausgeschrieben wurde, sollten die Möglichkeiten der zukünftigen Bebauung geklärt werden. Dazu waren insbesondere die künftigen Verkehrslinien für Straße und Schiene zusammenhängend zu regeln.[4] Der Ausschreibung lag noch die Vorstellung von der nach außen zum „platten Land" hin abgeschlossenen, ringförmig aufgebauten Stadt zugrunde, deren städtebauliche Entwicklung als Ganzes mit einem einzigen großen Bebauungsplan geregelt werden könne. Der Wettbewerb stand damit genau an der Schwelle der tiefgreifenden strukturellen Änderungen von der geschlossenen Bürgerstadt zur offenen, in ihrem Wachstum unbegrenzten Großstadt, ein Strukturwandel, den u.a. R. Baumeister längst erkannt hatte (Baumeister 1976).[5]
Da der Auslober ein „Programm" im Sinne Sittes nicht aufgestellt hatte, fühlte sich Henrici als Stadtbaukünstler frei in seinen räumlichen Dispositionen (1893, 11). Sechs Ideen, die seinen Entwurf auszeichnen und die er 1893 ausführlich erläuterte, seien hier vorgestellt:

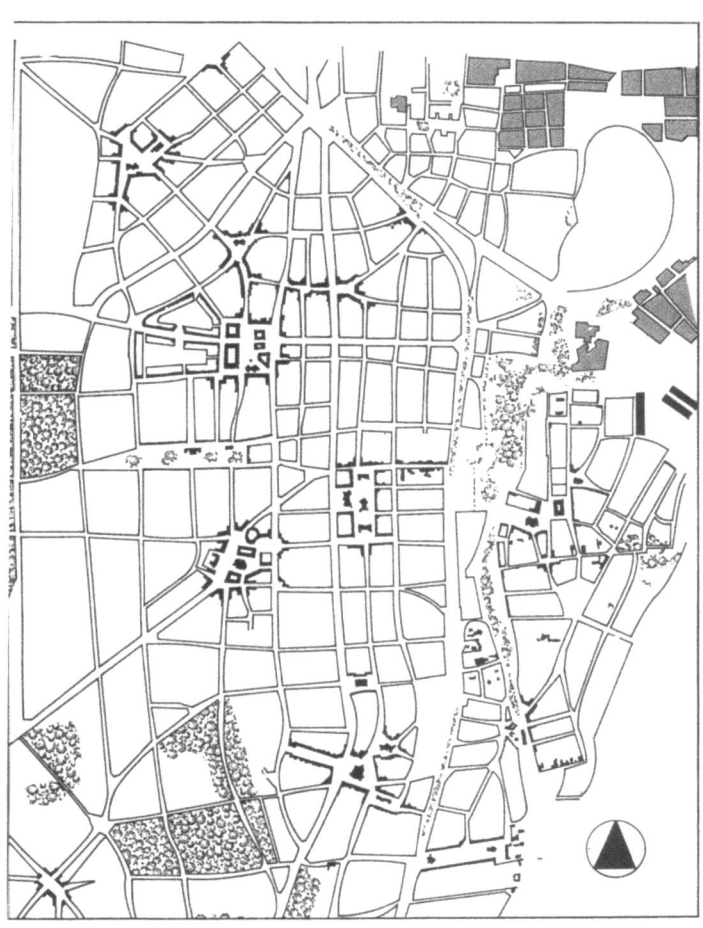

Karl Henrici: Wettbewerbsentwurf für die Stadterweiterung Münchens, 1892.
Ausschnitt aus dem südwestlichen Bereich. Schwarz hervorgehoben sind die
Stadtteilzentren als „Stadt im Sonntagskleid".
(Aus: Deutsche Bauzeitung 1893)

1. Die fest zum Umland hin abgeschlossene Stadt: Eine Ringbahn, die rund um das zu bebauende Gebiet geführt werden sollte, schloß die Stadt wie eine Art moderne Stadtmauer zum Umland hin ab. In biologistischer Analogie sah Henrici darin einen durch eine „Körpergrenze" definierten „Stadtkörper", mit den Straßen als „Adern" und der Bebauung als „Fleisch" (1891, 298); der „Stadtkörper" wurde „organisch" durch seine Teile „von innen her" (1901) gegliedert; er war das vorab fixierte Gefäß im Endzustand, das langsam und planmäßig aufgefüllt werden sollte. Die „organische Gliederung" des Ganzen setzte Henrici gegen das „Mechanische" des „modernen Städtebau-Systems", gegen dessen „Schablone"; zu diesem Gegensatz hatte Langbehn die Parole ausgegeben: „Das Organische ist das Künstlerische. Organismus läßt für Schablone keinen Platz" (Langbehn 1890 [1892, 105]). Dem „Organischen" Geltung zu verschaffen, war ein Herzensanliegen der „fortschrittlichen Reaktion".[6]

2. Die „organische" Gliederung des „Stadtkörpers" in weitgehend selbständige Stadtzellen: Der abgeschlossene „Stadtkörper" wurde in sieben Stadtteile mit unterschiedlichem landschaftlichem Charakter und verschiedenartigen Merkmalen (Schlösser, alte Ortslagen und Landstraßen) gegliedert, aus denen sich die „Individualität" und Funktion eines jeden Stadtteils herleiten sollte. Diese Stadtteile waren jedoch noch zu groß und bedurften weiterer Untergliederung. Um nämlich „den verschiedenen Teilen der Erweiterung größerer Städte ein charakteristisches Gepräge zu verleihen ..., muß man das Stadterweiterungsgebiet in Bezirke zerlegen, von denen jeder dem Umfang einer kleinen Stadt entsprechen mag, und jeden dieser Teile mit einer gewissen Selbständigkeit ausrüsten" (Henrici 1891 [1981, 79]). Im Sinne des von F. Tönnies geforderten „gemeinschaftlich lebenden Organismus" (Tönnies 1887, 18) und Langbehns neuem „Lokalismus" (Langbehn 1890 [1892, 15]) zerlegte Henrici die wachsende Großstadt in ein „organisch geordnetes" Bündel von 22 Kleinstädten, deren jede sich „von innen her" definierte: „Marktzentren" und „Platzgruppen" (ibid.) liegen „ganz natürlich an einer Stelle von gesteigerter Verkehrsbedeutung, weil ihnen der Verkehr aus verschiedenen Richtungen zuströmt. Öffentliche und private Anstalten, die dem Verkehr dienen oder des Verkehrs bedürfen, z.B. Post, Telegraphenämter, Gasthöfe, Warenhäuser ... (Markthallen, Kirchen und Verwaltungsgebäude etc. sind hier am Platze" (ibid., 9). Gedacht als Versorgungszentrum der umliegenden Wohngebiete, sollte jedes „Bezirkscentrum" der „Zellkern" sein und jedem Bezirk die Selbständigkeit einer Kleinstadt verleihen: „Diese Selbständigkeit muß darin zum Ausdruck kommen, daß man etwas ähnliches zu schaffen sucht, wie es die alten Städte in ihrem Marktplatz mit dem Rathaus besitzen" (Henrici 1891 [1981, 80]). Die „Grenzen zwischen den Bezirken" waren dagegen eher fließend gedacht und sollten nur gelegentlich durch „größere Garten- und Parkanlagen" (Henrici 1893, 15) angedeutet werden; der Siedlungsgebiete voneinander trennende Grünzug, in Chicago schon 1871 verwirklicht, war hierzulande noch unbekannt.

3. *Die „Bezirkscentren" als repräsentative Gruppierung von Monumenten und Türmen:* Die „Stadt im Sonntagskleid" konzentrierte sich auf die neuen „Platzgruppen" und „Marktplätze", die sich „eignen zur Aufstellung von Monumenten und Bildwerken und zum Genießen derselben .... Es ist der interne bürgerliche Markt-, Geschäfts-, Verwaltungs- und Festverkehr, der an diesen Stellen sich concentrieren wird, und der hier in stattlichen Bauanlagen seinen Ausdruck und seine Einrahmung finden soll" (ibid., 10). „Repräsentationsstätten" und „Ausrufungszeichen" (ibid.) sollten sie sein. Besondere Bedeutung kam den „Türmen" der Rathäuser und Kirchen zu: Sie seien nicht nur „unentbehrliche Elemente im Stadtbilde, die natürlichsten und besten Orientierungsmarken", sondern auch „Grundsteine zu einer erhabenen Baugruppe, welche dem betreffenden Stadtviertel seine ihm eigene Physiognomie gibt" (ibid.).

4. *Der Primat der öffentlichen Bauten vor der Straßenführung:* Die Fernwirkung der Monumentalbauten und Türme war wichtiges Hilfsmittel zur Wahrnehmung der vorgesehenen Gliederung des Stadtgebietes: „Ich war bemüht, meine Straßen tunlichst so zu richten, daß man beim Verlassen der einen Platzgruppe bald durch die in der Ferne auftauchenden Türme des folgenden Bezirkscentrums auf dieses hingelenkt werde und sich damit neue Aussichten mit neuen Ruhepunkten dem Auge erschließen" (ibid., 11). Hiermit war ein Grundsatz „malerischen Städtebaues" erfüllt: Der Städter wandert durch die Stadt von „Stadtbild zu Stadtbild". Die kunstvolle Abfolge der Stadtbilder machte es erforderlich, „daß man die Stellung der Türme nicht abhängig macht von der papierenen Baufluchtlinie, sondern daß man umgekehrt die Straßenflucht erst definitiv regelt, nachdem man die Türme zurechtgerückt hat" (ibid.). Die Fläche zwischen den „Bezirkscentren" aber sollte erst nach deren Festlegung als die „Stadt im Werktagskleid" mit Straßen aufgeteilt und langsam mit Wohn- und Gewerbe-Bebauung aufgefüllt werden (ibid.).

5. *Die „kurzweilige Straße"*: Für die Wohngebiete legte Henrici in seinem Entwurf überwiegend gerade Straßen mit überwiegend rechtwinkligen Kreuzungen an. Das mag zunächst überraschen, da er doch die „krumme Straße" zuvor so propagiert hatte. Statt der „krummen Straße" führte er nun die „kurzweilige Straße" (Henrici 1893) ein: „Rathsam ist es, tunlichst die die Fahrstraßen begrenzenden Linien (der Bürgersteige) in geraden Linien ... durchzuführen, damit das Auge die Leitlinie nicht verliere". Aber auch bei solcher geraden Führung der Fahrstraße „hilft die konkave Krümmung der Straßenwandung dazu, Langeweile zu vermeiden .... Krumme Straßen einzuführen, nur um ihrer selbst willen, ist jedoch ebenso einfältig, als wenn man sich der Abwechslung halber den einen Frackschoß geradlinig, den anderen abgerundet zuschneiden lassen wollte .... Die konkave Wandung zeigt sich dem Auge in größerer Ausdehnung als die gerade und konvexe Wandung; sie führt zur Kurzweiligkeit" (ibid., 272). Insofern sind die vielen im Plan eingetragenen geraden Straßen mit gekrümmten Wandungen, mit „Ausweitungen und Verbreiterungen der Bürgersteige" (1893, 12) gedacht, womit er „den in den Concaven befindlichen Gebäuden zu einer günstigeren Wirkung ihrer Schauseiten verhelfe ... und die Architekten zu frischer Erfindung einlade" (ibid.).

6. *Die Vernachlässigung der großen Verkehrszüge*: Dem Vorwurf, „nicht nur die wichtigeren großen Straßenzüge anzugeben, sondern gewaltige Flächen mit einem fast fertigen Straßennetz bedeckt" (ibid., 16) zu haben, hielt er entgegen, daß er für seine „Platzgruppen" und die „Herausgestaltung der Architekturgruppen" auch die „Nebenstraßen mit ihren Einmündungen" habe berücksichtigen, dazu aber das gesamte spätere Straßennetz vorab habe festlegen müssen (ibid.). Im übrigen sei es „selbstverständlich, daß man beim Entwerfen eines Stadtplanes von wichtigen Verkehrslinien in Form von Hauptstraßenzügen ausgeht. Dabei handelt es sich um die möglichst direkte Verbindung von wichtigen Verkehrspunkten" (ibid., 8); dies seien aber seine Bezirkscentren. Seine Hauptverkehrsstraßen berühren und verbinden also nur diese untereinander (ibid., 15). An die Berücksichtigung des durch die Stadt hindurchgehenden Verkehrs denke er gar nicht, da die dafür erforderlichen Linien „mehr auf den mit großer Einseitigkeit dem Dienste der materiellen Verkehrsinteressen sich widmenden modernen Städtebau zugeschnitten sind", bei dem es nur darum gehe, „Waren von einem Ort zum andern zu befördern" (ibid., 14). Durch seine organische Gliederung des „Stadtkörpers" in wirtschaftlich weitgehend selbständige Bezirke wohnten die

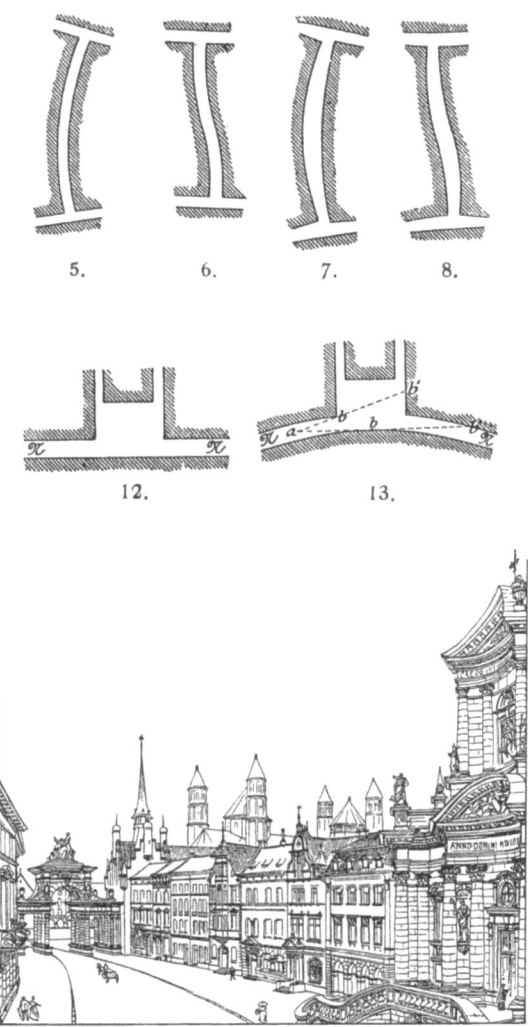

Karl Henrici: Vorschläge zur „krummen" und zur „kurzweiligen" Straße, 1893; hier die Darstellung der individualisierenden Wirkung der konkaven Seite einer Straßenkrümmung.
(Aus: Deutsche Bauzeitung 1883, Umzeichnung Curdes und Oehmichen 1981)

Bewohner, wie auch früher schon, bei ihren Arbeitsplätzen; allein dadurch werde der Verkehr gemindert und erfordere außer den Hauptverbindungsstraßen zwischen den Bezirkscentren keine weiteren Durchgangsstraßen (1891, 301). Diese Sichtweise beruhe auf seiner „Absicht zu zeigen, wie man auch heute noch zu malerischen Anordnungen gelangen kann, ohne dabei die Verkehrsinteressen zu vernachlässigen" (1893, 15). Seinem Zorn auf den kapitalistischen Warenverkehr, der die Gemütlichkeit der Stadt nur störe, ließ er später freien Lauf: „Der Herr Verkehr, ein Zwillingsbruder des Kapitalismus, und Hauptvertreter der Firma Materialismus, hat sich zu einer weltbeherrschenden Stellung aufgeschwungen, hat sich der Wissenschaft und Technik bemächtigt, hat sich Produktion und Verwaltung dienstbar gemacht und ist vom Diener zum Herrn geworden" (Henrici 1904, 265).

So verständlich ein solcher Gefühlsausbruch heutigen Ohren auch klingen mag, so wenig zukunftsweisend und so problematisch war er; folglich wurde Henricis Kritik am „modernen Verkehr" schon damals zurückgewiesen. Stübben, als Henricis Kritiker, lobte zwar dessen Entwurf als „die künstlerisch unzweifelhaft hervorragendste Arbeit der ganzen Preisbewerbung ... Eine höchst aufmerksame, individuelle Durchbildung der Einzelheiten, ein Reichtum an malerischen Architekturbildern, aber ein Mangel an entschiedenen, planvollen Linien für den großstädtischen Verkehr" (Stübben 1893 [1981, 208]).

Zum Dilemma eines „deutschen Städtebaus"

Trotz Stübbens Kritik fielen Sittes Buch und Henricis eigensinnige, in vielen Zeitschriftenartikeln vorgetragene Ausdeutungen in Deutschland auf fruchtbaren Boden, fanden begeisterte Aufnahme im Kreise der Architektenschaft und bald auch des breiteren „gebildeten Publikums". Entstehung, Ausdeutung und begeisterte Aufnahme einer solch nationalen Stadtbaukunst lassen sich aus einem besonderen Dilemma des deutschen Städtebaues heraus erklären, das seit den 80er Jahren immer deutlicher zutage getreten war: Es bestand unterhalb der Ebene der allgemeinen Angst vor einer industriellen Zukunft in einer Diskrepanz zwischen den steigenden bürgerlichen Ansprüchen an die zukünftige Ausgestaltung der Städte und den unzulänglichen Mitteln zu ihrer Durchsetzung.

Ideelle bürgerliche Ansprüche an den Städtebau

Unter den ideellen Ansprüchen des Bürgertums an einen neuen Städtebau traten folgende besonders hervor:

- Der „nationale Gedanke" verstärkte sich im Zusammenhang des wachsenden Selbstbewußtseins der seit 1871 geeinigten Nation und der Tendenz zu einer inneren kulturellen Einheit. In Deutschland mit seiner starken obrigkeitlichen Tradition ergriff der nationale Gedanke alle Gebiete der Kunst und also auch die Stadtbaukunst. Folglich wurde, nachdem Deutschland Frankreich 1870 besiegt hatte, das bisherige klassizistisch-französische Vorbild – das Paris unter Haussmann mit seinen langen geraden Boulevards, seinen Sternplätzen und *points-de-vue* – zunehmend als ungeeignet, ja unpassend empfunden, wenn es darum ging, den nationalen Belangen der Siegernation Deutschland angemessenen Ausdruck zu verleihen. Die Suche nach Symbolen für das deutsche Nationalgefühl richtete sich auf ein verklärtes deutsches Mittelalter, auf die mittelalterliche Kleinstadt mit Türmen und Bürgerhäusern unter steilen Giebeldächern. Insbesondere Rothenburg ob der Tauber und Goslar boten sich mit ihrem noch kaum berührten mittelalterlichen Stadtbild als Inkarnationen einer Gesellschaft an, in der das bürgerliche Patriziat das Ruder führte (u.a. v. Below 1898). Die mittelalterliche „deutsche Stadt" sollte durch Rückerinnerung an etwas „Urdeutsches" dem nationalen Stolz und dem Wunsch nach einem neuen Ständestaat unter bürgerlicher Führung Ausdruck verleihen; sie wurde zum Symbol und „Leitbild" (Muesmann 1914) national-konservativen Städtebaues, das bis in den National-Sozialismus hinein ungebrochen seine Gültigkeit in national-konservativen Kreisen behielt. Popularität und Dauerhaftigkeit lagen wohl darin begründet, daß die idealisierte Kleinstadt sich angesichts schwelender Großstadt-Angst programmatisch als Gegenbild dem „demokratisierenden, nivellierenden, atomisierenden Geist ... der heimathlosen Millionenstädte" (Langbehn 1890 [1892, 16]) entgegensetzen ließ.
- Mit dem Ausklingen der schweren Wirtschaftskrise und mit langsam zunehmendem Wohlstand seit den späten 80er Jahren verstärkte sich der Anspruch des ansässigen städtischen Bürgertums, die Stadt nach aus-

drücklich „bürgerlichem Zuschnitt" auszugestalten und sie zu einem „Ort bürgerlicher Repräsentation" und demonstrativ zur Schau gestellter „bürgerlicher Präsenz" herzurichten. Das deutsche Bürgertum sah sich in einer ausgeprägten städtischen Tradition stehend und beanspruchte die Stadt nicht nur als Ort „bürgerlichen Gewerbefleißes" und als angestammten Wohnsitz; die Stadt wurde vielmehr verstanden als Bezugspunkt bürgerlichen Stolzes, als Ort bürgerlicher Selbstsicherheit: Von der Stadt aus hoffte das Bürgertum, sich gegen den ans Land gebundenen Adel und das vom Land einströmende Proletariat behaupten und seine gesellschaftliche Position weiter ausbauen zu können. Der Rückgriff auf das Vorbild der idealisierten „deutschen Stadt" des Mittelalters bedeutete Rückversicherung an eine ferne Zeit, als bürgerliche Rechte dem Adel in den Städten hart abgerungen worden waren; zugleich bedeutete er aber auch Rückzug in jenen von Langbehn als neue Tugend geschätzten „Lokalismus": In den sich selbst genügsamen, ruhigen Gang der kleinstädtischen Dinge, in den Alltag im gemütlichen Nest.
• Hinzu kam der „erzieherische Anspruch" des städtischen Bürgertums, das sich mit Langbehn „zur Erziehung des Ganzen berufen" (ibid., 154) fühlte: der „Geldsäcke", der „Schuster, Bäcker, Kravattenmacher" und der „Proleten". „Erziehung" zur Bürgerlichkeit und zur Nation durch Schule, Bildungsstätten, Kunstakademien – und Stadtbaukunst.
• Der erzieherische Anspruch verband sich mit der bürgerlichen „Verteidigung der Stadt": Der neue „vierte Stand", das städtische Proletariat, hatte begonnen, mit zunehmender Verstädterung und steigendem politischem Selbstbewußtsein dem Bürgertum nicht nur die angestammte gesellschaftliche Rolle, sondern vor allem auch den angestammten Ort, die bürgerliche Stadt, streitig zu machen, zumindest aber sie ihm zu entfremden. Der Strom der Zuwanderer vom Land, die in und bei der Stadt, im Handwerk und in der Industrie Arbeit und Lohn suchten, schwoll mit dem wirtschaftlichen Aufschwung der späten 80er Jahre wieder stark an. Da neu gebaute Wohnungen für die mittellosen Zuwanderer unerschwinglich waren, nisteten sie sich in den Industrie-Vororten, vorzugsweise aber auch in den heruntergewirtschafteten Teilen der Altstädte ein; gerade dort erschienen sie dem altansässigen Bürgertum als bedrohliche „anonyme Masse" von „kulturlosen Barbaren" (Schmoller 1887, 6), die von der Sozialdemokratie zum Umsturz aufgestachelt wurden. Das Bürgertum, wollte es sich nicht aus der Stadt verdrängen lassen, sah sich genötigt, diese Stadt, wie sie ihm bislang vertraut gewesen war,

gegen „die unteren Schichten des großstädtischen Fabrikproletariats" (ibid.) zu verteidigen.

Das Bürgertum gedachte allerdings nicht, sich dem offenen Klassenkampf zu stellen, sondern entwickelte zur Verteidigung seiner Interessensgebiete sanftere Strategien, die entweder auf die Fernhaltung der „Proleten" von der Innenstadt oder auf deren Abschiebung an die äußerste Peripherie abzielten (u.a. Arminius 1874); so setzte es z.B. auf die Errichtung eines abweisenden Schutzwalls hoher Bodenwerte in verkehrsgünstig oder auch landschaftlich reizvoll gelegenen Vierteln. Einer derartigen Strategie schloß sich auch Henrici an, als er in seinem Münchener Entwurf eine ausgeprägte geographische Klassentrennung vorschlug (Henrici 1893, 4): „Villenquartiere etwa in Aussicht zu nehmen am königl. Hirschgarten", womit das Wohnen am Park und nahe dem Adel für die betuchteren Bürger gemeint war; für den eher abseits gelegenen Münchener Nordwesten stellte er fest, daß dieser sich „zu einer geschlossenen schlichten Wohnungsniederlassung eigne", also für die Unterbringung der sogenannten „kleinen Leute"; „zu der Anlage von Arbeiterquartieren" aber erschien ihm „die Gegend im Anschluß an die Eisenbahnanlagen wohl geeignet", also dort, wo in benachteiligter Lage ständig Lärm und Rauch herrschten.

Wo die Strategien der Verteidigung der bürgerlichen Stadt auf die Stadtbaukunst setzten, ging es um die Handhabung bürgerlicher Symbole: bürgerlicher Dominanz, bürgerlicher Kultur, bürgerlicher Tradition. Sie wurden dem Schatz der vertrauten Formenwelt entnommen, vorzugsweise dem der „alten heimathlichen Städte" (Henrici 1893, I); so sollten „Zeugen starken Gemeinsinns" (ibid., II), wie Kirchen, Rathäuser, „Thürme und würdige Plätze" bei der Stadterweiterung besonders hervorgehoben werden. Seinen „Zweifrontenkrieg" gegen hier Adel und dort Proletariat führte das städtische Bürgertum also mit ein und demselben Fundus von Symbolen eigener Wahl: Wo der Adel international versippt und die Barockstadt vom Adel geprägt war und wo die „heimathlosen Gesellen" des Proletariats international organisiert waren, da lag es für das Bürgertum nahe, das nationale Erbe der mittelalterlichen „deutschen Städte" als seinen ureigenen Symbolfundus zu küren. Die Verteidigung der bürgerlichen Stadt galt als Ziel unangefochten bis in die 90er Jahre hinein; danach gab das in der Stadt ansässige Bürgertum diesen angestammten Wohnsitz immer mehr auf und wanderte in die Villenvororte ab, wo es nun „das landhausmäßige Wohnen" (Henrici 1903, 92) bevorzugte und in die Innenstadt „ins Geschäft" fuhr.

Neben der Verteidigung der eigenen Lebenswelt war die Integration der neu entstehenden gesellschaftlichen Zwischenklasse der „kleinen Leute" ein schon lange angestrebtes bürgerliches Ziel gewesen. Sie erhielt mit dem wirtschaftlichen Aufwind und der einsetzenden Bildung von Geschäftsvierteln um 1890 neuen Auftrieb, mußte doch unbedingt dem aus der Innenstadt verdrängten „einfachen Bürgerstand" (Henrici 1893, 16) der Handwerker, Ladenbesitzer und Verwaltungsangestellten in den Stadterweiterungsgebieten eine neue bürgerliche Heimat geschaffen werden: „Der kleine Mann ahmt doch immer die Lebensgewohnheiten der Mittelklasse nach; er kann in seiner Lebenshaltung nicht anders, als durch diese Nachahmung steigen" (Schmoller 1887, 22). Die „ausgedehnten neueren Stadttheile mit breiten Straßen und riesengroßen Plätzen, die meist öde daliegen" (Henrici 1893, 1), ließen in gestalterischer Hinsicht vieles zu wünschen übrig; vor allem fehle es hier an der Zurschaustellung der Symbole bürgerlicher Dominanz, dann an „Heimatlichkeit", „bürgerlicher Behaglichkeit" und „malerischer Schönheit" (ibid.). Genau hier, so meinte Henrici, müsse Stadtbaukunst ihre integrative Wirkung entfalten: durch „schöne Stadtbilder" und dauerhaft mit Marktplatz und öffentlichen Bauten gesetzten Symbolen des Bürgertums (1903 [1904, 170]).

Materielle Hindernisse für die Stadtbaukunst

Der Berücksichtigung solch gesteigerter bürgerlicher Ansprüche an die Stadt standen die eng begrenzten Möglichkeiten der Verwirklichung hochgesteckter Pläne entgegen: Der Teufel steckte im Boden und in der stufenweisen Produktionsform von Stadt.

1. *Bodenordnung:* Das bei weitem bedeutendste Hindernis bei der Erstellung und Verwirklichung großzügig ausgestalteter Stadterweiterungspläne waren die meist kleinteiligen Eigentumsverhältnisse der für die Verstädterung anstehenden Feldfluren; gleichzeitig fehlten den die Pläne erstellenden Gemeinden in der Regel zureichende Instrumente zur Enteignung und Zusammenlegung des künftigen Baulandes.[7] Folge solch instrumenteller Schwäche war, daß die Gestaltung der gemeindlichen Stadterweiterungspläne, sollten sie eine realistische Grundlage für die Verwirklichung sein, stets auf die bestehenden Eigentumsverhältnisse Rücksicht zu nehmen hatten und die notwendige Neuordnung des Bodens

nur mit langer Verzögerung und oft gegen anhaltenden Widerstand der Grundbesitzer zu verwirklichen war. Je weniger die Straßenführung Rücksicht auf die bestehende Flurteilung nahm, etwa dort, wo geometrische Straßenzüge nach Pariser Vorbild geradlinig und schematisch über die Felder hinweggezogen wurden, desto mehr schlecht- oder unbebaubare Grundstücke entstanden an den Überschneidungen von alten Ackergrenzen und neuen Straßenfluchtlinien (u.a. Rodriguez-Lores 1983, 101ff.). Um den gerichtlichen Klagen der Eigentümer von durch Straßen zerschnittenen Ackerfluren zu entgehen, sahen sich die Gemeinden genötigt, die neuen Straßen so zu legen, daß sie sich dem Verlauf der alten Feldfluren und Feldwege begradigend annäherten und dergestalt möglichst wenige Feldfluren für Straßen in Anspruch nahmen. Riesige Baublöcke und wenige, aber breite gerade Straßen erschienen seit den 60er Jahren als ein rationeller Kompromiß zwischen dem Pariser Vorbild und den ganz andersgearteten deutschen Bodenverhältnissen.[8] Folge war, daß der Ruf nach großflächiger Enteignung oder nach zwangsweiser Umlegung des baureifen Landes am Stadtrand von vielen Städtebau-Reformern erhoben wurde; auch Henrici meinte: „Eine Erweiterung der Enteignungsbefugnisse der Städte würde ich lebhaft begrüßen" (1892, 14); ja sie sei recht eigentlich Voraussetzung für seine Stadtbaukunst, denn nur im Zuge einer Enteignung könnten sich die Gemeinden das für die „gruppierte Anordnung einer Auslese von öffentlichen Monumentalgebäuden" (ibid., 11) benötigte Platz- und Bauland rechtzeitig sichern (Stübben 1893, 295). Zudem hoffte Henrici, durch Enteignung „den Auswüchsen der Grundstücks- und Bauspekulation" den Boden entziehen und der „Rücksichtslosigkeit" der verhaßten „Geldmacher" einen Riegel vorschieben zu können (1894, 507).[9]
Die pragmatische Wendung, bei der Stadterweiterung mit krummen Linien die alten Feldwege nachzuziehen und so besonderen städtebaulichen Reiz aus der Unregelmäßigkeit der bestehenden alten Flurgrenzen zu ziehen, vollzog Theodor Fischer (1862-1938), von 1896 an Leiter des Münchner Stadterweiterungsbüros:[10] Er machte aus der Not eine Tugend, nachdem ihn viele liegengebliebene Fluchtlinienpläne gelehrt hatten, daß zunächst die Bodenverhältnisse planmäßig geordnet sein müssen, ehe zur Bebauung geschritten werden kann. Sein vorrangiges Ziel war es, die Umsetzung der Stadterweiterungspläne zu erleichtern, wobei er die Enteignung von Bauland entschieden ablehnte (Nerdinger 1988, 26). Den Widerständen der Grundbesitzer suchte er also durch „schlanke Linienführung" der neuen Straßenzüge den Wind aus den Segeln nehmen:

Alten Feldwegen und Fluren folgend, suchte er möglichst wenig Straßenland in Anspruch zu nehmen und möglichst wenige Grundeigentümer durch zerteilte Felder zu verärgern. Das dabei entstehende „malerische Straßenbild" war ihm eine höchst willkommene Begleiterscheinung: „Fast überall, wo nicht schon die Arrondierungskommission vorübergegangen ist, bietet die Unregelmäßigkeit der Besitzgrenzen Anlaß zu den interessantesten Straßenführungen, zu kleinen Plätzen und Winkeln. Daß dabei der einzelne gut fährt, indem er brutale Durchschneidungen seines Besitzes nicht zu fürchten braucht, ist ebenso klar, wie der Vorteil, den die Gesamtheit darin findet, daß die Grundabtretungen zur Straße ungleich leichter vor sich gehen wie früher" (Fischer 1901, 269). Für Fischer, der ausdrücklich keine alten Kleinstädte nachahmen wollte (Nerdinger 1988, 34f.), bot sich im Eingehen auf die alte Feldflureinteilung eine andere Form von Aufbewahrung der Geschichte im Stadtgrundriß: „Die alte bäuerliche Besitzstruktur der Feld- und Ackergrenzen lebte nun in der modernen Großstadt wie eine Erinnerung fort; historische Charakteristik und ‚malerische' Gestaltung verbinden sich zu Stadtbildern" (ibid., 30) – zu „rationellen Stadtbildern" aus den bestehenden Eigentumsverhältnissen heraus.

Das spezifisch „Deutsche" an den Stadterweiterungsplänen mit „schlanker Linienführung" war also nicht so sehr der „nationale Stil", sondern eher die „nationale Schwäche", die, verglichen mit anderen Ländern, in den höchst unzureichenden Möglichkeiten zur Bodenordnung angelegt war.

2. *Stufenweiser Produktions-Prozeß*: Ein weiteres Hindernis für ein Mehr an Stadtbaukunst war im materiellen Interesse des besitzenden und investierenden Bürgertums begründet. Es wollte bei der Aufschließung von Gelände möglichst wenig investieren, bei der Verwertung des aufgeschlossenen Bodens aber möglichst wenig von der Gemeinde gegängelt werden, beanspruchte also möglichst weitgehende „Baufreiheit". Zur Bewältigung dieses Doppelproblems hatten sich im 19. Jahrhundert verschiedene Verfahrensweisen herausgebildet, bei denen der Prozeß der „Produktion von Stadt" zwischen öffentlicher Hand und privaten Investoren geteilt und in mehrere Stufen zerlegt worden war.

- Die Teilung der Produktion von Stadt gemäß dem tradierten Typus von „öffentlichem Städtebau" ergab sich u.a. aus der in Deutschland eher kleinteiligen Struktur des in den städtischen Boden investierenden Kapitals, das die unrentable und zugleich kapitalaufwendige infrastrukturelle Aufschließung eines Stadterweiterungsgebietes mit Straßen und Kanalisation gern der öffentlichen Hand überließ, während es selbst am liebsten nur die rentable Verwertung des aufgeschlossenen Geländes übernahm – also den Verkauf der Bauparzellen an besagte „Schuster, Bäcker, Kravattenmacher", jene kleinen Bauherren, die einzelne Häuser „auf Spekulation" errichteten. Die Gemeinde, die die Aufschließung übernahm, erstellte in obrigkeitlicher Manier und gemäß ihrem eigenen Kalkül auch die Fluchtlinienpläne – oft für das ganze Stadterweiterungsgebiet. Die privaten Grundeigentümer mußten sich dem wohl oder übel fügen. Große Terraingesellschaften, denen großes Bankkapital zur Seite stand, bürgerten sich nach vorausgehenden einzelnen Versuchen erst mit dem wirtschaftlichen Aufschwung der späten 80er Jahre ein; sie übernahmen im Sinne „privaten Städtebaues" nun in eigener Regie die städtebauliche Planung und die Aufschließung ihrer großen Gelände im Stadterweiterungs- und Vorortgebiet und gestalteten sie nach ihrem eigenen Verwertungs-Kalkül. Diese Terraingesellschaften stellten die Straßen her und verkauften dann die Baugrundstücke mit Gewinn an kleine Bauspekulanten, die darauf, wie gehabt, die Bebauung „auf Spekulation" errichteten (u.a. van der Borght 1912; Fehl 1995). Erst als von den späten 90er Jahren an gemeinnützige Wohnungsbau-Gesellschaften gegründet wurden, die ihre oft großen Baugelände an der Peripherie oder in den Vororten nicht nur selbst zu verplanen, sondern auch in eigener Regie mit Wohnhäusern für die „Minderbemittelten" zu bebauen wünschten, entfaltete sich der „Siedlungsbau" als ein neuer Typus von weitgehend „ungeteilter Produktion von Stadt" (Fehl 1995). Obwohl Henrici den neuen Typus des „privaten Städtebaues" und den gerade entstehenden Typus des „gemeinnützigen Siedlungsbaus" aus seiner rheinischen Heimat gut kannte,[11] baute er seine Reform nicht darauf auf, sondern setzte bei seinem Münchener Wettbewerbs-Beitrag ganz auf den herkömmlichen Typus des „öffentlichen Städtebaues", den er um die stadtbaukünstlerische Dimension zu erweitern hoffte.

• Über den notwendigerweise stufenweise ablaufenden Prozeß der Produktion von Stadt und die Struktur der ihn leitenden städtebaulichen Planung wurde Henrici von Stübben gründlich im Verlauf ihrer öffentlichen Auseinandersetzungen belehrt. So könne die Stadt gar nicht wie ein Haus nach „Programm" entworfen und von der „Stadt im Sonntagskleid" ausgehend produziert werden. Denn beim Städtebau komme – grob besehen – zunächst die planmäßige Bodenordnung, dann die plangemäße

Aufschließung mit Straßen, dann die Bebauung mit Häusern, dann erst die Herstellung der Bauten für öffentliche Dienstleistungen wie Kindergärten, Schulen etc. Insbesondere hierfür erfolgten die Investitionen der Gemeinde immer erst dann, wenn aus der Besiedlung der „Stadt im Werktagskleid" heraus ein konkreter Bedarf entstanden sei: „Ohne gegenseitige Fühlung, ohne weitere Bestreben, als das Tagesbedürfnis ... möglichst praktisch zu befriedigen, wählt und erwirbt diese Behörde diesen, jene Körperschaft jenen Bauplatz, und der monumentale Ausbau der Stadt vollzieht sich trotz des Planes oft planlos!" (Stübben 1895, 19). Eine Gemeinde, die Henrici gefolgt wäre, hätte an den im Voraus festgelegten Orten bereits lange vor oder spätestens bei der Feststellung des Stadterweiterungsplanes allen erforderlichen Grund und Boden auf dem Grundstücksmarkt erwerben und sich auf alsbaldige Verwirklichung der „Stadt im Sonntagskleid" mit einer Fülle von Monumentalbauten einstellen müssen, ohne den konkreten Bedarf schon genau zu kennen. Solche mit Eröffnung eines Stadterweiterungsgebietes massierten Belastungen für Grunderwerb und Baumaßnahmen widersprachen jedoch deutlich den knappen kommunalen Mitteln und dem jeder Gemeinde auferlegten Gebot zur Sparsamkeit. Wäre die „Stadt im Sonntagskleid" dennoch auf einer frühen Stufe verwirklicht worden, hätte dies den Zufall keineswegs, wie Henrici hoffte, ausgeschaltet, sondern hätte nur zu gigantischen Fehlinvestitionen bei der Stadterweiterung geführt.[12] Genau hier traf Stübbens Kritik Henricis Vorstellungen von dreidimensionaler Stadtbaukunst mitten ins Herz: „Die hübschen Platzbilder und Gebäudegruppen, mit denen wir so gern nach eigener Lust unsere Bebauungspläne schmücken, sind nicht von entscheidendem Werth, so sehr sie auch zu loben sind und so geschickt sie erfunden sein mögen. Denn das Bedürfnis geht über sie hinweg. Setzt die Zukunft auf den Platz, wo wir uns ein Posthaus gedacht haben, später ein Museum, oder wird auch nur die Gebäudehöhe oder der Raumbedarf anders, als wir es uns vorgestellt haben, oder stellt sich das Bedürfnis eines Monumentalbaues an der vorgesehenen Stelle in Wirklichkeit gar nicht heraus: in allen solchen Fällen tritt der Entwurf eines neuen Bildes an die Stelle des unserigen. So ist der Entwurf und die Ausführung eines Stadtplanes eine fortgesetzte Thätigkeit des Erfindens und Änderns: Nur die großen Hauptlinien des Planes können ein für allemal festgelegt werden; das Detail ist Sache wiederholter Einzelarbeit zur Zeit des wirklichen Baubedürfnisses" (Stübben, 1894, 611).

Stübbens Plädoyer für eine stufenweise Planung ging davon aus, daß die Stadt in atomistischer Weise von der großen Vielzahl privater und öffentlicher Produzenten auch stufenweise produziert wird. Je ferner die Stufen der Konkretisierung in der Zukunft liegen, desto ungewisser ist es, ob und wie ihre vorab festgelegte Gestalt auch wirklich erreicht wird. Ein Bebauungsplan sei eben kein Hausplan, wie ihn der Architekt kenne, dozierte Stübben: „Ein Stadtplan wird gemacht, um als Grundlage der Bebauung zu dienen" (Stübben 1893, 373); er sei ein „Rahmen" für einen bewußt mit Spielräumen belassenen mehrstufigen Prozeß der Produktion von Stadt. Dessen Besonderheit sah Stübben darin, daß „ein städtischer Bebauungsplan nicht bloß ein ideales Kunstwerk ist, sondern ein über wichtige wirthschaftliche Fragen, über Mein und Dein, über das zukünftige Wohl vieler Bewohner entscheidendes, Entschädigungs-Forderungen und Beschwerden aller Art hervorrufendes Gesetz .... Von den verschiedenen Anforderungen, welche der Stadtbauplan zu erfüllen hat, ist die erste und wichtigste diejenige des Verkehrs. In zweiter Linie stehen die Rücksichten auf die Bebauung; nicht minder wichtig aber als diese sind die gesundheitlichen und schließlich die schönheitlichen Anforderungen" (Stübben 1891, 124). Solch ein „Genereller Bebauungsplan" regle zunächst nur die wichtigsten Grundstrukturen, wie die großen „Hauptzüge des Verkehrs als das Gerippe", ferner die Bauflächen und die von Bebauung frei zu haltenden Flächen für Straßen, Plätze, Parks u.a. Er setze damit einen Rahmen für die geordnete Verwertung des Bodens; die „Nebenstraßen" aber werden durch „Teilbebauungspläne" nach Bedarf später eingefügt; die „dritte Dimension" der Stadt werde schließlich gesondert durch die städtische Bauordnung bestimmt (Stübben 1891, 1f.). Henrici dagegen sträubte sich gegen die Erstellung eines für die Zukunft offenen Rahmenplanes, nicht nur, weil dies „der Neigung zum Schematisieren und der Schablonensucht nur immer Vorschub leistet" (1893, 14), sondern auch, weil es dem „Spiel des Zufalls" Raum gelassen und die Verwirklichung seiner „schönen Stadtbilder" bedroht hätte.

Wegen seiner akademisch-idealistischen Sicht des Städtebaues nannte Stübben Henrici einen „Baumeister der papierenen Stadt" (Stübben 1893, 415), der als Hochschullehrer von der materiellen Produktion von Stadt keine Ahnung habe und dessen „Prunk- und Protzbauten nur luftige Phantasiegebilde ohne realen Untergrund" (Stübben 1893, 295) seien. Später suchte Stübben den von Henrici aufgebauschten Konflikt um die Stadtgestaltung beizulegen: „Nicht das ist die entscheidende Frage, ob

gerade oder krumm, ob der Architekt oder der Ingenieur den Plan zu entwerfen habe. Sondern die Aufgabe ist, unter voller Befriedigung der modernen praktischen und wirthschaftlichen Erfordernisse des Verkehrs, der Gesundheit, des Wohnens und des Erwerbes den Plan auch künstlerisch im besten Sinne modern zu gestalten und – zur Durchführung zu bringen" (Stübben 1895, 11).[13]
Henrici hätte mit seiner Städtebau-Reform die eingeführte stufenweise Produktion von Stadt gänzlich auf den Kopf gestellt. Sein Sehnen nach einer statischen Welt, seine Vorstellungen von einer vorab genau festgelegten „organischen Gliederung" des Ganzen in viele Kleinstädte und der Versteinerung der Kleinstadtkerne schon auf der ersten Stufe der Produktion von Stadt entsprach nicht nur den gesteigerten Ansprüchen, sondern vor allem auch den gesteigerten Ängsten des Bürgertums vor dem gesellschaftlichen Wandel. Stabilität war gefragt und Rückhalt in der Vergangenheit. Gerade deshalb hatte Henrici wohl auch solchen Erfolg beim „gebildeten Publikum". Weder er noch sein Publikum konnten oder wollten indes erkennen, daß die ungeliebte Rahmenplanung und die angeprangerte Programmlosigkeit ihre tieferliegenden gesellschaftlichen Ursachen hatten, die, wie die Kleinteiligkeit des Boden- und Baukapitals und der darauf abgestimmte Prozeß der Produktion von Stadt, keineswegs von den nach Stadtbaukunst dürstenden Architekten zu ändern waren. Seine recht einseitige stadtbaukünstlerische Städtebau-Reform konnte das Dilemma zwischen den hohen bürgerlichen Ansprüchen an die Stadtgestalt und der geringen Möglichkeit zu ihrer Verwirklichung nicht auflösen, da weder die erleichterte Verfügung über den Boden noch die Änderung des einmal eingeführten stufenweisen Prozesses der Produktion von Stadt im Interesse des Besitzbürgertums lag.

So setzte sich in den folgenden Jahren lediglich Henricis „krumme Straße" aus praktischen Gründen durch und wurde, wie oben erwähnt, gängiges Motiv von deutschen Stadterweiterungs- und Siedlungsplänen. Auch fand seine „Stadt im Sonntagskleid" ihre bescheidene Verwirklichung in manchem Siedlungs-Zentrum mit Marktplatz, Kirche, Konsumgebäude etc. der nach 1900 gebauten großen gemeinnützigen Siedlungen und Gartenvorstädte; erst hierbei eröffnete sich den Stadtbaukünstlern ein reales Betätigungsfeld in dem auf eine Siedlung begrenzten Maßstab. Da bei solchen gartenstädtischen Siedlungen für „kleine Leute" die Aufgabe der Erziehung durch Umweltgestaltung eine besondere Rolle zu spielen pflegte, fiel Henricis Deutschtümelei bei den mit dem Siedlungs-Entwurf befaßten Architekten auf fruchtbaren Boden, hatte er sich doch 1894 eindringlich die Frage gestellt: „Von welchen Gedanken sollen wir uns beim Ausbau unserer deutschen Städte leiten lassen?" – und sich selbst die tiefsinnige Antwort gegeben: „Rechte deutsche Gedanken, deutsche Empfindung, deutsche Selbstlosigkeit, deutscher Gemein- und Familiensinn, deutsche Sinnigkeit, deutsche Gemütlichkeit, deutsche Pietät und deutscher Humor sollen uns leiten bei dem Ausbau unserer Städte" (1894 [1980, 128]). Die Reform des Städtebaues nahm indes schon kurz vor 1900 mit der zweistufigen Planung – dem gemeindeweiten Bauzonenplan als Vorläufer des heutigen Flächennutzungs-Planes und dem ihm nachgeordneten Bebauungsplan für neu zu erschließende Teilbereiche (Fehl/ Rodriguez-Lores 1982) –, mit der vorstädtischen Bodenvorrats-Politik vieler Gemeinden und dem Siedlungsbau in den Vororten einen weitgehend anderen Verlauf, als es sich Henrici vorgestellt hatte. Da er sich hierbei nicht mehr hervortat,[14] ging die Entwicklung über ihn hinweg. Für die Entwicklung der Disziplin „Städtebau" war sein Beitrag dennoch bedeutsam. Er trug dazu bei, der „Stadtplanung" die „Stadtgestaltung" hinzuzufügen und vor allem dem „Bebauungsplan" eine Option auf die, wie es landläufig heißt, „dritte Dimension" zu sichern. Ihm bleibt also der Ruhm, zusammen mit Camillo Sitte „in einer architektonisch heruntergekommenen Zeit zuerst in Schrift und Wort darauf hingewiesen zu haben, daß der Stadtbau überhaupt eine künstlerische Tätigkeit ist" (Brinckmann 1909, 205).

Anmerkungen

Vortrag vom 10. November 1990 in Venedig anläßlich der Tagung: „Camillo Sitte e i suoi interpreti". Der Text, der unter dem Titel: „La riforma urbanistica in Germania dopo 1890: il confronto tra artisti e tecnici" veröffentlicht wurde in: Guido Zucconi (Hrsg.): Camillo Sitte e i suoi interpreti; Mailand 1992, wurde stark überarbeitet.

1 Die „Stimmung" im deutschen Bildungsbürgertum als einer zunehmend zwischen „Geldmachern" und „Proleten" eingeklemmten Kaste mit bescheidener materieller Grundlage, aber hohem Bildungsstand wurde seit den 70er Jahren des 19. Jahrhunderts vor allem von Friedrich Nietzsche (1844-1900) aufgenommen und als gesellschaftlicher Auftrag formuliert, sich als „Kulturträger" einen sicheren Platz in der neuen Gesellschaftsordnung zu erobern. Nietzsche wurde damals in wohl jeder gebildeten Familie gelesen – und verinnerlicht.
Ähnlich angesehen war Wilhelm Heinrich von Riehl (1823–97), der 1853 in seinem dreibändigen Werk „Die Naturgeschichte des Volkes als Grundlage einer deutschen Sozialpolitik" als Kritiker der sich entwickelnden modernen Welt auftrat und insbesondere auf die „alten Werte" des (klein)städtischen Bürgertums – Familie, „örtliche Gruppen der Gemeindebildung", Individuum, – und auf „die soziale Ungleichheit als Naturgesetz" hinwies. Henrici beruft sich in seinen Texten mehrfach auf Riehl.
Unter den vielen Nietzsche-Epigonen ragten an Einfluß auf das nationalbewußte Bürgertum Paul de Lagarde (1827-91) und vor allem Julius Langbehn (1851-1907) heraus, der 1890 in seinem Buch „Rembrandt als Erzieher" u.a. den Antisemitismus propagierte. Den Künstlern, voraus den Architekten, komme eine Führungsaufgabe bei der Gestaltung der neuen Gesellschaft zu (Langbehn 1890 [1892, 1]). Ernst Bornemann erinnerte sich 1981 an seinen Lehrer Henrici und schrieb: „Das damals populäre Buch von Langbehn hat ihm seelischen Rückhalt gegeben" (Bornemann 1981, 6); so sehr, daß viele seiner Texte mit Gedanken und Redewendungen Langbehns durchsetzt sind.
2 Das „Malerische" oder auch „Pittoreske" war eine auf der „romantischen Schule" fußende Richtung des Sehens und des Gestaltens in Malerei, Plastik und Architektur; sie stand in scharfem Gegensatz zur „klassischen Schule", die in Deutschland vom 2. Drittel des 19. Jahrhunderts an als der Gedanke der Aufklärung und des Humanismus an Geltung verlor, unter „antik" abgelegt wurde; an ihre Stelle traten Irrationalismen wie der Mythos von Volk und Rasse und der „nationale Gedanke". Der Drang zum Malerischen und zum Mythos des Nationalen war keineswegs nur eine deutsche Erscheinung; es wird hier allerdings nur auf deren deutsche Ausprägung eingegangen.
3 Sitte hatte in seinem Buch nur beiläufig von der „Krummziehung der Straßen" gesprochen (Sitte 1889, 123 u. 145) und bei seinen 10 Grundmängeln des „modernen Systems" nur abgehoben auf „den Mangel an Rücksicht auf die natürlichen Verkehrsverhältnisse. Historisch gewordene Straßenzüge folgen geschmeidig den Bodenverhältnissen" (Sitte 1891 [1989, 7]). Da Sitte, ganz anders als Henrici, auch die klassisch-griechischen und die „geradlinigen und rechtwinkligen barocken Anlagen" wegen ihrer „gewaltigen, rein künstlerischen Effekte" (Sitte 1889, 95) hoch schätzte, verwendete er in seinen Stadterweiterungsplänen überwiegend „gerade Straßen"; die „krumme Straße dagegen nur dort, wo es die Bodenbewegung erforderlich machte" (Wurzer 1989, 14ff.).
4 Die Bedingungen und Umstände, die zu dem damals viel beachteten Münchner Städtebau-Wettbewerb führten, hat Stefan Fisch 1988 ausführlich behandelt; hier sei nur angemerkt, daß das Gremium der Preisrichter hochkarätig besetzt war, so u.a. mit Reinhard Baumeister (Karlsruhe) als Vorsitzendem, Camillo Sitte (Wien), Josef Stübben (Köln) und Paul Wallot

(Berlin). Die Wettbewerbs-Beiträge gingen Ende 1892 ein; unter den preiswürdigen Beiträgen wurde im April 1893 keine Rangfolge festgelegt, sondern die „Preissumme wurde in vier gleichen Teilen unter die vier verhältnismäßig besten Entwürfe verteilt" (DBZ 1893 [1981, 180]). Ein Kompromiß, da sich drei der preisgekrönten Beiträge im Rahmen der gängigen Regeln der Stadtbaukunst bewegten (Albers 1981, 134f.) und nur Henricis Beitrag neue Ideen eingebracht hatte, die jedoch Bedenken bei den alten Städtebaufüchsen Baumeister und Stübben erregten und die Jury spalteten.

5 Unter dem Einfluß des modernen Massenverkehrs, insbesondere der Straßenbahnen, wurden die Peripherie und die Vororte erschlossen (Stübben 1890, 218ff.); in der Folge wurde dort nicht nur Bauland günstiger als in der Kernstadt angeboten, sondern im Zuge der 1891 von Finanzminister Johann Miquel neu eingeführten Einkommenssteuer wurde auch die Lebensführung in den niedriger besteuerten Vororten billiger. So folgten besonders die wohlhabenderen Bürger dem Lockruf der Vororte; in der Folge löste sich die ringförmig-kompakte Bürger-Stadt rasch auf, griff entlang den Nahverkehrslinien fingerförmig ins Umland hinaus und schloß sich mit den bereits verstädterten Vorort-Gemeinden zusammen, die dadurch zu „suburbs" wurden.

6 Da sich die Natur-Mythen vom ewigen Urgrund des Lebens und seinem unveränderbaren Weiterwirken in den neu entdeckten Naturgesetzmäßigkeiten zu offenbaren schienen, wurden diese Erkenntnisse der Naturwissenschaften von der „fortschrittlichen Reaktion" gerne auf die Gesellschaft und deren Lebensraum übertragen. Hierzu gehörte neben der Vererbungslehre und den von Darwin entdeckten Gesetzmäßigkeiten (ausf. Mayer 1984, 271ff.) auch die Entdeckung der Zellstruktur lebender Organismen. Flugs erklärte die „fortschrittliche Reaktion" auch die Gesellschaft in Analogie zur Natur zum „Volkskörper" (Langbehn 1892, 127) und verstand „die Stadt als Organismus" (Tönnies 1887, § 18). Die „Organik" war die auf Analogie zur Natur beruhende Lehre, daß sich auch Gesellschaft und Stadt gesetzmäßig wie „jeder pflanzliche, thierische, menschliche, geistige Organismus von innen heraus entwickelt" (Langbehn 1892, 78); folglich müsse „das alles beherrschende Prinzip der Zelle mit ihrem Zellkern aufs soziale Gebiet übertragen" (ibid., 131) werden. Für den Städtebauer hieß dies, zunächst eine „Körpergrenze" für das Ganze zu definieren (Tönnies 1887, § 18) und dann „von innen nach außen" (Henrici 1901), d.h. „organisch" vorzugehen: Zunächst waren den einzelnen Teilen der Stadt in Analogie zu den Zellen bestimmte Aufgaben (Funktionen) für das Überleben des Gesamt-Organismus zuzuweisen; dann mußte jede Zelle die der zugewiesenen Aufgabe angemessene Form und einen Kern erhalten. Aus den verschiedenen „Zellen mit ihren Zellkernen" war schließlich der „Stadtkörper" als Ganzes „organisch" zusammenzufügen, wobei „organische Ordnung einer Gemeinschaft" eine „heilige Ordnung von unmittelbarer sittlicher Bedeutung" (Tönnies 1887, § 18) darstellte und stets eine von Ungleichheit geprägte, funktional-hierarchische Gliederung in Analogie zum menschlichen Körper mit Kopf, Rumpf, Gliedern etc. meinte (ibid., § 12). Solch organisch begründeter Funktionalismus war, entgegen landläufiger Meinung, alles andere als eine Errungenschaft der aufklärerischen Moderne, sondern gehörte zum harten Bestandteil reaktionären, d.h. auf überholten Strukturen beharrenden Denkens (ausf. Bollerey/Fehl/Hartmann 1990, 74ff.).

7 Bei vielen deutschen Städten war die Aufteilung des stadtnahen ländlichen Bodens in kleine Acker- und Garten-Parzellen von schmalem, meist unregelmäßigem Zuschnitt wenig geeignet für die städtische Bebauung. Eine Zusammenlegung des Bodens zu großen zusammenhängenden Flächen war hier unbedingt erforderlich, wenn gut geschnittene, rechtwinklige Bauparzellen auf den Markt gebracht werden sollten. Erschwerend kam hinzu, daß diese Acker- und Gartenparzellen meist als „zersplitterter Grundbesitz" in den Händen von vielen verschiedenen Kleinbesitzern lagen, wodurch die Umwandlung des ländlichen Bodens in gutgeschnittenes städtisches Bauland erschwert wurde. Die Gemeinden, die gemäß der jeweils gültigen Gesetzgebung – in Preußen z.B. gemäß dem Fluchtliniengesetz von 1875 – Pläne

für die Ausweisung neuer Straßen aufzustellen hatten, konnten in der Regel nur das für den Straßenbau benötigte Land enteignen; sie hatten jedoch – ausgenommen die nahe an Frankreich gelegenen kleineren Staaten wie Baden und Hessen und die preußischen Rheinlande (Schröteler-v. Brandt 1994) – keinerlei Zugriff auf das angrenzende Bauland (ausf. Breuer 1994). Sie hatten somit nach Festlegung der Straßenfluchtlinien auch kaum Kontrollmöglichkeiten über die Aufteilung des Baulandes in Bauparzellen. Zur Vorbereitung des Münchner Städtebau-Wettbewerbs hatte die Gemeinde München eine Expertise mit Vergleich aller deutschen Länder erstellen lassen, aus der sich ergab, daß die Zwangsenteignung in „Bayern zum erheblichen Nachtheil der Gemeinden gegenüber anderen Staaten im Rückstande" ist (München 1891, 1). Die Zusammenlegung des Ackerlandes zu größeren Flächen, etwa eines ganzen von Straßen umgebenen Baublocks, ließ sich folglich in München, wie auch meist anderswo, nur durch private Vereinbarung der vielen kleinen Grundbesitzer bewerkstelligen, die ihr Ackerland freiwillig in eine „Umlegung" einbrachten und es nach der Aufteilung in gut geschnittene Bauparzellen – gemäß ihrem eingebrachten Anteil – als städtisches Bauland wieder zurückerhielten. Oder die Zusammenlegung erfolgte durch private Terraingesellschaften, die das zersplitterte Ackerland mühsam durch Ankauf von den kleinen Grundeigentümern zusammenlegten, es dann neu in Straßen und Bauparzellen aufteilten und diese schließlich mit Gewinn verkauften. Beide Modalitäten der Zusammenlegung waren um 1900 eingebürgert. Wo aber eine Einigung der Grundbesitzer nicht herbeizuführen war, wurden die für eine Bebauung eigentlich ungeeigneten Acker- und Gartenparzellen ohne Zusammenlegung als Bauparzellen verkauft und schlecht und recht bebaut (ausf. Baumeister/Classen/Stübben 1897).

8 Der Hobrechtplan für Berlin von 1862 bietet hierfür ein anschauliches Beispiel (ausf. Geist/Kürvers 1984). Die Problematik der Umlegung war kennzeichnend für den Typus des in obrigkeitlicher Tradition stehenden „öffentlichen Städtebaues", der z.B. 1875 durch das Preußische Fluchtliniengesetz in die Hände der Gemeinden gelegt wurde; demzufolge war die Gemeinde verantwortlich für die Aufstellung der Fluchtlinienpläne und die Herstellung der Straßen und – wo möglich – die Neuordnung des Bodens. Dagegen kannte der neue Typus des „privaten Städtebaues" finanzstarker Terraingesellschaften, der nach belgischem Vorbild schon den von 30er Jahren des 19. Jahrhunderts an in den preußischen Rheinlanden Fuß faßte, ab den 60er Jahren auch im Umland von Berlin und seit den 80er Jahren in München, diese Problematik nicht, da die Terraingesellschaften den Boden zusammenkauften und die Fluchtlinienpläne in eigener Regie für ihre eigenen Terrains aufstellten und sie nur mit der Gemeinde abstimmten (ausf. v. d. Borght 1913; Fehl 1995).

9 Henrici schloß sich mit seinem Wunsch nach Enteignung dem von Sitte vorgeschlagenen „Compromiss" oder Kuhhandel zwischen Spekulant und Stadtbaukünstler nicht an. Nach Preußischer Gemeindeordnung mußten seit 1856 mindestens die Hälfte aller Gemeindevertreter Grundbesitzer sein; die Umlegung im Zuge der Feststellung eines Fluchtlinienplanes lag jedoch meist nicht im Interesse der Grundbesitzer. Eine Regelung der Umlegung „von oben", d.h. „im Allgemein-Interesse", die Franz Adickes 1892 in das Preußische Herrenhaus mit seinem Umlegungs-Gesetz „betreffend die Erleichterung von Stadterweiterungen" (Rodrigues-Lores/Fehl 1985, 241ff.) einbrachte, scheiterte 1894 am Stand der Gutsbesitzer. Damit blieb der deutsche Städtebau weiterhin ohne ein effektives bodenordnendes Instrumentarium, wie es z.B. in England, Belgien, Frankreich oder Italien vorhanden war. Die deutschen Städtebauer mußten sich nun nach anderen Wegen umsehen, wie sie ihre hochgesteckten Pläne verwirklichen konnten (ausf. Breuer 1995).

10 Stübben hatte dergleichen bereits in seiner Schinkelrede von 1895 angedeutet: Es ist „die krumme Straße, deren Reiz uns in früh-mittelalterlichen Städten oft bestrickend entgegentritt, keineswegs für moderne Schöpfungen zu verwerfen. Bestehende Landstraßen und Feldwege, die ihrer Lage nach in den Stadtplan passen, sind nicht gewaltsam zu begradigen. Die

angemessene Beibehaltung vorhandner Krümmungen erhöht den Reiz des Stadtbildes und gewährt wohltuende Abwechslung" (Stübben 1895, 13).

11 Henrici hatte sein Aachener Wohnhaus in dem 1870 von einer privaten Terraingesellschaft eröffneten Stadtteil Frankenberg gebaut, und die Aachener Gemeinnützige Wohnungsbaugesellschaft hatte 1890 ihre Tätigkeit für „Minderbemittelte" aufgenommen.

12 Ein anschauliches Beispiel für das praktische Versagen von Henricis Vorschlägen bietet die große Stadterweiterung von Amsterdam-Süd nach 1917: Der Architekt H.P. Berlage war Henricis Gedanken beim Entwurf des Planes weitgehend gefolgt und hatte, sorgfältig verteilt über das weitgehend im Eigentum der Gemeinde befindliche Plangebiet, seine öffentlichen Bauten im Sinne malerischer Anordnung vorgesehen. Fast keines der vorgesehenen öffentlichen Bauwerke wurde gleich bei Eröffnung des Erweiterungsgebietes gebaut; fast ausnahmslos wurden auf den für öffentliche Bauten vorgesehenen Bauplätzen im Laufe der Zeit andere Bauten errichtet. Die Mehrzahl der öffentlichen Bauten, die im Laufe der Zeit gebaut wurden, liegt dagegen an anfangs unvorhergesehenen Stellen (ausf. Fraenkel 1988, 225ff.).

13 Stübben war als Ingenieur zweifellos „moderner" als Henrici – zumindest pragmatischer und sachlicher bei seiner Städtebaureform, die auf fortschrittlicher Technik und den Fortschritten in der Berücksichtigung sozialer Belange aufbaute und ohne Anlehnung an historische Vorbilder auskam.

14 Aus der Zeit nach 1900 sind im Siedlungsbau lediglich zwei Entwürfe von Henrici bekannt geworden: Die Arbeiterkolonie Knurow in Oberschlesien von 1905 und die Gartenvorstadt Spiegelberge bei Halberstadt von 1912 (ausf. Curdes/Oehmichen 1981, 228ff.). Beide Siedlungen wurden nicht realisiert.

„Führer-Wohnungsbau" und „Landschaftsnorm".
Zum Scheitern des Heimatschutzes im National-Sozialismus

> *Es ist müßig, das Leben in den alten Einrichtungen zu suchen, und sich von der Vergangenheit nähren heißt, bloß Asche verzehren.* Victor Hugo, 1877

Gut ein Jahr nach Kriegsbeginn wurde mit dem Führererlaß vom 15.11.1940 der „Führer-Wohnungsbau" (Wagner 1941, 145) für die Zeit des damals erwarteten „Siegfriedens" verordnet (ausf. Harlander/Fehl 1986; Harlander 1994). Dieses Programm sah einen vom Staat intensiv geförderten und gelenkten „sozialen Wohnungsbau" vor, „der in Serien für durchschnittliche Bedürfnisse der breiten Masse erzeugt wird" (Wagner 1941, 148); mit ihm sollten den deutschen „Volksgenossen" große und gesunde Wohnungen zu „tragbaren Mieten" (Hitler 1940, IV) zur Verfügung gestellt werden. Sollten indes 10 Jahre lang jährlich 600 000 Wohnungen produziert werden, dann war dies nur durch „Industrialisierung des Wohnungsbaues" (Stratemann 1943) mit einer der Automobilbranche angeglichenen Form der Rationalisierung (Fehl 1994) möglich: Die Wohnungsproduktion sollte vom handwerklichen Bau-Betrieb auf den groß-industriellen Serien-Betrieb mit dem „Montagebau" industriell vorgefertigter Teile umgestellt werden; dazu mußte u.a. eine den geplanten großen Serien gerecht werdende reichseinheitliche Normung und Typung von Bauteilen und Wohnungen eingeführt werden.
Die Erprobung der Durchführbarkeit des „Führer-Wohnungsbaues" wurde schon für die Zeit des Krieges verordnet, und im Zuge der Kriegswirtschaft wurden zwischen 1941 und 1943 mehrere Tausend Wohnungen in verschiedenen „Groß-Siedlungen" nach den neuen Maßgaben hergestellt. Der Erprobung waren im ganzen Reich lediglich 6 „Reichs-Erprobungstypen" zugrunde gelegt worden; für die Bauteile galt erstmals die DIN-Norm als verpflichtend; die ihr entsprechenden, industriell gefertigten Bauteile, wie Treppen, Decken, Dachstühle, Sanitärzellen etc., waren

in den „Reichsbauformen" festgelegt; für die Innenausstattung wurden Serieneinrichtungen mit standardisierten Küchen und Möbeln im Rahmen des DAF-Programms „Schönheit des Wohnens" erarbeitet. Die Erprobung knüpfte in technischer Hinsicht an die Rationalisierungs-Versuche im Wohnungsbau der Weimarer Zeit an, ging jedoch in ihrem Anspruch weit über diesen hinaus.

Die Leitung und Organisation dieses gewaltigen Vorhabens übertrug Hitler der Deutschen Arbeitsfront (DAF) unter ihrem Leiter Dr. Robert Ley (1890-1945), der die Aufgabe der DAF darin sah, die arbeitende arische Bevölkerung durch „Verlockung" an das NS-System heranzuziehen und zu binden: „Die DAF war ununterbrochen damit beschäftigt, die Menschen zu ‚erziehen', zu ‚organisieren' und zu ‚betreuen' ... Kurz, die DAF war ein Vorläufer der heutigen Informations- und Dienstleistungsgesellschaft", deren Ziel es war, „den Anschein einer ‚Volksgemeinschaft' zu erwecken, in der die Klassenunterschiede rapide verschwanden, obwohl die Wirklichkeit diesem Anschein keineswegs entsprach" (Smelser 1989, 298); so gelang es Ley schließlich, 24 Millionen Mitglieder, weit mehr als die Hälfte der arbeitenden Bevölkerung, für seine DAF zu gewinnen. Die „Verlockung" bestand weniger in Taten als eher im Versprechen sozialer Absicherung und Fürsorge in einem „vorbildlichen Sozialstaat" (DAF 1941), dessen Ecksteine die Altersversorgung, das Gesundheitswerk, das Freizeitwerk (KdF) und eben der „soziale Wohnungsbau" waren (ausf. Smelser 1989, 121ff.). Die Wohnung und ihr Umfeld waren in den Augen der DAF der Ort, an dem sich am ehesten Zufriedenheit erzeugen und damit Zustimmung zum NS-System gewinnen ließ; zugleich auch am ehesten prägend auf die Einstellung der Bewohner einzuwirken war: „Eine neue Baugesinnung wird an uns herangetragen, damit nationalsozialistisch gebaut wird, auf daß nationalsozialistisch gewohnt wird" (Henlein 1941, 854).[1]

Der „soziale Wohnungsbau" wurde von der DAF zentralistisch organisiert; um die Durchführung aller Vorgaben der DAF sicherzustellen, wurden u.a. die bestehenden gemeinnützigen Wohnungsbaugesellschaften zu größeren Einheiten verschmolzen und der DAF unterstellt; die DAF bemühte sich daneben um den Aufbau eigener Betriebe, wie insbesondere die „Neue Heimat" als DAF-eigene, reichsweit operierende Wohnungsbaugesellschaft und die BAU-AG als eine über das Reich verteilte DAF-eigene Bau-, Baustoff- und Bauteile-Industrie. Mit der Erarbeitung der für alle nachgeordneten Einheiten verbindlichen Normen und Richtlinien für die Gestaltung von Groß-Siedlungen, Haustypen und Bauteilen wurde das „Reichsheimstättenamt der DAF" betraut, dessen Architekturbüro Julius Schulte-Frohlinde leitete.

Heimatschutz für den industrialisierten Wohnungsbau

Wo der „Führer-Wohnungsbau" zentral genormt wurde, konnten auch auf die Normung der äußeren Erscheinung der Wohnhäuser und ihrer Lage im Gelände nicht verzichtet werden, ließ sich an ihnen doch in besonderem Maß die „Verlockung", der „soziale Fortschritt" des Nationalsozialismus werbend zum Ausdruck bringen und gleichzeitig eine Identifikation der Bewohner mit Haus, Siedlung, Gegend und NS-Deutschland erzeugen. Dementsprechend war das Architekturbüro der DAF unter Schulte-Frohlindes Leitung schon 1939 mit Vorarbeiten für die Rationalisierung des Wohnungsbaus beauftragt worden und hatte unterschieden zwischen einer reichsweiten Normung, die „ohne Schädigung der landschaftsgebundenen Baukultur" (Schulte-Frohlinde 1940, 16) eingeführt werden könne, wie Maß-Systeme, Grundrisse, Konstruktionsformen etc.; und zwischen „Festlegung und Unterteilung der einzelnen Gebiete (des Reichs), die durch ihre landschaftsgebundene Baukultur und ihr Klima bestimmte Bauformen und Konstruktionen verlangen"; bei diesen sei ein „Eingehen auf die vielfältige Formsprache der deutschen Landschaft" (ibid.) unabdingbar, solle „mit der Rationalisierung" nicht auch die Gefahr einer „Uniformierung des Gesamtwohnungsbaues" (ibid., 17) einhergehen.
Dieser Anregung folgend wurde in Verbindung mit dem „Führer-Wohnungsbau" verfügt, daß die Gestaltung der neuen Wohnbauten Bezug zu nehmen habe zu dem in einem Landschaftsraum vorhandenen traditionsgeprägten Baubestand; insbesondere zu den Häusern der sogenannten „kleinen Leute" (Ley, Erl. v. 10.9.41), also den Katen, Handwerker- und Bauernhäusern, die eine charakteristische „Hauslandschaft" (Todt 1940), das „Erbgut deutscher Bau- und Siedlungsweise" (Lindner 1942, 24), bilden; sie sollten nun für die 42 Gaue des Reichs empirisch ermittelt, ihre Wesenszüge in „Baufibeln" festgehalten, daraus für einzelnen „Landschaftsräume" (Simon 1941, 11) differenzierte „Landschaftsnormen" (ibid.) abgeleitet und auf den ansonsten reichseinheitlich getypten und

Paul Schultze-Naumburgs Vorbild für Haus und Siedlung des „kleinen Mannes"
war das „schlichte Bauernhaus" aus vorindustrieller Zeit.
(Aus: P. Schultze-Naumburg 1908)

· LANDSCHAFTSRAUM · LAUSITZ ·

· STRASSENANSICHT ·

MERKMALE DER GESTALTUNG :

1. DACHEINDECKUNG : SCHIEFER · ALTDEUTSCHE DECKUNG ·
2. DACHAUFBAUTEN : STEHENDE DACHGAUBEN
3. GIEBELAUSBILDUNG : GEPUTZTER GIEBEL
4. SIMSAUSBILDUNG : STIRNBRETT ·
5. FENSTER : ERDGESCH. IN DER LAIBUNG · OBERG. PUTZBÜNDIG.
   SCHEIBENFORMAT : STEHENDES RECHTECK ·
6. PUTZ : KELLENPUTZ , GEKALKT & GESTRICHEN (Z.B. GRAU)
7. FENSTERFASCHEN : FARBIG ABGESETZT ca 16 cm (Z.B. WEISS)
8. TÜRFASCHEN : „ „ „ 18 „ „
9. HAUSFASCHEN : „ „ „ 28 „ „
10. SOCKELAUSBILDUNG : NATURSTEIN AUS DEN ÖRTL. STEINBRÜCHEN.

· SIMSDETAIL

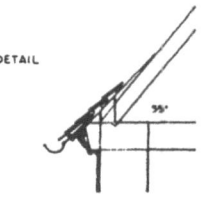

REICHSHEIMSTÄTTENAMT
D.A.F. PLANUNGSABTEILUNG. 40.

„Landschaftsnorm" des Landschaftsraums Lausitz,
von der DAF 1940 für den *Führerwohnungsbau* erarbeitet.
(Aus: Sozialer Wohnungsbau in Deutschland 1941)

Erste Vorschläge der Deutschen Arbeitsfront – DAF – für eine „Landschaftsnorm" im Siedlungsbau (unten), die sich auf Bauernhaus und Dorfbild als Vorbilder stützen, 1938. (Aus: DAF Reichsheimstättenamt 1939)

genormten Massenwohnungsbau übertragen werden. Die Landschaftsnormung sollte nicht nur reichseinheitlicher Sterilität und Monotonie dieses Massenwohnungsbaus entgegenwirken (Lindner 1942, 29), sondern nach Ansicht der DAF auch volkserzieherischen Aufgaben dienen, insbesondere der Beförderung „der Verwurzelung des deutschen Menschen im Grund und Boden" (Lindner 1940, 11). So war das Wesen des in einem Landschaftsraum lebenden „deutschen Stammes" in der Landschaftsnorm unmißverständlich zum Ausdruck zu bringen: „In der Stammesindividualität kommt die Stetigkeit eines urtümlichen Daseins zum Ausdruck; sie bedeutet eine kulturelle Lebenskraft, weil die vielartigen Stämme einen Reichtum arteigener Beiträge zur Gesamtentwicklung geliefert haben und liefern ... Wir streben daher danach, uns die Einheit des völkischen Lebens in der Mannigfaltigkeit seiner Stämme zu erhalten; sie sind, nach einem Wort des Führers, die gottgewollten Bausteine des Reichs" (Lindner 1944, 41). Die „Hauslandschaften" wurden daher angesehen als „Stammeslandschaften, die ein gemeinsames Baudenken verbindet" (Heckl 1942, 54). Mit der regional differenzierten äußeren Gestalt des „Führer-Wohnungsbaues" sollte das Nationalbewußtsein zugespitzt werden auf ein archaisches Stammesbewußtsein und auf einen kirchturmspitzen Rassismus: Als Deutscher hatte sich ja auch noch ein Jude und eingedeutschter Pole fühlen können, aber eben nicht als Bayer, Franke oder Sachse. Daneben sollten die mittels Landschaftsnorm gestalteten Siedlungen eine Ersatz-Heimat bieten für die große Anzahl deutsch-stämmiger Arbeitskräfte, die ihre Heimat aufgaben und an den neuen Industriestandorten z.B. in Mitteldeutschland aus dem ganzen Reich zusammengezogen wurden; sie waren bei ihrer Ansiedlung zu „verwurzeln" und „zu einem neuen Stamm zusammenzuschmelzen" (Böckler 1942, 5). Die mit der Landschaftsnorm verbundene volkserzieherische Aufgabe wurde für so wichtig erachtet, daß der dafür verantwortliche Deutsche Heimatbund im Zuge einer „Straffung der kulturpolitischen Arbeit" ab März 1942 der „kulturpolitischen Führungsstelle der NSDAP" unterstellt wurde; denn dies „gewährleistet eine noch stärkere volkskulturelle Arbeit im nationalsozialistischen Sinne als bisher und einen erhöhten Einsatz für die Partei, ihre Gliederungen und angeschlossenen Verbände" (Cerff 1942, 101). Die dem durchrationalisierten „Führer-Wohnungsbau" eigene Travestie der „Landschaftsnorm" enthüllt in besonders aufdringlicher Weise die volkserzieherisch-propagandistische Absicht der DAF: Die „Normierung des Geistes und Typisierung der Seele" (Toller 1932 [1978, 246]).

Die Arbeit an den „Baufibeln" wurde zwar in einigen Reichsgauen mit Begeisterung von den eingesessenen Heimatschützern aufgenommen; aber der traditionsgeprägte Hausbau einer Region wies in der Regel einen überbordenden Reichtum an individueller Variation angesichts der langen Geschichte der Besiedlung auf: Die vielfältigen Kulturen, die in einer Region gesiedelt hatten, hatten ganz unterschiedliche Spuren im Hausbestand hinterlassen. Die Herausarbeitung einer einzigen verbindlichen Landschaftsnorm für einen Landschaftsraum gestaltete sich als äußerst schwierig:
- Die meisten Bearbeiter der Baufibeln richteten ihre Aufgabe als Heimatschützer zu eng am heimatlichen Baubestand aus und faßten sie damit als zu konservierend auf; sie „sind nicht mit der Zeit gegangen", stellte Lindner (1942, 160) nach zwei Jahren unbefriedigender Bemühungen bedauernd fest und rügte sie angesichts der industriellen Produktion, bei der „der Sieg des Neustoffs über den Naturstoff gewiß ist ... Eine sich dem gesunden Fortschritt entgegenstemmende Heimatpflege hat kein Daseinsrecht!" (ibid.). Da sich zudem die ermittelten „Hauslandschaften" als „zu zeitgebunden, zu zahlreich und kompliziert" erwiesen, „um als praktische Grundlage neuen Baugestaltens zu dienen" (Lindner 1942, 162), sollte bei der weiteren Erarbeitung der Landschaftsnorm „auf keinen Fall das Äußere alter stilgebundener Werke einfach übernommen und als neue Mode angepriesen werden. Vielmehr muß das überzeitlich Wesentliche herausgeschält werden" (ibid.).
- Die Landschaftsräume erwiesen sich als schwer abgrenzbar und häufig als zu kleinteilig, um dem Gesetz der großen Serie beim „Führer-Wohnungsbau" zu genügen: „Etwa 100 verschiedene Landschaften formen das Gesicht Deutschlands. Die Kluft zwischen dieser Tatsache und der eisernen Notwendigkeit, neue Großaufgaben mit industriellen Mitteln zu lösen, scheint unüberwindlich. Wir gehen also alle drauf aus, Landschaften zu vereinfachen und zu verschmelzen" (Heckl 1942, 54) – und zwar zu einigen wenigen „Groß-Landschaften" (ibid., 56) mit noch breiterer Vielfalt der in ihnen enthaltenen „Hauslandschaften".

Aus dem „überzeitlich Wesentlichen" einer „Groß-Landschaft" sollte sich also die oft verwirrende historische Vielfalt der Bauformen reduzieren lassen auf einen einzigen, in allen Details von Türen, Dachgaupen, Gesimsen, Fensterläden etc. als gültige Norm genau festgelegten regionalen Gestaltungstypus. Da die Rationalisierung der Wohnungs-Produktion Priorität hatte vor der Aufgabe der Volkserziehung, durfte die Landschaftsnorm der Rationalisierung nicht im Wege stehen (Hitler 1940,

VIII). Die der Volkserziehung seit jeher verpflichteten Heimatschützer sahen sich folglich genötigt, ihre Aufgabe der „landschaftsgebundenen Baugestaltung" (Lindner 1942, 159) mehr und mehr den Anforderungen der Rationalisierung anzupassen und umzuformen zur Erarbeitung „industriegerechter Landschaftsnorm". Werner Lindner als der verantwortliche „Fachbeauftragte des Deutschen Heimatbundes" erkannte das Dilemma, warnte vor „verkrampften Bemühungen" (ibid., 161) und ermahnte die Bau-Industrie eindringlich zur „Selbstprüfung" (ibid., 160): „Bauhandwerk und Bauindustrie haben sich künftig sinnvoll zu ergänzen, das eine vom anderen zu lernen. Eine so erhebliche Rolle ... technisierte und mechanisierte Baumaterialien und Aufbauverfahren ... im sozialen Wohnungsbau (auch) spielen, so werden sie weiterhin bewährte handwerkliche Werkstoffe und Werkverfahren neben sich gelten lassen müssen", ja diese werden sogar „ganz erheblich im Vordergrund stehen" (Lindner 1941, 752). Die kriegsbedingte Knappheit an Rohstoffen und Transportmitteln legte es damals ja auch nahe, verstärkt auf das örtlich verfügbare Material zuzugreifen – nur war das nicht im Sinne von Heimatschutz: Örtlich verfügbar waren in vielen Teilen Deutschlands nämlich die Rohstoffe Sand und Kalk – deren Veredelungsprodukt aber Beton ist. Das Dilemma der Heimatschützer war nur noch mit hohlen Worten zu überdecken: „Der rechte Gebrauch des Zements adelt den Charakter des Bauwerks, ist ... arteigene Form" (Lindner 1942, 48).
So stießen 1942 die dem technischen Fortschritt zuzurechnende Rationalisierung des Wohnungsbaues und der der Tradition und Volkserziehung verpflichtete Heimatschutz unter dem Diktat der Kriegszeit hart an ihrer gemeinsamen Grenze zusammen: Eines stand dem anderen im Wege. Was war künftig wichtiger: Verbilligung des Wohnens oder Verheimatlichung der Bewohner? Industrielle oder handwerkliche Produktion? Bruchstein oder Beton? Nur eine politische Entscheidung konnte die Prioritären zurechtrücken: Albert Speer, der die reichlich verkrampften Bemühungen der DAF mit Sorge beobachtete und als Bevollmächtigter für die Regelung der Bauwirtschaft auf äußerste Material- und Kosteneinsparung zu achten hatte, ließ die Erprobung der Landschaftsnormung wegen kriegsbedingter Personalknappheit zurückschrauben (Speer, Erl. 6.3.1942) und nach dem Eintritt in den „totalen Krieg" gänzlich einstellen (Ley, Erl. 15.3.1943).[2]
Die kaum drei Jahre währende Bemühung, die Industrialisierung des Wohnungsbaues und den am Handwerk ausgerichteten Heimatschutz wie Feuer und Wasser zusammenzuzwingen, hatte nur „Krampf" hervor-

gebracht und wäre nicht der weiteren Beachtung wert, wäre sie nicht konsequenter Endpunkt einer Entwicklung gewesen, die lange vor 1933, nämlich schon um die Jahrhundertwende eingesetzt und eine Zeitlang die schönsten greifbaren Ergebnisse im Siedlungsbau hervorgebracht hatte: Von Georg Metzendorfs Essener Margarethenhöhe (ab 1908) über die Piesteritzer Werkssiedlung bei Wittenberg von Otto R. Salvisberg (ab 1916) und Paul Schmitthenners Baden-Badener Ooswinkel-Siedlung (ab 1920) bis hin zur Hamburger Siedlung Klein-Borstel der Gebrüder Frank (ab 1934).
Zwei Fragen stellen sich: Was brachte die Heimatschützer dazu, sich überhaupt des „Führer-Wohnungsbaues" anzunehmen? Und: Was ließ den Heimatschutz am „Führer-Wohnungsbau" scheitern?

„Natur als Quelle des Volksthums":
Skizze einer Vorgeschichte

Eine Antwort auf die erste Frage ergibt sich aus einigen Skizzen zum 1904 gegründeten „Deutschen Bund Heimatschutz",[3] dem in seinem Kreise jahrzehntelang gehegten Mythos der „deutschen Landschaft" und seinem volkserzieherischen Anliegen. Eine Antwort zur zweiten Frage gibt die in seinem Kreis charakteristische Suche nach dem Typischen im überlieferten Bauen und dem widersprüchlichen Verhältnis zum technischen Fortschritt, insbesondere zur rationellen Wohnungs-Produktion. Vorbereitend sei vorausgeschickt, daß weite Teile des Bürgertums zu Beginn des 20. Jahrhunderts unter anderem folgende Probleme mit Sorge betrachteten (u.a Hermand 1988; Glaser 1993):
• Mit dem neu erwachten Nationalbewußtsein wurde ein Mangel an eigenem Ausdruck, an nationalem Stil festgestellt, einem Stil, der nicht wie Klassik, Romanik, Gotik, Renaissance und Barock auch schon von anderen Nationen in Anspruch genommen würde; ein Stil, der in heroischer deutscher Vergangenheit wurzele und „deutsches Wesen" zum Ausdruck bringe.
• Die mit dem „Boom" der 90er Jahre sich wieder beschleunigende Industrialisierung führte zu einer verstärkten Rationalisierung auch der Bauproduktion mit „Fertigteilen nach Katalog" und dies, nach Meinung

vieler Architekten, zum „völligen Bankrott von Baukunst und Handwerk"
(Mebes 1908, 2); auch wurde das Handwerk im Zuge der Tertiarisierung
aus den Altstädten verdrängt und war mit steigenden Reallöhnen dem
industriellen Konkurrenzdruck immer weniger gewachsen. Wo aber, wie
im Bauwesen, die Existenz des Handwerks ernstlich bedroht war, da war
auch die vom kultivierten Bürgertum hochgeschätzte handwerkliche Überlieferung und Meisterschaft in Gefahr.
• Die der Industrie zuströmenden billigen ausländischen Arbeitskräfte,
namentlich Polen und Italiener, schienen in Großstädten und Industrie-
Regionen die Gefahr einer „Überfremdung" heraufzubeschwören.
• Die mit der Industrialisierung verbundene und nach Aufhebung der
Sozialisten-Gesetze (1890) zunehmend erstarkende Sozialdemokratie stellte beängstigende Forderungen nach Gleichheit, freien Wahlen und Demokratie, die die herkömmliche bürgerliche Vorstellung einer ständischen
Ordnung, einer gottgewollten Ungleichheit der Stände in Frage stellten.
• Mit Argwohn wurde beobachtet, daß in zunehmendem Maß führende
Positionen in Wirtschaft und Wissenschaft von deutsch-gebürtigen, aber
eben nicht deutsch-stämmigen Juden besetzt wurden; auch wirkten viele
Juden, allen voraus Karl Marx und Ferdinand Lasalle, nach der 1848er
Revolution in Arbeitervereinen und Sozialdemokratie; sie wurden als geistige Unruhestifter, die undeutsches Gedankengut unter der arbeitenden
Bevölkerung verbreiteten, verdächtigt: „Es war kein Zufall, daß das Sozialistengesetz von 1878 mit dem Beginn einer wüsten antisemitischen
Rassenhetze zusammenfiel ... Dies erstickte in weiten und auch tonangebenden Kreisen des neuerstandenen Deutschen Reichs das humanitäre
Erbe der Aufklärung, das die Judenemanzipation erst ermöglicht hatte"
(Grab 1981, 28).[4]
• Aus Amerika drangen – durch die Chicagoer Weltausstellung von
1893 befördert – neue Vorstellungen vom Leben in einer „freien Gesellschaft" mit Selbstverwaltung und Demokratie, dem Nützlichkeits-Denken
und der „time-is-money"-Geschäftigkeit, freien Aufstiegschancen und einer neuen Architektur aus Stahl und Beton nach Deutschland (Banham
1990); Vorstellungen, die vielen als „kulturlos" und daher unvereinbar
mit deutscher Kultur erschienen (Berg 1963).
• Die davon beeinflußte „moderne" Lebensweise mancher Großstädter
setzte sich kraß ab von den überlieferten bürgerlichen Lebensweisen in
der Kleinstadt; Ernst Rudorff (1840-1916), Begründer der deutschen
Heimatschutz-Bewegung, benannte die Gefahren der neuen „Überreizung
und Entsittlichung" (Rudorff 1897 [1926, 67]): „Die Welt wird nicht

nur häßlicher, künstlicher, amerikanisierter mit jedem Tag, sondern mit unserem Drängen und Jagen nach den Trugbildern des vermeintlichen Glücks unterwühlen wir zugleich unablässig, immer weiter und weiter den Boden, der uns trägt" (ibid., 68).
- Schließlich und endlich das einzig reale – wenn auch internationale – Problem: Die mit der Verstädterung und Industrialisierung rücksichtslos um sich greifende Zerstörung von Natur, Landschaft, Stadtbild und „gebautem Erbe"; eine Zerstörung der Umwelt, die nicht nur ästhetische Pein hervorrief und den Faden zur Vergangenheit abschnitt, sondern den Lebensraum der Menschen beeinträchtigte und die natürlichen Ressourcen gefährdete.

Aus der unterschiedlichen Sicht und Gewichtung derartiger Probleme heraus formierten sich verschiedenartig gefärbte Lebens- und Kultur-Reformen, die, teils gegen Überkommenes, teils gegen Neuerungen gerichtet, mit ihren schlichten Vereinfachungen der Komplexität der heraufkommenden Industriegesellschaft bei weitem nicht gerecht wurden.[5] So auch der „Deutsche Bund Heimatschutz", der vor dem Ersten Weltkrieg zu einem Sammelbecken höchst uneinheitlicher, ja widersprüchlicher Reform-Ideen wurde, die, mit Blick auf die Vergangenheit, „die Wiedergründung einer feinen, stillen bürgerlichen Kultur" (Schultze-Naumburg 1906, 46) im Sinne „einer neuen Tradition" (Ehmig 1916, 7) im Sinne hatten. Das Spektrum reichte von schroffer Abwehr jedes technischen und sozialen Fortschritts, von Mystifizierung und Vergötzung von Volk und Rasse in der Heimat über schiere Heimat-Vereins-Meierei bis hin zur evolutionistisch-darwinistisch den Fortschritt bejahenden Einstellung, deren Vorkämpfer z.B. unter dem Begriff „ökologisch" (Lange 1910, 17) die „überlieferten Zierformen" ersetzt wissen wollten durch eine neue „biologische Ästhetik" (ibid., 20), in der die „Naturwissenschaft und die von ihr abhängige Technik herrscht" (ibid.). Gemeinsame Grundlage war wohl allen Heimatschutz-Architekten ein strammes National- und Standesbewußtsein und eine Verpflichtung auf „Heimat";[6] getragen vom gemeinsamen Unmut über den Protz und das „Kostümfest" des Historismus, konnten sie sich auch noch über die neue Maxime der „klugen Sachlichkeit" (Schultze-Naumburg 1906, 43) bei der Gestaltung von Haus und Siedlung verständigen.[7] Darüber hinaus gelang es den Anhängern der verschiedenen Lebens- und Kultur-Reformen von Gründung ab kaum je, sich auf eine Methode und weitere Ziele zu einigen; selbst ihre Verpflichtung auf eine idealisierte nationale Vergangenheit als ideales Vorbild

für den Siedlungs- und Wohnungsbau blieb strittig, wenn es z.B. um die Beantwortung der Frage ging: Welche historischen Vorbilder sollten Gültigkeit haben, in welchem Maß sollten sie kopiert oder aber nur nachempfunden werden?
So war die Architektur der Heimatschutz-Architekten stets ausgesprochen subjektiv und individuell – bis in die Zeit des National-Sozialismus hinein (vgl. Bayerische Akademie 1985; Höhns 1992). Die Landschaft, das alte Stadtbild, die alten Haustypen, das örtliche Material, die handwerkliche Tradition des Ortes wurden immer wieder neu ausgedeutet, boten Anregungen für höchst individuelle und zugleich sachliche Gestaltungen von Haus und Siedlung: „Man hat gelernt, die Form persönlich, aus dem Zweck und aus den Forderungen des Bedürfnisses zu entwickeln" (Mebes 1908, 9). Durch das Preußische „Verunstaltungsgesetz" (Gesetz gegen die Verunstaltung von Ortschaften und landschaftlich hervorragenden Gegenden) von 1907 erhielt die Heimatschutzbewegung erheblichen Auftrieb und rechtlichen Rückhalt; wenn Petsch den „großen Erfolg der Heimatschutzbewegung" darauf zurückführt, daß in seinen Reihen „weder die traditionellen Lebensgewohnheiten des Mittelstandes in Frage gestellt wurden, noch sein Traditions- und Kontinuitätsbedürfnis, das durch die kapitalistische Industrialisierung gefährdet war" (Petsch 1978, 88), dann ist dem hinzuzufügen, daß der Erfolg auch darauf beruhte, daß Heimatschutz-Architekten mit ihrer individuellen Architektur dem Geschmack des auftraggebenden Bürgertums gerecht wurden, indem sie – bei Landhaus und Arbeitersiedlung gleichermaßen – das Herz anzusprechen und jeden Eindruck von „Vermassung" und von „Auffälligkeit" zu vermeiden wußten; hatte ihnen doch der verehrte Julius Langbehn gepredigt: „Nicht aufzufallen, ist das erste Gesetz des guten Tones. Unscheinbarkeit steht jedem gut ... und dem Deutschen ist sie eigentlich angeboren." (1892, 21)

„Der Wein der Religion wird im Kelch der Heimat gereicht":
Zum Mythos von Landschaft, Volk und Rasse

Julius Langbehn, Prediger des Deutschtums,[8] hatte 1890 wohl am genauesten auf die Bedrohung des Bürgerstandes reagiert: Es ist das Jahr, als die Wirtschaft nach langer Krise sichtlich wieder auf Touren gekommen war, der „selfmade-man" und „snob" in den Großstädten neu in Erscheinung trat, die sozialdemokratischen Arbeiter wieder benötigt und vom

Joch der Sozialistengesetze befreit wurden und zwecks Niedrighaltung ihrer Löhne die Grenze nach Polen für „Gastarbeiter" geöffnet wurde. Langbehn hinterließ im Denken des verunsicherten Bürgertums nachhaltige Schleifspuren. Sie finden sich in vielen Texten führender Heimatschützer, so daß er als einer der für die Heimatschutz-Bewegung maßgeblichen Vordenker, einer der Taktgeber nationalistischen, völkischen und rassischen Denkens angesehen werden kann.
„In der gegenwärtigen Zeit", so analysierte Langbehn, „wo die Luft voll ist von theils abstrakten und verstandesmäßigen, theils materialistischen und mechanistischen Anschauungen", könne „der Einzelne nichts besseres thun, als sich ebenso entschlossen, wie entschieden auf die Seite des Gefühls, des Poetischen, des Künstlerischen zu stellen" (ibid., 316). An die Stelle von Aufklärung und Vernunft müsse wieder die Mystik treten: „Mystizismus ist der dunkle Untergrund, welcher Wissenschaft in Kunst verwandelt" (ibid., 82), und „erst wenn der starke Hauch des Mystizismus, vereint mit dem Feuer des Geistes, in die dürren Reiser der spezialistischen Beobachtung fährt, kann eine neue gewaltige Flamme des inneren nationalen Lebens emporlohen (ibid., 83). Im Zuge der organischen Erneuerung des Geisteslebens" (ibid., 3) erachtete Langbehn die Wiederbelebung des deutschen Stämmewesens als wichtig, denn in den langen Zeiten vor der Reichsgründung sei „das edle Gefühl der Stammeseigenthümlichkeit den Deutschen über ihrer politischen Zerfetzung vielfach abhanden gekommen. Damit ist ein Stück Volksseele verloren gegangen, das wiedererobert werden muß" (ibid., 15). Hinter dem Gedanken des Stämmewesens stand indes, wie Hobsbawm anschaulich zeigt, der Konflikt um die uneinheitliche nationale Tradition, die prekäre Herstellung einer ideellen Verbindung vom Zweiten mit dem Ersten Deutschen Kaiserreich: Was 1890 „deutsch" war, war 700 Jahre zuvor noch längst nicht „deutsch" gewesen; der Rückzug auf die deutsch-germanischen Stämme bot einen bequemen Ausweg aus diesem Nationalitäts-Debakel (Hobsbawm 1983, 273ff.). Dementsprechend war den „Stammesindividualitäten" stärker Geltung zu verschaffen; auch ginge es angesichts der vielen „fremdvölkischen" Einflüsse seit der Römerzeit darum, „das Blut im deutschen Volkskörper rascher und reiner pulsieren zu lassen" (ibid., 81); hierzu sei, so Langbehns Auftrag an die „ihrem Wesen nach international ausgerichtete Wissenschaft", eine „Rückkehr und vorzugsweise Konzentration auf das Heimathwesen" (ibid.) unabdingbar.
Zum Schutz von Heimat und Landschaft äußerte Langbehn sich indes nur am Rande, denn Heimat war für ihn in erster Linie die deutsche

Sprache, die Welt deutscher Dichter. Die Bedeutung von Landschaft als Heimat ergab sich für ihn aus der Vorstellung der „Natur als Quelle des Volksthums" (ibid., 66). Natur nahm für ihn kultische Züge an: „Der Wein der Religion wird im Kelch der Heimat gereicht" (ibid.); und die Heimatschützer beschworen gern und immer wieder das Kultbild deutscher Urzeit: Die aus der Urquelle gewässerte „Weltesche" der germanischen Sage (z.B. Rudorff 1897 [1926, 72]). Zum besseren Verstehen der „Heimat" regte Langbehn an, daß dringend „ein wissenschaftlich gesichtetes Sammelwerk über deutsche Volkssitten, Volkstrachten und körperliche Volkstypen" im Hinblick auf „die landschaftlichen sowie Stammesindividualitäten" (Langbehn 1892, 81) zusammengestellt werden müsse. Eine Aufforderung, der Schultze-Naumburg ab 1904 mit seinen „Kulturarbeiten" für das volkstümliche Bauen nachzukommen suchte. Anleitung hierzu gab ihm ebenfalls Langbehn: „Nicht von oben aus konstruiert man Häuser und Nationen; nur wenn der Volksboden seine schöpferischen Tiefen aufthut, kann neues geistiges Leben in Deutschland erblühen ... Von unten nach oben muß gebaut werden" (ibid., 179), d.h. von Volk und Landschaft ausgehend, oder, wie die DAF ihre Siedlungszeitschrift ab 1940 benannte: „Siedlungsgestaltung aus Volk, Raum und Landschaft". Dabei, so Langbehn, müsse alles „in der einfachsten Form ausgedrückt werden ..., denn deutsch heißt ursprünglich ,volksthümlich'" (ibid., 180). Inbegriff des Einfachen, Volkstümlichen war für Langbehn der Bauer: „Der Mensch in seiner ursprünglichsten Lebensform ist Bauer" (ibid., 206); ihm allein war noch „Schlichtheit" eigen: „Das Echte und Einfache" (ibid., 200).

So gab er die für die Heimatschützer später maßgebliche Parole aus: „Auf Bauernthum, d.h. auf Volksthum im besten und einfachsten Sinne wird sich das neue deutsche Kunstleben zu gründen haben" (ibid., 208), denn „Bauerngeist ist Heimathsgeist" (ibid., 133). Von hier aus legte er die ideelle Grundlage für „Sachlichkeit" und „Funktionalität" in Kunsthandwerk und Architektur: „Die Kunst wächst von innen nach außen ... Wenn höchste Bequemlichkeit und höchste Schönheit in einem Gebrauchsgegenstand zusammenkommen, so ist er kunstgewerblich vollendet. Sparsamkeit in der Verwendung schmückender Formen muß seine erste Regel sein; nicht Üppigkeit, wie sie jetzt vorherrscht; in der Beschränkung zeigt sich der Meister" (ibid., 199). Diesen Faden nahmen nicht nur die Vorkämpfer der „Moderne" auf, sondern auch die „Anti-Modernen", wie Schultze-Naumburg, dessen „oberstes Arbeitsgesetz" es war, „nur das zu bilden, was einem guten Zweck dient, dabei aber diesen

Fritz Boehle: „Bauernstube", um 1904. Die bäuerliche Idylle als Ideal.
(Aus: R. Klein, Fritz Boehle, Berlin o.J. [um 1912])

Zweck stets auf die einfachste und vollkommenste Weise in seiner Erscheinung auszudrücken" (Schultze-Naumburg 1904, 4); als Vorbild für den neuen deutschen Siedlungsbau wählte er aus dem Fundus der Vergangenheit also das schlichte „deutsche Bauernhaus".
„Deutsch" meinte seit der Reichsgründung von 1871 in erster Linie „deutscher Kultur zugehörig"; dann kam hinzu die Bedeutung von „deutscher Staatsangehörigkeit", aber auch, zunehmend mit den Einwanderungswellen polnischer Arbeiter, von „deutscher Rasse". „Deutsch" stand im Gegensatz zu „fremd" oder „international". „International" aber waren in erster Linie die in aller Welt verstreuten Juden: Das vielgeschmähte „Weltjudentum". Also folgerte Langbehn: „Deutschland für die Deutschen; ein Jude kann sowenig zu einem Deutschen werden, wie eine Pflaume zu einem Apfel werden kann!" (ibid., 348). Seine rassistische Vision baute auf Darwin auf: „Greift man die Bestimmung der heutigen Deutschen am tiefsten, so gerät man auch hier auf die alte Forderung: Sie sollen das sein, was sie von Uraltersher waren, wozu sie die Natur selbst gemacht hat. Sie waren und werden sein Arier. Für diesen ihren angeborenen Charakter sollen sie leben und streiten und sterben, denn im Grunde ist nur das Blut werth, ... daß um seinetwillen ein Blut vergossen wird ... Das eigene Blut will sich durchsetzen gegen das fremde; so will und wird auch das arische Blut sich durchsetzen gegen jedes andere" (ibid., 218). Als Konsequenz für die Zukunft prognostizierte er: „Die Deutschen sind bestimmt, den Adel der Welt darzustellen" (ibid., 239).
Wann immer Heimatschützer von „deutsch" sprachen, z B. von „deutschem Volkstum" (Rudorff 1897 [1926, 75]) und der „Eigenart deutschen Wesens" (GFdH 1930, 5), vom „schlichten deutschen Haus" (Schultze-Naumburg 1908, 17) und der „deutschen Stadt" (G. Wolf 1911), dann schimmert hinter dem nationalen Sinn meist auch der rassistische Sinn Langbehns hervor, d.h. mit „deutsch" ist gemeint „arisch", „arteigen", von „deutschem Blut" und „deutschem Stamm". Im Kehrschluß: „Das Fremde ist, vom deutschen Standpunkt aus, das Unnatürliche" (Langbehn 1892, 31); so seien insbesondere die Juden „eine negative Volkskraft", deren „mauschelnde Vertreter ... mit einem Fußtritt zur Tür hinauszubefördern ... das deutsche Volk ein Recht hat" (ibid., 293). Auch im Siedlungsbau, wo „das Dach, nordisch steil" (Schultze-Naumburg 1908, 158), dem Flachdach, „südländisch-fremd", den „Tritt zur Tür hinaus" verpassen sollte;[9] dies beruhe eben „im rassenmäßigen Volksgefühle" (Seeßelberg 1913, 20).

Das undeutsche Wirken von Juden manifestierte sich für Langbehn besonders im „neumodischen Demokratismus" (ibid., 307), jener „französischen Krankheit", die „auf den Tod zu bekämpfen ist" (ibid., 433), denn „Gleichheit ist Tod, Gliederung ist Leben" (Langbehn 1892, 159). „Gliederung" aber hieß „organische Ordnung" (ibid., 105) des Volkes in der Hierarchie der Stände von Adel, Bürgern, Handwerkern, Bauern (ibid., 159): „Es ist das Prinzip der echten Aristokratie; daß jeder an seinem Platz soviel gelten soll, wie er ist; daß aber auch niemand mehr gelten soll, als er ist; und daß er sich daher Höherstehenden willig unterzuordnen hat" (ibid., 61). Das galt insbesondere für den neuen „heimatlosen vierten Stand" des Industrie-Proletariats, der noch außerhalb der etablierten „organischen Ordnung" stand. Um jedoch „die Auseinandersetzung zwischen Hoch und Niedrig" (ibid., 157) auszugleichen, wollte Langbehn die alte ständische Hierarchie erweitert wissen um die „Bildungsaristokratie" (ibid., 48) des Bildungsbürgertums einerseits und andererseits um die „Sozialaristokratie, als das einzig dauernd wirksames Mittel gegen die Sozialdemokratie" (ibid., 157). Sofern sich nämlich die „Sozialaristokratie" bei sorgfältiger Erziehung aus „den gesunden Elementen der niedrigen Volksklassen" (ibid., 158) rekrutiere, könne dies zur Spaltung der Sozialdemokratie führen. Der dem „Arbeiterstand" als „Viertem Stand" neu zugewiesene „Ort" in der so erweiterten organischen Stände-Ordnung bezeichnete Langbehn auch als „Heimath": „Hat der Arbeiter eine Heimath, so hat er ein eigenes Ideal; ... er ist aristokratisch geworden" (ibid., 160). Schultze-Naumburg nahm diesen Faden bei seinen „Kulturarbeiten" auf: „Der Arbeiter wohnt heute noch nicht in seiner Heimat; sein Stamm ist noch zu jung, er ist noch auf Wanderschaft" (Schultze-Naumburg 1908, 132); folglich müsse der Heimatschutz-Architekt dem „Arbeiterstand" in den Kolonien und Siedlungen vor der Stadt eine „neue Heimat" in diesem ständischen Sinne verschaffen (ibid., 162ff.). „Neue Heimat" nannte die DAF auch ihre Wohnungsbau-Gesellschaft.

Wenn im „Ringen um die Seele des Arbeiters" (Delbrück 1897) die betonte Fürsorge der „Wohn-Heimat" des „Arbeiterstandes" galt, so war dies von Seiten der Heimatschützer höchst eigennützig und getragen von der Sorge um die Fortdauer des eigenen Standes. Rudorff hatte den Heimatschützern daher schon 1897 die „Mahnung" mit auf den Weg gegeben: „Die alten Eigentümlichkeiten des Standes: Sitten und Gebräuche, Tracht und Schnitt, Hausrat und Hauszier zu wahren, ist viel wichtiger und weiter reichend, als man auf den ersten Blick meint. Der Stand,

der seinen Stolz einbüßt, der keine Freude an sich hat, ist im Niedergang begriffen. Wer also die Kennzeichen des Standesstolzes und so das Standesbewußtsein wahrt, der wehrt damit dem Niedergang des Standes" (Rudorff 1897 [1926, 61]).
Später äußerten sich die führenden Heimatschützer nur selten in gleich unverblümter Weise zu Rasse und Stand; dennoch schimmert Langbehns Gedankengut bei ihren Beschwörungen von Heimat und Landschaft immer wieder durch; besonders drastisch z.B. bei Schultze-Naumburg, dem rassisch bewegten Mit-Begründer und jahrzehntelangen Anführer der Heimatschutz-Bewegung (ausf. Borrmann 1989); verdeckter in seinen „Kulturarbeiten", ganz offen aber in seinem Buch von 1928: „Kunst und Rasse". Im Streit mit Walter Gropius um die Form des Wohnhauses sollte nach seiner Ansicht „das neue Haus sich deutlich als Sproß unseres nordischen Kulturkreises bekennen" (Schultze-Naumburg 1926, 38); Gropius jedoch gehöre zu jenen, die „sich ihrem Bluterbe nach nicht zu unserem nordischen Formenkreis hingezogen fühlen, sondern denen ihr Blut befiehlt, davon loszukommen" (ibid., 40). Die Ächtung von Avantgarde-Kunst als „entarteter Kunst" im Dritten Reich bahnte sich an.
Als Paul Schmitthenner (1884-1972) seine Ziele für sein „deutsches Wohnhaus" darlegte, offenbarte er in seinen Worten von „Müttern", „Vätern" und „Geschwistern" seine völkisch-blutgebundene Gedankenwelt: „Durch die Bauwerke von Jahrhunderten ... läuft hindurch und spricht zu uns, was wir sehr einfach ‚das Deutsche' nennen wollen. Ich will nicht verstandesmäßig beweisen, was mit Gefühl allein ganz zu erfassen ist, ich möchte dieses Gefühl aber wecken und vertiefen helfen. So verschieden die deutsche Landschaft und die Stämme, die darin wohnen, so verschieden ist Haus und Dorf und Stadt, doch so verschieden nur, wie auch Geschwister gleichen Blutes sind ... Wir erkennen das uns Eigentümliche, dessen Wahrung uns verpflichtet. Der Fremde kann all das nicht erkennen und verpflichtend fühlen, und darum eben wird fremde Art, wenn sie zu Einfluß kommt, sehr leicht zum Zerstörer der Tradition, denn Tradition ist Überlieferung, Pflege und Mehrung des ‚Eigentümlichen'. So gesehen ist Tradition schlechthin Grundlage jeder nationalen Kultur, die immer nur ‚aus dem mütterlichen Schoß eines Volkes geboren wird'" (Schmitthenner 1932, 3). Die „Häuser in der Fremde", in „Italien, Frankreich und Spanien", sind folglich „in sich von sinnvoller Schönheit, die wir wohl bewundern mögen, das deutsche Haus aber lieben wir, es trägt unser Gesicht, es spricht unsere Sprache und ist darum ein Stück von uns selbst" (ibid., 32).

Die an Pflege von Tradition und Volkstum ausgerichteten Heimatschützer suchten im Siedlungsbau auf dem Stand der Zeit zu bleiben und sich mit dem technischen und sozialen Fortschritt zu arrangieren; bei diesem Balance-Akt gerieten sie allerdings mit den Jahren in eine sich immer weiter öffnende Schere zwischen Deutschtümelei und der unaufhaltsam voranschreitenden „Amerikanisierung" (Berg 1963): Die Traditions- und Volkstums-Seite entfernte sich aus dem aktuellen Geschehen und drohte in die Altertümlichkeit zurückzusinken, während zugleich der Fortschritt mit neuer Technik, neuen Arbeitsweisen, neuen Lebensstilen und steigenden Ansprüchen an Wohnung, Haus und Umfeld unaufhaltsam um sich griff. Die Kleinstadt wurde zum Anachronismus, Suburbia aber immer mehr zur allgemeinen Realität: „Der Begriff ‚Stadt' als organische Gebundenheit, als gemeinsame Angelegenheit der Bürger ist vollständig verschwunden. Den Bürger kümmert's nicht, er jagt dem Geldverdienen nach; für ihn ist die Erweiterung der Stadt eine vollständig nebenherlaufende belanglose Angelegenheit. Es gibt keine Stadt in der Geschichte, die den Tiefstand der Stadt unserer Zeit auch nur annähernd aufweist, die unverstandener und an künstlerischer Qualität geringer ist" (Rings 1923, 140). Obwohl der Widerspruch in ihrem Bemühen um Tradition in der Weimarer Zeit immer eklatanter zu Tage trat, wandelten sich die offiziellen Ziele und Argumente des Bundes über die Jahrzehnte hin kaum; nur der Argumentations-Stil nahm an Schärfe zu und schlug immer stärker in Polemik gegen alles Neuartige um (z.B. GFdH 1929), insbesondere gegen alles „Amerikanische": Frank Lloyd Wright, Henry Ford, Bauhaus, Hochhaus, Negermusik etc.; der Streit von 1927 bis 1932 um die Werkbund-Siedlung in Stuttgart-Weißenhof war nur die Spitze eines Eisbergs von rechten Anfeindungen (u.a. Lampugnani 1992).

„Ein Volk wird für seine Zukunft nur erzogen durch seine Vergangenheit":
Zum Erziehungsauftrag des Heimatschutzes

„Das größte Problem der Gegenwart ist: den so gewaltig klaffenden Riß zwischen Gebildeten und Ungebildeten zu überbrücken (Langbehn 1892, 179). Hinzu kommt „noch ein anderes Problem, welches wie ein Damoklesschwert über dem politischen Leben der Gegenwart hängt: die Auseinandersetzung zwischen Hoch und Niedrig" (ibid., 157). Diese miteinander verknüpften Bedrohungen des Bürgertums ließen sich nach Langbehns Meinung nur abwenden durch eine langsame „Versöhnung" der beiden „Stände" in einem „aristokratischen Ganzen": „Der Besitzlose ... gehört stets zum Pöbel; so auch die gesamte Sozialdemokratie; dieser Pöbel muß wieder in Volk verwandelt werden. Er muß den nach außen hin eingegliederten und in sich selbst abgegliederten Theil eines aristokratischen Ganzen bilden" (ibid., 159). Langbehn hatte damit eine der wohl populärsten und dauerhaftesten Strategien zur Befriedung und Einbindung der arbeitenden Klassen in die bürgerliche Ordnung benannt: „eingegliedert" und zugleich „abgegliedert". Diese Strategie wurde im Siedlungsbau von der Jahrhundertwende an bedeutsam, denn jede gemeinnützige, genossenschaftliche oder Werks-Siedlung war ja ein in die Stadt und die städtische Gesellschaft „eingegliederter" Teil, der aber zugleich auch durch periphere Lage, Haus-Typen und einheitliche Gestaltung deutlich „abgegliedert" war. Zur „Versöhnung" und „Eingliederung" gehörte indes auch ein dem bürgerlichen angenäherter Verhaltens-Kode mit Umgangsformen und Lebensweisen, die erst durch „bürgerliche Erziehung" dem noch „ungebildeten Theil" vermittelt werden mußten: „Darin gipfelt alle Einzel- und Volkserziehung: nicht zu entzweien, sondern zu versöhnen: das Unten und das Oben, das Außen und das Innen des Menschenlebens zur Einheit zusammenzufassen" (ibid., 195). Nach Langbehns Vorstellung war es das Bildungsbürgertum, die „Bildungsaristokratie", die „nicht nur vorübergehend, sondern dauernd zur Erziehung des Ganzen berufen" war (ibid., 153).

Die Heimatschützer hörten den Ruf und verstanden ihn: Siedlungsbau als Erziehungsaufgabe wurde unter Langbehns Maxime der Ein- und Abgliederung zu ihrem bedeutsamsten Tätigkeitsfeld: „Der Wohnbau war und bleibt Bürgersache, und seine wichtigste Vorbedingung heißt Erziehung zum Bürgertum" (Ehmig 1916, 24), d.h. zu Familiensinn, Pünktlich-, Sauber- und Arbeitsamkeit; aber auch zu den „höheren Werten" von Vaterland, Ehrfurcht vor dem Herren und Heiligung der gesellschaftlichen Ordnung, die aus der deutschen Vergangenheit und deutschen Landschaft erwachsen schien.

Langbehn hatte den Volkserziehern die angemessene Lehrmethode diktiert: „Ein Volk wird für seine Zukunft nur erzogen durch seine Vergangenheit" (Langbehn 1892, 6). Wenn also „die geschichtliche deutsche Vergangenheit, als eine Bildungsschule für die Zukunft ... behandelt sein will" (ibid., 71), dann stand den Heimatschutz-Architekten die deutsche Bau-Geschichte als „Bildungsschule" uneingeschränkt zur Verfügung. Auf deren Grundlage „ethische Werte in Formen zu übersetzen" (Rudorff 1897 [1926, 25]), schien selbstverständlich. In der Baugeschichte war nur nach didaktisch brauchbaren Formen zu suchen: „Nicht die Zeitstile sondern die Heimatstile sind das dauernd Lebendige, nicht gotisch, Renaissance usw., sondern das Typisch-Eigene unserer Heimat, das unbefangen Selbstverständliche der alten Heimatkunst, die Ausdruckssicherheit in Schlichtheit wie Reichtum, die Ehrfurcht vor der Tradition ... Die köstliche, in unseren Tagen zugrundegehende heimische Bauweise ist für unsere künstlerische Zukunft wichtiger als alles, was unter den Trümmern Ninives verborgen liegt" (Ehmig 1916, 186). Die „Anwendung unhistorischer Stoffe", wie etwa das „flache Dach" im Wohnungsbau, war, als „der bodenständigen Bauweise zuwidergehend" (Seeßelberg 1913, 107), auszuschließen; nur die „historischen Stoffe" der „heimischen Bauweise" konnten Ausgangspunkt der Gestaltung im Siedlungsbau sein, sollte „die Dissonanz der Bildungsgegensätze als dem letzten Grund aller sozialen Gefahr" (Fritz 1904, 858) gemildert und der „traditionslose vierte Stand" in jener oben erwähnten „neuen Heimat" der Siedlungen an die bürgerliche Ordnung herangeführt werden. In der Landschaft als dem Ursprünglichen ließ sich die deutsche Bau-Vergangenheit am ursprünglichsten pflegen: Der Landschaft konnte sich der Architekt also nur „einfügen" und „anpassen", und „aus der Landschaft heraus" mußte er arbeiten, wenn er den Erziehungsauftrag ernst nahm.

„Heimatschutz" galt folglich jahrzehntelang uneingeschränkt als „eines der wichtigsten, allgemeinen Erziehungs- und Bildungsmittel, als unentbehrliche, staatsfördernde und staatserhaltende Kraft" (Lindner 1917, VIII). Unter der für sie wesentlichen Aufgabenstellung, als Volkserzieher „an der Nationalisierung der Deutschen zu arbeiten" (Seeßelberg 1913, 7), konnten sich die Heimatschützer indes immer nur an das jeweils herrschende politische System binden; konnten nie auf der Seite der Befreiung von einengender Tradition stehen, nie Avantgarde sein.

„Das Neue muß an das Alte anknüpfen":
Zur Suche nach dem Typischen

Langbehn hatte im Sinne seiner „Bildungsschule" die Marschrichtung für seine „konservative" Gesellschafts-Reform vorgezeichnet: „Das Neue muß an das Alte anknüpfen" (1892, 310). Die Schwierigkeit für den Heimatschutz lag darin, daß der „Faden" der Tradition spätestens seit der Reichsgründung von 1870 abgerissen war: „Die heutige deutsche Architektur lebt nur vom kopierten Stil; sie gleicht dem Thurmbau zu

Babel; Gott hat die Sprache der Bauleute verwirrt; sie sprechen je nachdem gothisch oder japanisch miteinander; aber deutsch sprechen sie nicht; und so verstehen sie einander nicht; und werden noch weniger vom Volk verstanden" (ibid., 196). Rudorff meinte jedoch zu wissen, wie der Faden wieder aufzunehmen sei: „Wenn der Volksinstinkt in seiner pflanzenartig still fortschreitenden Tätigkeit einmal gewaltsam gestört worden ist, so muß ihm von außen geholfen werden, damit er sich wieder in gesunde Bahnen hineinfinde. Deshalb eben müssen einsichtige Architekten die abgerissenen Fäden wieder aufnehmen und, an das bewährte Alte anknüpfend, gutes Neues hinzunehmend, der ländlichen Bauweise frisches Leben zuführen" (1897 [1926, 83]). Mit „ländlich" war wohl der neue Siedlungsbau an der Peripherie der Großstädte gemeint, für den die Architekten in der Vergangenheit des Wohnungsbaues nach „einer einheitlichen, auf traditioneller Grundlage beruhenden, volkstümlichen Bauweise" (Mebes 1908, XI) forschten, die nicht nur den zu vermittelnden „ethischen Werten" entsprach, sondern auch „vom Volk verstanden" wurde. Die Heimatschutz-Architekten fragten sich folglich: „Wann" und „an welches Alte" anknüpfen? Dann auch: „Wie" anknüpfen? Wirklich Anknüpfenswertes ließ sich frühestens in der Zeit „um 1800" (Mebes 1908]) finden, denn „fast alle Bauten dieser Zeit atmen durchweg einen Geist, der unseren heutigen Anschauungen und Ansprüchen mit unwesentlichen Einschränkungen noch vollauf entspricht" (ibid., 1); „es ist deshalb wahrlich kein Rückschritt ..., sondern ein Fortschritt, wenn wir an die Bauweise des 18. Jahrhunderts wieder anknüpfen" (ibid., 3). Die Baustile von Klassizismus und deutschem Biedermeier mit ihrer „Einfachheit und Bescheidenheit", ihrer „bewußten Betonung der Grundform" und dem „Sinn für organische Gestaltung" – d.h. für Funktionalität – schienen besser geeignet „für die sittliche und ästhetische Erziehung unseres Volkes" als „die falsche Prunksucht und übertriebene Verzierungslust einer Zeit, die den Mangel an selbständiger formaler Erfindungsgabe durch einen gefährlichen Raubbau an dem Erbe der Vergangenheit zu ersetzten suchte" (ibid., 4 u. 7). Mebes Argumente erwiesen sich als so überzeugend, daß schon bald von „biedermeierlicher Eingleisigkeit" (Seeßelberg 1913, 25) im Wohnungsbau die Rede war.

Auch in der Methode, daß die Bauten der Vergangenheit nicht einfach kopiert werden dürften, gab es noch eine gewisse Übereinstimmung, hatte sie doch Langbehn gemahnt: „Man muß sich vor künstlerischer Werkheiligkeit hüten; nicht ‚unser Väter Werk', sondern ‚unser Väter Gesinnung' gilt es nachzuahmen und aus ihr heraus Selbständiges zu

schaffen" (1892, 197). Mit den Worten von Paul Mebes: „Bei dem Versuch, durch Anschluß an alte Vorbilder an die Stelle einer toten Stilarchitektur eine einheitliche, lebenskräftige Überlieferung zu setzen, muß es stets mehr darauf ankommen, eine verwandte Gesinnung, als eine äußerliche Form zu erneuern" (1908, 10). Worin aber „unser Väter Gesinnung" bestanden haben mochte, das blieb Sache subjektiver Deutung, an der sich die Geister der Heimatschützer schieden.
Der Gedanke Langbehns, aus der „Väter Gesinnung" heraus „Selbständiges" zu schaffen, führte wohl in Verbindung mit seiner seltsamen Typenlehre[10] zu jener von vielen Heimatschutz-Architekten im Wohn- und Siedlungsbau angewandten Methode des „typologischen Entwerfens": An den Haustypen der vorindustriellen Vergangenheit, die in der Zeit „um 1800" ausschließlich handwerklich und meist mit örtlich verfügbarem Material hergestellt worden waren, sollten die strukturelle Grundsätze der Grundriß-Organisation und Konstruktion abgenommen und zu „Haustypen" verdichtet werden; solchem „Haustypus" wurde „Universalität seiner Anwendung" (Mebes 1908, 22) zugesagt, denn er eignete sich als Vorlage für vielerlei Häuser und ließ sich in subjektiver Variation auf verschiedene aktuelle Aufgabenstellungen projizieren; er war – in Grenzen – variierbar sowohl im Hinblick auf die zu befriedigenden Bedürfnisse als auch im Hinblick auf die innere und äußere Gestaltung sowie die Anordnung im Siedlungs-Raum. Seine Variabilität gestattete überdies die Anpassung an verschiedenartige Baumaterialien, Konstruktionsweisen und landschaftliche Gegebenheiten, ohne den Bezug zu „der Väter Gesinnung" zu stören. Kurz, das aus dem typologischen Entwurfsprozeß durch Variation eines herkömmlichen „Haustypus" hervorgehende neue Haus war stets eine in Grundriß, Konstruktion, Material und Außengestaltung stimmige Einheit; auch schien sich auf diesem Weg der Anschluß an den Fortschritt der Zeit ohne Mühe herstellen zu lassen. So sei, nach Meinung Schultze-Naumburgs, schon beim Baumeister der „Väterzeit" diese Methode üblich gewesen: „Der Typus stand fest, er brauchte ihn nur auf den Sonderfall anzupassen. War er dazu ein erfindungsreicher und gestaltender Kopf, so brachte er kleine Vervollkommnungen an und führte damit die Entwicklung gemäß veränderten Bedingungen oder neuem Material um ein bescheidenes Stückchen weiter. Nie wäre es ihm in den Sinn gekommen ..., von dieser Tradition vollkommen abzuweichen" (1908, 34f.). Wenn also die Entwicklung eines Haus-Typus schon in der „Väterzeit" „das Werk einer langen Reihe suchender, versuchender und denkender Köpfe" gewesen war, die ihr Werk

„durch Jahrhunderte weiter vervollkommneten" (ibid., 33), dann müsse man nur an diese „lange Reihe" wieder anknüpfen: „Die Wiederanknüpfung an die letzten guten Überlieferungen soll gefördert werden, nicht, um eine Weiterentwicklung überflüssig zu machen, sondern um die Weiterentwicklung auf einem festen Baugrunde überhaupt erst zu ermöglichen" (ibid., 38f.). Viele verstanden ihre Aufgabe fortan in diesem Sinne: „Nicht im Übernehmen der äußerlichen Form, sondern nur durch die gleiche Güte der Gesinnung kannst du dich in die Reihe einordnen, in der du immer nur ein dienendes Glied sein kannst" (Schmitthenner 1930, 28).

Nun wich allerdings dieser Versuch einer Anknüpfung bei der hergebrachten Methode des Entwerfens in einem wesentlichen Punkt vom traditionellen Bauen ab: Der Architekt schaltete sich mit seinem Entwurf dort ein, wo früher der Baumeister, der Maurer und Zimmermann gewirkt und aus handwerklicher Überlieferung heraus geschöpft hatte. Um gerade diese Tradition weiterhin sicherzustellen, hatte Rudorff 1897 einen Vermittlungs-Vorschlag gemacht, der Architekten und örtliche Handwerker einbezog: „Es müßte überhaupt ausgeschlossen sein, anders als in dem überkommenen, der Landschaft eigentümlichen Stile neu zu bauen. Zu diesem Zweck müßten vor allem ... in allen deutschen Gegenden die bedeutendsten alten Bauten, Wohnhäuser, Wirtschaftsgebäude usw. genau aufgenommen werden. Es müßten Pläne ausgearbeitet werden, die auf Grund solchen Materials das für die Landschaft Charakteristische für Neubauten in Anwendung brächten, unter Berücksichtigung zugleich von angemessenen praktischen Einrichtungen, wie sie die Gegenwart erfunden hat. Sodann wären in den verschiedenen Landschaften den ländlichen Maurermeistern Preise auszusetzen, die die Aufgabe, im Anschluß an jene Muster ein durchaus volkstümliches, den hergebrachten Charakter wahrendes Haus zu bauen, am vollkommensten gelöst haben" (Rudorff 1897 [1926, 81]).

Daß dem Architekten die Führungsrolle im Siedlungsbau als Entwerfer zustehe, bestritt allerdings nach 1900 kaum noch jemand. Wohl aber schieden sich die Geister der Heimatschützer daran, was denn nun das vorbildhaft „Typische" für eine Aufgabenstellung sei, an welche Haustypen anzuknüpfen lohne und wie die neuzeitlichen Anforderungen mit den überlieferten Haustypen zu vereinbaren seien. Ferner schieden sie sich darin, wie frei ein einmal gewählter „Haustypus" variiert und subjektiv abgewandelt werden dürfe; hier neigten z.B. Georg Metzendorf und Rudolf Stegemann eher zum Schematischen (Metzendorf 1993; Stegemann 1926), während Schmitthenner unbestritten als ein Meister freier Variation des von ihm gewählten Grund-Typus galt (Schmitthenner 1932; Voigt 1992). Aus der Uneinigkeit, woher vorbildlich anzusehende Haustypen abzuleiten wären, ergaben sich schließlich vier Linien typologischen Entwerfens, die im weiteren von Heimatschutz-Architekten im Siedlungsbau verfolgt wurden:

1. Das Standes-Typische: Bauernhaus oder Kleinbürgerhaus? Das war die Frage um 1908. Mebes sah den vorbildlichen Haustypus aus praktischen Gründen in den „Kleinhäusern" der Handwerker und städtischen Kleinbürger „um 1800": Verglichen mit den neuzeitlichen Anforderungen seien bei ihnen „die Unterschiede, da sich die Bedürfnisse im allgemeinen bei kleinbürgerlichen Verhältnissen gleich bleiben, nur unerheblich. Diese Gleichartigkeit der Bedürfnisse gibt der baulichen Gestaltung sichere Richtlinien. Grundriss und Aufbau zeigen die Vorteile natürlicher Typenbildung" (1908, 11). Schultze-Naumburg dagegen steuerte aus völkischen Gründen auf das „schlichte Bauernhaus" als vorbildlichen Haustypus zu, denn „im Bauernhaus haben wir den einzigen noch lebenden Vertreter einer nordisch-germanischen Bauart in Reinkultur" (1908, 119). Er stellte allerdings auch volkserzieherische Überlegungen zum Bauernhaus an und überzeugte damit manchen Heimatschutz-Architekten seiner Zeit: „Wenn man nach der Form des Arbeiterhauses sucht, weil es noch nicht unter diesem Namen als gegebene Größe im Besitz unserer Tradition zu finden ist, so kann man Rat finden bei den Ständen, deren Lebensweise und Bedürfnisse mit denen des Arbeiterstandes verwandt sind, und die doch im Besitz einer festen Überlieferung eines eigenen Heims sind, in dem sich menschenwürdig und zufrieden wohnen läßt ... Für das alles gibt es bei uns das mustergültige Vorbild: das deutsche Bauernhaus, wie es der Typus war bis weit in das 19. Jahrhundert hinein und wie es noch heute in einer als Vorbild genügend großen Zahl erhalten ist ... Hier wäre ein äusserliches Mittel gefunden, den traditionslosen Stand (= Arbeiterstand, d.V.) der Zukunft mit der Vergangenheit zu verknüpfen" (ibid., 136f.). Also für den Arbeiter das Kleinhaus, das wie ein „Bauernhaus" aussieht. Da in den neuen Siedlungen allerdings nicht nur Arbeiter – „die primitiveren Formen des Lebens" – wohnen sollten, sondern auch Beamte und Handwerker mit einer „ausgesprochen geistigen Entwicklung", suchte er zu differenzieren und schlug letztendlich zwei verschiedene Grund-Typen als Ausgangspunkt für den neuen Siedlungsbau vor: „Der Anschluß an die Tradition für die primitiveren Formen des

Lebens muß mehr beim Bauernhause, aber für die Formen einer ausgesprochen geistigen Entwicklung mehr bei der mit der klassischen Formensprache beeinflußten bürgerlichen Bauweise des 18. Jahrhunderts liegen" (ibid., 122). Diese Zweiteilung der Haustypologie bürgerte sich schnell ein und bestimmte bis zum Ende des Ersten Weltkrieges das Bild vieler Siedlungen, wie exemplarisch an den Kruppschen Siedlungen bei Remscheid (1908) und Schmitthenners Gartenstadt Staaken (1914) zu sehen ist.[11] Auf regionale Besonderheiten wurde dabei kaum geachtet, so daß süddeutsche „Bauern-Kleinhäuser" nicht nur im Süddeutschen, sondern auch in rheinischen Siedlungen anzutreffen sind; entscheidend waren vielmehr die Herkunft des Architekten und die richtige Wahl der standesgemäßen Haus-Typen. Noch 1921 verteidigte Gerhard Jobst das Standes-Typische gegenüber dem Regional-Typischen: „Die Unterschiede in den Wohnungen (Typen) liegen weniger in den abweichenden Sitten einzelner Landesteile begründet, als in der vom Beruf vorgeschriebenen Lebensweise der Bewohner. Die Wohnung des Landmannes ist wesentlich anders als die des städtischen Arbeiters anzulegen. Für ländliche Kleinwohnungen gibt es Typen, die in Ostpreußen, Schlesien oder Bayern im wesentlichen übereinstimmen" (Jobst 1921, 5).

2. Das Ur-Typische: Ausgangspunkt waren jene Inkarnationen der deutschen Kate, wie z.B. „Goethes Gartenhaus" in Weimar, das in seiner schlichten äußeren Erscheinung und auf Grund seiner handwerklichen Herstellung als „das deutsche Haus" schlechthin galt (ausf. Voigt 1992); zudem hatte es Goethe durch seine Benutzung geadelt: Was dem deutschen Dichter recht gewesen war, mußte dem deutschen Gebildeten teuer sein. Dieser Ur-Typus war also eher dem gehobenen Wohnen im Einfamilienhaus vorbehalten und ließ sich daher dem „Standes-Typischen" zurechnen. Da die Gebildeten überall in Deutschland daran teilhaben wollten, schien er überall am Platz; er ließ sich ja leicht für jede Landschaft durch das verschieden gewählte örtliche Material landschaftsgerecht variieren. Er fand jedoch erst nach dem Ersten Weltkrieg weitere Verbreitung, vor allem durch Schmitthenner.

3. Das Regional-Typische: Wiewohl von Rudorff bereits 1897 gefordert, dauerte es doch bis zum Beginn des Weltkrieges, ehe sich die Idee des Regional-Typischen langsam durchsetzte.[12] Der Wiederaufbau von Ostpreußen gegen Ende des Krieges erst bot den Heimatschutz-Architekten die Möglichkeit, in großem Maßstab beim Neubau auf die regionalen

Bauweisen und Haustypen nach einer sorgfältigen Studie der alten Hausbestände und handwerklichen Überlieferungen einzugehen (ausf. Steinmetz 1918; Frank 1992). Die vom Deutschen Bund Heimatschutz mitherausgegebene ostpreußische Sammlung „Grundlagen für das Bauen in Stadt und Land" war sozusagen die Mutter der späteren „Baufibeln"; das Wegweisende an ihr war, daß sie keine schlichte Sammlung überlieferter Bau-Bestände einer Region war, sondern eine kritische Auswahl im Lichte moderner Anforderungen: „Es wurde den vielfach veränderten wirtschaftlichen Verhältnissen und Arbeitsbedingungen Rechnung getragen. Bauweisen, die deshalb nicht mehr ... anwendbar erscheinen, wie der Holzbau, die Stroheindeckung und dergl., mußten ausgeschieden, zeitgemäße Abänderungen in der Anlage und Verbesserungen in der Konstruktion entsprechend berücksichtigt werden" (Steinmetz 1918, XVIII). Hierin ist ein erstes Anzeichen zu sehen, daß die Schere zwischen Tradition und Fortschritt sich schon soweit geöffnet hatte, daß jede gar zu eng gegriffene Überlieferung gegenüber den neuen Techniken und Anforderungen ausgeweitet werden mußte.

4. Das Sachlich-Typische: Seit etwa 1900 hatten Architekten ihr Interesse der bei Ferienhäusern und Notwohnungen bereits angewandten Fertigbauweise zugewandt, da sie darin eine Möglichkeit zur Kostensenkung auch für Arbeiter-Siedlungshäuser sahen (ausf. Junghanns 1994, 27ff.). Da beim Siedlungsbau stets eine große Anzahl gleichartiger Häuser zu errichten waren, lag die Rationalisierung mit Normung und serieller Produktion von Bauteilen nahe. So erarbeitete man, von „der Sache" der neuen Wohnanforderungen und der Produktion ausgehend, neue rationelle Haustypen, die für eine Vervielfältigung mit Variationen geeignet waren; von Amerika inspiriert (Banham 1990) und mit der Erfahrung des „Kriegswohnungsbaues" nach 1914 führten die Architekten den Rationalisierungsgedanken für Typung der Grundrisse, Normierung der Bauteile, serielle Fertigung von Bauteilen und die Gruppierung des immer wieder Gleichen in den Jahren bis zur praktischen Erprobung fort; mit ihren rationellen Musterhäusern fühlten sie sich zu Recht als Wegbereiter des technischen Fortschritts im Wohnungsbau – und sahen sich dennoch in der methodischen Tradition des „typischen Gestaltens, das dem der Alten durchaus verwandt ist" (Hallbaum 1930, 110). Da „die großen wirtschaftlichen und Sparsamkeitserfolge, die der bekannte amerikanische Automobilfabrikant Henry Ford ... in seinen Werken erzielt hat" (Langen 1926, 233), das Lob führender Heimatschützer fanden, galten der Rationalisierungs-Gedanke und die Idee der Übertragung der „Serienfabrikation" (Lindner 1926, VII) auf den öffentlich geförderten Wohnungsbau in Kreisen der Heimatschützer als sanktioniert – sofern das Produkt „Haus" nur ein steiles Dach aufwies, sich der umgebenden Landschaft einigermaßen einfügte und nicht alle Bauteile seriell hergestellt wurden, so daß dem Handwerk noch etwas zu tun übrigblieb.[13]

Im Gegensatz zum ständig an die neuen Anforderungen sich anpassenden „Sachlich-Typischen" waren die auf tradierte Haus-Typen zurückgreifenden Ansätze des „typologischen Entwerfens" nur in einem historisch wie sachlich begrenzten Aufgabenbereich anwendbar. Jeder traditionelle „Haustypus" stieß an seine Grenzen, wenn er durch neuzeitliche Anforderungen überfordert oder ihm neuzeitliche Materialien und Konstruktionsweisen zugemutet wurden, die mit seinen strukturellen Grundlagen unverträglich waren. Diese Grundstrukturen standen folglich der Entwicklung neuer Haustypen für komplexere Anforderungen und technisch fortgeschrittenere Bauweisen hindernd im Wege (u.a. Metzendorf 1993, 110ff.). Die Heimatschützer erreichten mit ihnen schon ab 1925 im Zuge des „Hauszinssteuer-Wohnungsbaues", der der Groß-Siedlung und dem Miet-Geschoßwohnungsbau den Vorrang gab, die Grenzen des „Anknüpfens des Neuen beim Alten": Beim großen Miethaus wurden gegenüber dem traditionellen Haus wesentlich höhere Anforderungen an die Wohnung gestellt, was Größe und Ausstattung, Belichtung und Belüftung, Gebrauch der Wohnung und Lebensweise in ihr anbelangte; auch folgten Größe der Baukörper und ihre Stellung im Gelände neuen Gesichtspunkten rationeller Erschließung und Begrünung. Ein „Anknüpfen" war hier nicht möglich, da der historische Typus der „Mietskaserne" im geschlossenen Baublock geächtet und andere historische Vorbilder für große Miethäuser nicht bekannt waren.

In Verfolg ihres Entwurfsansatzes gerieten aber auch die anderen ureigenen Anforderungen der Heimatschützer – der volkserzieherische Anspruch, die „Verheimatung" der Siedlungsbewohner und die Rettung des Handwerks – in Konflikt mit den Bemühungen um die preiswerte und rationelle Behausung. Wenn z.B. eine große gemeinnützige Siedlungsgesellschaft, wie die eher konservative Gagfah, 1927 mit der Großsiedlung Merseburg zu einer fast industriellen Wohnungs-Massenproduktion überging (Gagfah 1928, 85f.), entsprachen die dort verwendeten Wohnungstypen selbstverständlich den zeitgemäßen Anforderungen von Angestellten mit Bad, WC, Loggia, großen ungeteilten Fenstern, Zentralheizung und Gasherd;

Großsiedlung Merseburg der Gagfah, 1929.
Industrialisierter Mietwohnungsbau in traditionalistischem Gewand.
(Aus: Leo Adler, Neuzeitliche Miethäuser und Siedlungen, Leipzig 1931)

sie leiteten sich in ihrer Grundriß-Struktur nicht von kleinen, schlichten, klein-befensterten, herd-beheizten Wohnungs-Typen „um 1800" ab; auch reduzierte die Herstellung im Beton-Schüttverfahren unter Einsatz „rationellsten Maschinenbetriebes" (ibid.) mit fahrbaren Gleitschalungen die Arbeit von teuren Handwerkern zugunsten „angelernter billiger Arbeitskräfte" (ibid.), schloß den Bezug zu traditionellen Bauweisen und ortsüblichen Materialien aus. Lediglich durch einige Elemente der Fassadengestaltung und durch das Walmdach wurde noch an eine nicht eindeutig zurechenbare „Tradition" erinnert und der volkserzieherische Anspruch mit Mühe aufrecht erhalten. Für dergleichen klang die Begründung aus Kreisen des Heimatschutzes allerdings recht dürftig: „Wenn man daran festhalten will, daß Wohnhäuser zwar möglichst mit Maschinen hergestellt werden sollen, so muß doch versucht werden, daß die fabrikmäßig hergestellten Häuser nicht fabrikmäßig wirken ... Das billige Haus muß ein Dach über sich haben, es muß ‚wohnlich' wirken" (Stotz 1926, 139). Der Heimatschutz geriet bei solchen technisch-gestalterischen Vorläufern des „Führer-Wohnungsbaues" in die Gefahr, unter dem Diktat rationeller Produktion zur Applikations-Kunst zu verkommen; mit der Metapher Alwin Seiferts war es so, als wolle man „Menschen städtischen Berufs in Lederhosen stecken", (Seifert 1937, 8).

„... denn wir vermögen die Welt nicht zurückzuschrauben":
Heimatschutz und technischer Fortschritt bis 1933

Aus heutiger Sicht mutet es wie eine Bewußtseinsspaltung an, daß Heimatschützer, die im Wohnungsbau das Handwerk und das „nordisch steile Dach" verteidigten, gleichzeitig der Rationalisierung, fortgeschrittener Technik und modernem Ingenieurbau Anerkennung entgegenbrachten. Es war eine um 1900 im „Gedankenkreis der fortschrittlichen Reaktion" geläufige, ja geradezu charakteristische „romantisch-utopische Wertvorstellung in den Kreisen der mittelständischen Intelligenz" (Hermand 1988, 65). Auch hier hatte Langbehn sie mit seinem Verdikt „Konstruktion ist Kunst!" (1892, 198) – und „Kunst" ist „deutsch" – auf die Anerkennung von „sauberen" Ingenieur-Leistungen festgelegt: „Alle die gewaltigen Bahnhofs-und Ausstellungshallen, Brücken, Schiffe usw. sind und bleiben in erster Linie Meisterwerke der Ingenieurskunst, die selbst ohne die Mitarbeit der Architekten, allein durch die geniale Konstruktion in uns Bewunderung und ästhetischen Genuß erregen können" (Mebes

1908, 2; Lindner 1924 u. 1926). Mit ihnen schienen die Verunreinigungen des Kapitalismus und der Schmutz des Geldes durch reine Formen überwunden und die drohende Zerstörung der Landschaft ästhetisch gebannt. Folglich galt z.B. eine Fabrik im „modernen Stil", eine Eisenbahnbrücke und, später im Nationalsozialismus, die Reichsautobahn mit den im „modernen Stil" gehaltenen Tankstellen als durchaus „deutsch"[14] und verträglich mit „deutscher Landschaft" (ausf. Zschokke 1992). Spitzfindige Begründung für die Anerkennung von Ingenieurbauten fanden die Heimatschützer auch darin, daß es sich um Bauwerke und Anlagen handle, bei denen man, anders als bei Wohnhäusern, gar nicht bei der Vergangenheit anknüpfen könne, da „bei technischen Bauten der Gegenwart die Form sich als eine noch nie dagewesene, gänzlich neue, aus neuen Aufgaben und neuen Lösungsmitteln ergab" (Schultze-Naumburg 1908, 136). Bei den Ingenieurbauten der „Väterzeit", wie Mühlen, Hammerwerken, Salinen und dergleichen, sei zudem „die Wirkung der Anlagen im Rahmen der Heimat vortrefflich gewesen" (Lindner 1926, 101) und „eine harmonische Beziehung zum Rahmen der Umwelt" sei also auch bei neuzeitlichen Technik-Bauten zu erwarten (ibid., 5), insbesondere da diese ja Erzeugnisse „deutscher Erfindungsgabe" seien; schließlich und endlich komme diesen Ingenieurbauten ja auch keine volkserzieherische Aufgabe, vergleichbar der im Wohnungsbau, zu. Fazit: „Notwendiges und gutes Ingenieurwerk muß auch in den Kreisen der Heimat- und Naturschützer Verständnis finden" (ibid., 104). In einen grundsätzlichen Konflikt mit der deutschen Industrie wagte der Heimatschutz nie einzutreten. Wiewohl Rudorff die Fortschritte der Technik als „Danaergeschenke" (1897 [1926, 66]) bezeichnet hatte, versuchte bereits er, „eine Vermittlung anzustreben, indem wir unablässig bemüht sind, die Kräfte zu stärken, die ein Gegengewicht schaffen können gegen das Verderben. ... Nicht die neuen Erfindungen an sich sollen geschmäht werden, wohl aber die Torheit und Gier der Menschheit, die sich von ihnen beherrschen läßt, statt sie zu beherrschen; das heißt, sich ihrer nur soweit zu bedienen, als es frommt", denn: „... wir vermögen die Welt nicht zurückzuschrauben" (ibid., 67).
Immer wieder äußerten sich danach Heimatschützer zur „Vermittlung" zwischen Tradition und Fortschritt im „schwerwiegenden Kampf zwischen Handwerk und Industrie" (Lindner 1924, 2): „Es darf kein Gegensatz konstruiert werden zwischen neuer Zeit und Heimatschutz, sondern beide Dinge müssen sich durchdringen und sie müssen gemeinsam die richtige Lösung suchen" (Schultze-Naumburg 1911, 134). So blieb ihr Streben

jahrzehntelang auf einen „Ausgleich zwischen guter Überlieferung und gesundem Fortschritt" (GFdH 1930, 5) in dem Sinn gerichtet, daß der Heimatschutz „sich der Technik bedient"; also: Sicherung der Überlieferung und des volkserzieherischen Auftrages durch Nutzung und Einbindung des technischen Fortschritts. Der Primat aber galt stets der Überlieferung: Der Landschaft, dem Volk, dem Handwerk. „Es bedurfte nicht des Irrweges über die Maschine und den Ingenieurbau, um eine ‚neue Sachlichkeit' zu entdecken. Aus der alten Sachlichkeit des Handwerks kann man sehr schön lernen, neue Notwendigkeiten mit neuen Konstruktionsmöglichkeiten sachlich zu gestalten. Im alten Handwerk ist vollendete Sachlichkeit mit ‚Anstand und Würde' verbunden, zu der ihm eben immer nur die Schönheit verhilft ... Wenn Du die vollendete Sachlichkeit erkennen willst, so sehe doch die Natur an ... Sei nicht sachlicher als die Natur, damit Du ein Mensch bleibst" (Schmitthenner 1930, 12). In ähnlichem Sinn hatte der Heimat-Städtebauer Heinz Wetzel in seinen „Wandlungen im Städtebau" die Weisung gegeben: „Wir brauchen uns in unserer Heimat nur umzuschauen – auf alle Fragen finden wir hier die Antwort ... Für mehr als hundert Jahre war die Baukunst auf der falschen Fährte. Wie finden wir ins das verlorene Paradies zurück? Der Führer hat uns den Weg gewiesen: Das Stichwort heißt: ‚Blut und Boden'" (Wetzel 1942, 24 u. 36).

„Schöpferischer Heimatschutz ist artgemäße Fortgestaltung des Heimatbildes": Die ersten Jahre im Dritten Reich

Die Programmatik der Nationalsozialisten hatte in den Reihen des Deutschen Bundes Heimatschutz schon vor der sogenannten Machtübernahme Befürworter gefunden (u.a. Borrmann 1989, 183): Mit der anti-semitischen, anti-industriellen, anti-demokratischen und teilweise anti-kapitalistischen Grundhaltung verband sich bei den dem Nationalsozialismus zuneigenden Mitgliedern des Bundes die Vorstellung von der Wiederaufrichtung eines Ständestaates (Spann 1921 [1969]), wie ihn die Nationalsozialisten schon 1920 angedeutet hatten (NSDAP-Programm 1920, § 25); ferner verhießen ihnen die Nationalsozialisten die Rückdrängung der Groß-Industrie (ibid., § 14) und die Wiedereinsetzung des Handwerks in seine früher bedeutende mittelständische Stellung (ibid., § 16). In der 1927 von Alfred Rosenberg gegründeten „Nationalsozialistischen Gesellschaft für deutsche Kultur", von 1929 an „Kampfbund für deutsche

Kultur" genannt, fand mancher Heimatschützer, u.a. Schmitthenner und Schultze-Naumburg, die ihm passende politische Heimat. An Tradition ausgerichtete Architekten, die, wie Schmitthenner, 1928 dem Werkbund wegen seiner Amerika- und Maschinen-Begeisterung den Rücken kehrten, schlossen sich zum „Block" zusammen, um fürderhin besser „die Lebensanschauungen des eigenen Volkes und die Gegebenheiten der Natur des Landes zu berücksichtigen, ... ohne aber Ererbtes vernachlässigen und bereits Gekonntes verlieren zu wollen" (Block 1928).
Nach Hitlers Machtübernahme hatte die DAF 1934 ihr „Reichsheimstättenamt" und, ihm zugeordnet, das „Architekturbüro der DAF" eingerichtet, zu dessen Leiter Schulte-Frohlinde, ein enger und auf den Heimatschutz eingeschworener Mitarbeiter Schmitthenners, berufen wurde. Auch andere Schüler aus Schmitthenners „Stuttgarter Schule" fanden einflußreiche Positionen (Voigt 1985, 248f.). Der Deutsche Bund Heimatschutz sah sich durch derlei Berufungen anerkannt, in seinen Zielen bestätigt und zur Mitwirkung berufen: „Die Begriffe Volkstum und Heimat werden im Aufbau des neuen Reiches hoch bewertet. Damit rücken auch Heimatschutz und Heimatpflege in den Mittelpunkt der Aufbaubestrebungen. Weg und Ziel sind für sie die alten geblieben, aber die Auswirkungsmöglichkeiten sind nun ungeahnt gewachsen" (Lindner 1934, 5). Der inzwischen gleichgeschaltete – und damit von kritischen und dem Extremen zuneigenden Geistern befreite[15] – Deutsche Bund Heimatschutz wurde 1937 im Zuge der politischen Aufräumarbeiten in „Deutscher Heimatbund" umbenannt. Damit war der Heimatschutz auch offiziell anerkannt und wurde für die innere Stabilisierung des politischen Systems in die Pflicht genommen: Er hatte zuvorderst Sorge zu tragen für die „Verwurzelung des Menschen ... (als) innere, seelische Verkettung des Menschen mit dem heimatlichen Boden und dadurch mit dem Heimatland selbst, mit Volk und Vaterland" (Schmitt 1937, 10).
Zunächst schien es, als ob nun endlich Volkserziehung, Bewahrung von Volkskultur und Handwerk, Sicherung des völkischen und baulichen „Erbgutes" auf breitester Grundlage zu verwirklichen und der seit langem erhoffte „Ausgleich", die Harmonisierung der Überlieferung mit dem technischen Fortschritt, im Siedlungsbau herbeizuführen seien. So wurde der ins Zwielicht geratene Rückgriff auf überlieferte Haustypen erneut zum Hoffnungsschimmer: „Es gibt kaum bessere Grundrisse als die alten Siedlungshäuser, die frühere Jahrhunderte geschaffen haben. In langen Jahrzehnten haben sie sich als die wirtschaftlichsten Typen bewährt. Es gibt kaum eine bessere Ausdrucksform für das neuzeitliche Siedlerhaus

als etwa die, die der Alte Fritz und seine Zeit in Brandenburg und Schlesien den Häusern gegeben haben, die sie zur Ansiedlung von Soldaten und Kleinbürgern errichtet haben" (ibid., 14). Vor Einschränkung ihrer individuellen Kreativität beim Siedlungsbau war den Heimatschutz-Architekten nicht bang, hatte ihnen doch Lindner zugesichert: „Schöpferischer Heimatschutz ist artgemäße Fortgestaltung des Heimatbildes" (1934, 79), und später hinzugefügt: „Die gesunden Unterschiede der persönlichen baugestalterischen Handschrift wirklicher Könner im Rahmen der gegebenen landschaftlichen Verpflichtung sollen selbstverständlich nicht unterdrückt werden" (Lindner 1940, 24). Der Münchner Landschaftsplaner Alwin Seifert hatte die Zeichen der Zeit allerdings besser erkannt, als er die Architekten mahnte: „Die Zeit der Freiheit ist aus!" Denn, so präzisierte er die neue Aufgabe im Siedlungsbau, „wer dem Volke Heimat bauen will, der muß verzichten auf alles, was man auch sonst noch bauen könnte, und auf das, was anderswo ganz gut und richtig sein mag. Er fügt sich ein in das Gesetz, unter dem die Landschaft und ihre Bewohner angetreten waren, und sucht es zu erfüllen in dem Streben, aus Mensch, Landschaft und Siedlung das Übergeordnete neu zu schaffen: Heimat" (1937, 9). Neu schaffen hieß für ihn gerade nicht auf alte Haustypen zurückzugreifen: „... einer letzten Forderung ist zu genügen, daß das Bild auch der neuen Siedlung wieder echt sei. Echt in dem Sinne, daß die Siedlung in Franken ein fränkisches Gesicht hat und die in Schwaben ein schwäbisches. Auf diesem Gebiete ist aber noch alles offen. Denn das ab und zu versuchte Nachahmen alter Bauernhaustypen schießt ganz an dem zu erreichenden Ziel vorbei. Es handelt sich ja nicht darum, Deutschland in ein Freilichtmuseum zu verwandeln und Menschen städtischer Herkunft und städtischen Berufs in Lederhosen zu stecken. An dem Versuch, die Entwicklung seit 1840 einfach zu leugnen, ist die Volkskunstbewegung der Vorkriegszeit gescheitert. Man blieb in den Schmuckformen hängen und erkannte nicht den zeitlosen Kern allen stammesgebundenen Bauens: Die ganz einfache Grundform jedes wirklich echten Hauses, die Gleichheit der Firstrichtung, die Gleichheit der Dachneigung, die Gleichheit der Dachfarbe und das ganz ausserordentlich vieldeutige und empfindliche Verhältnis von Wand zu Öffnung" (ibid., 8). Heinz Wetzel (1882-1945), Städtebau-Professor an der Technischen Hochschule in Stuttgart,[16] ging noch weiter in der Betrachtung des „zeitlosen Kerns" und sah die Wirtschaftsform der Hausbewohner – er dachte an Fischer, Weber, Handwerker – als das Wesentliche und Bodenständige an, dagegen das Haus als ein „Gewand", das kennzeichnend für eine

Landschaft sei: „Bei oberflächlicher Betrachtung scheint das Gewand das Bodenständige zu sein, in Wirklichkeit ist es aber ein ganz bestimmter Wirtschaftsvorgang, ein ganz bestimmter Betriebsvorgang und Organismus (der Bewohner). Diese schaffen sich ein Gewand, und dieses Gewand ist abwandelbar je nach Klima, Landschaft und örtlichem Baustoff ... Der grundsätzlich gleiche Wirtschaftsvorgang und Organismus führt zu der Bodenständigkeit des Hauses" (1937, 199). Hiermit legten Wetzel und Seifert 1937 den Grundgedanken für die Ablösung des Haustypus vom Landschaftstypus im Siedlungsbau und eröffneten der DAF die Tür zur getrennten Behandlung von Haustypus und Hauskörper einerseits und dessen Umhüllung mit einem nach Landschaftsraum variierbaren „Gewand" andererseits.
Als Hitler 1940 der DAF den „Führer-Wohnungsbau" übertrug, konnte diese die erprobte Zusammenarbeit mit dem „Heimatbund" fortführen und die in Sachsen 1937 begonnenen Arbeiten zur Landschaftsnormung im Siedlungsbau (DAF 1939) auf eine breitere Grundlage stellen. Die Heimatschützer waren also, gleichsam gleitend auf ihren „alten Zielen", bruchlos in ihre neue Aufgabe des „Führer-Wohnungsbaues" hineingewachsen.

Woran der Heimatschutz scheiterte

Die eingangs gestellte Frage: „Was hatte die Heimatschützer dazu gebracht, sich überhaupt des ‚Führer-Wohnungsbaues' anzunehmen?" darf als beantwortet gelten. Nun ist abschließend noch der zweiten Frage nachzugehen, der nach den Ursachen des Scheiterns.
1934 hatte sich der zusammen mit seinem Bund Heimatschutz gleichgeschaltete Werner Lindner eine maßgebliche Rolle im Wohnungsbau erhofft: „Wie Deutschland nicht ohne ein festes und freies Bauerntum leben kann, so braucht es auch ein wieder gesundetes und freies Handwerkertum. Und zum richtigen Bauhandwerker gehört nicht Blech, Eternit und Dachpappe, Eisenbeton und eine Fülle von Ersatzbaustoffen und mechanisierten Aufbauweisen. Zu ihm gehört vielmehr Holz, das uns in deutschen Wäldern so reichlich zuwächst, Stein, der aus dem Boden gebrochen, aus Lehm gebrannt wird" (1934, 36). Der Traum vom na-

türlichen Material und „freien Handwerkertum" verflüchtigte sich indes 1940 mit der forcierten Industrialisierung bei Rüstung, Motorisierung und „Führer-Wohnungbau"; so wie schon 1934 die Träume vom „Ständestaat" und der Führungsrolle des Bürgertums zerstoben waren (u.a. Kühnl 1990): Hitler wollte nicht zurück zu einer kleinteiligen, handwerklichen Vergangenheit, sondern vorwärts zur Weltmacht durch überlegene Technik und Groß-Industrie auf der Grundlage einer hoch-produktiven, einheitlich geschichteten und nur der Arbeit verpflichteten „Volksgemeinschaft". Der eher gegenteiligen Zielen verpflichtete Heimatschutz eignete sich indes in den Augen der DAF als ein Propaganda-Instrument, wenn es um die „Verwurzelung" der Volksgenossen, ihre politische Sterilisierung und Zufriedenstellung, ihre Identifikation mit der deutschen Vergangenheit und die Erzeugung von Stolz auf die Heimat ging. Die Schaffung einer trotz Rationalisierung „volkstümlichen", „wohnlichen", kurz: vertrauenerweckenden Siedlungsgestalt war Teil der DAF-Strategie der „Verlockung". Die Heimatschutz-Architekten mußten allerdings an dieser Propaganda-Aufgabe aus äußeren und inneren Gründen scheitern.

1. Zu den äußeren Gründen des Scheiterns

Unter die von den Heimatschützern nicht verschuldeten Gründe ist vor allem zu rechnen, daß die DAF ihnen beim „Führer-Wohnungsbau" zum Zweck zielgenauer und konfliktfreier Handhabung des Heimatschutzes als Propaganda-Instrument drei ihrer bisherigen Herzensanliegen aus der Hand genommen hatte:
- Die ganzheitliche Gestaltung des Siedlungsbaues. Nun wurden Grundrisse und Konstruktion der Wohnungsbauten zunächst nach politischen Grundsätzen und zeitgemäßen Anforderungen von der DAF in Abstimmung mit der Bauindustrie entwickelt. Den Heimatschützern blieb lediglich die nachgeordnete Gestaltung des „Gewandes", des Äußeren der rationell zu produzierenden Wohnbauten, und die Stellung der Baukörper in der Landschaft.
- Die Individualität der Gestaltung und die subjektive Interpretation der überlieferten Haustypen und Bauweisen. Nun schloß die einmal festgelegte „Landschaftsnormung" jede subjektive Interpretation, jede Individualität selbst im Kleinen aus. Unter dem Zwang der großen Serie wurde die Architektenarbeit darauf reduziert, eine der Massenproduktion unterworfene simplifizierte Norm zu erfinden, die ihre Tätigkeit letztendlich überflüssig machte.

- Der Primat des Handwerklichen gegenüber der Technik. Nun wurden Rohbau und Ausbau vorwiegend von billigen Zwangs-Arbeitskräften in Serienproduktion und Montagebauweise erstellt, während das teure Handwerk, in eine Nebenrolle gedrängt, nur noch die durch die „Landschaftsnormung" vorgeschriebenen Haustüren, Ortgänge, Kaminköpfe etc. zu fertigen hatte. Nur noch für diesen engen und nachgeordneten Aufgabenbereich war der Heimatschutz überhaupt „zuständig".

2. Zu den inneren Gründen des Scheiterns

Hier ist zunächst neben der politischen die berufständische Blindheit gegenüber den Zielen der Nationalsozialisten zu sehen, die die Heimatschützer verkennen ließ, daß sie beim „Führer-Wohnungsbau" in besagte Nebenrolle gedrängt wurden und bei der „Landschaftsnormung" eine ihren ursprünglichen Zielen entfremdete Arbeit zu leisten hatten. Kurz, sie ließen sich im Zuge der „Umwertung der Werte" (Goebbels 1933, 29) für die Propaganda im Wohnungsbau genauso vereinnahmen, wie Vertreter der sogenannten „Moderne" für die Propaganda beim Industriebau vereinnahmt wurden (Fehl 1985).

Solcher Blindheit sind auch die anderen Ursachen des Scheiterns verhaftet, die angelegt waren in ihrem ursprünglichen Missionsbewußtsein (u.a. Schultze-Naumburg 1911, 135). Ferner in ihrem über Jahrzehnte hin unverrückbaren Glauben an den Mythos von Volk und Heimat und ihrem daraus abgeleiteten Erziehungsauftrag der „Versöhnung" der Stände. Schließlich scheiterten sie an ihrer unerschütterbaren Vorstellung von der Harmonisierung des Fortschritts mit der Überlieferung. Sie konnten nicht zur Kenntnis nehmen, daß sich die Schere zwischen Überlieferung und Fortschritt im Wandel von Gesellschaft und Technik inzwischen soweit geöffnet hatte, daß sich die Kluft nicht mehr überbrücken ließ. Zwei Entwicklungen waren unter anderem dafür maßgeblich:

- Der „Führer-Wohnungsbau" richtete sich nach Jahresproduktion und Anspruch „an die breite Masse" der Volksgenossen und zielte im Zuge der Herstellung der von oben geführten, gleichgeschalteten „Volksgemeinschaft" auf Abbau von Standesunterschieden. Er war also kein ständischer, auf Ungleichheit beruhender Wohnungsbau mehr, der nur auf die Bedürfnisse der „kleinen Leute" abgestimmt und auf deren Erziehung ausgerichtet war. Alle Differenzierung war nun auf „Stamm" und „Landschaft", nicht aber mehr auf „Stand" und „Herkunft" auszurichten. Mit der Streichung des Ständeprinzips hatten die Nationalsozialisten auch die Aufgabe der „Volkserziehung" neu geordnet: Nicht weiter sollten

Arbeiter zu Bürgern erzogen werden, sondern Arier, gleichgültig ob Arbeiter, Kleinbürger oder Bildungsbürger, waren zu „Volksgenossen" zu erziehen. Die „Heimat" der Volksgenossen war an oberster Stelle das Deutsche Reich; dann, als politische Heimat: Die Partei; schließlich als „Stammesheimat": Die Landschaft. Langbehns Lehre versagte vor dieser neuartigen Erziehungsaufgabe ebenso, wie die Heimatschützer als die „zur Erziehung berufenen" Bildungsbürger: Ihnen fehlte die Möglichkeit, Bildungs-Unterschiede als gemeinsamen Ausgangspunkt anzusehen und den einen Stand in seiner Bildung um einige Stufen emporzuziehen; nun sollte nivelliert und gleichgeschaltet werden. Es fehlte auch das gewohnte „Bildungs-Material", es fehlten die historischen Bezugs- und Vorbilder, die auf die neuen Groß-Siedlungen so hätten angewandt werden können, wie die behäbige Kleinstadt oder das Bauernhaus auf die kleinen Arbeiter-Siedlungen im ersten Viertel des Jahrhunderts. Schließlich waren die Bildungsziele ohne Vorbild, denn wenn vor dem Ersten Weltkrieg die „kleinen Leute" in den Siedlungen zur Friedfertigkeit geführt und durch Zufriedenstellung entpolitisiert werden sollten, so waren nun die Volksgenossen zwar auch zufrieden zu stellen, aber nur um sie politisch gläubig, gehorsam und gleichzeitig kampfbereit zu machen.
- Beim „Führer-Wohnungsbau" war aus bevölkerungspolitischen Gründen die große, familienfreundliche Wohnung für eine Kleinfamilie mit mindestens vier Kinder festgelegt worden: Mit Küche-Wohnzimmer-Eßplatz-Elternschlafzimmer-Kinderzimmer-Kinderzimmer-Bad-Flur-Loggia auf einer stapelbaren Wohnfläche von ca. 65-79 qm; dieser seit der Weimarer Zeit meist als Zweispänner entwickelte neue Typus von Wohnung hatte nichts mehr gemein mit jenen Minimal-Wohnungen mit Küche-Kammer-Stube-Eingang auf 25-35 qm Wohnfläche, die in den Katen der Zeit „um 1800" üblich gewesen waren. Ein „Anknüpfen" wäre bestenfalls noch bei der „landschaftsgebundenen" Gestaltung der äußeren Erscheinung denkbar gewesen; aber auch hier verhinderte die Maßstabserweiterung der nun breitgelagerten Fassaden von 2- bis 4-geschossigen Miethauszeilen mit ihren großen Fenstern, Loggien etc. die Übertragung der überlieferten Fassadenstrukturen. Heimatschutz mußte sich folglich reduzieren auf das „Gewand", auf die Applikation landschaftsgebundener, handwerklich gefertigter Bauteile, die die rationalisierte, teilweise industriell hergestellte Kernstruktur kaschierten, Heimatlichkeit vortäuschten und Überlieferung und Geschichtlichkeit ad absurdum führten; wichtigstes und allenthalben angewandtes Gestaltungselement der Heimat-

schützer blieb das aus Kosten- und Klimagründen ohnehin sinnvolle „nordisch steile Dach".

Vergleichen wir dieses Ergebnis mit dem, was Schultze-Naumburg 1904 zum Verhältnis vom Haus und dessen äußerer Erscheinung gesagt hatte, dann wird das praktische Scheitern des Heimatschutzes im und am Nationalsozialismus deutlich: „Es gibt drei Möglichkeiten. Entweder, es deckt sich Äusseres und Inneres ganz genau"; das wäre das Ziel der Arbeit eines Heimatschutz-Architeken. „Oder aber: Inneres und Äusseres, d.h. Sichtbares, haben überhaupt nichts miteinander zu tun – ‚der Schein trügt', heißt ein alter Gemeinplatz. Dann könnte man mit Recht fragen, wie überhaupt das Äussere zustande kommt ... Oder aber, die dritte Möglichkeit: infolge einer sonderbaren Funktionsstörung ist die Beziehung ‚innerlich' und ‚äusserlich' unterbrochen worden ... Über kurz oder lang wird dann das Äussere im Inneren wahrmachen, was es jahrzehntelang verkündet: die Menschheit wird dann wirklich so gemein sein, wie sie jetzt nach ihrer sichtbaren Bestätigung nur zu sein scheint" (1904, 23). Diese „sonderbare Funktionsstörung" hatte sich lange abgezeichnet, nun war sie im Dienste des Nationalsozialismus endgültig eingetreten.

Mit dem Scheitern am „Führer-Wohnungsbau" war der deutsche Heimatschutz insgesamt gescheitert: Nicht nur hatten sich seine Ziele und Methoden um 1940 endgültig als überholt erwiesen, sondern er hatte auch den verzweifelten Versuch, in der Überlieferung eine Zukunft zu sehen, oder auch aus der Überlieferung heraus Neues zu gestalten, nicht gegen die andrängende Rationalisierung des Bauens und den Wandel der Lebensweisen durchhalten können. Lediglich dort blieb dem Heimatschutz eine Art von kreativer Nische, wo die handwerkliche Bauproduktion noch eine Zeitlang eine Rolle spielte: im Einfamilienhausbau. Hier war „heimatgebundenes Bauen" Kennzeichen für die Selbstausgrenzung der Privilegierten gegenüber dem „sozialen Wohnungsbau ..., der in Serie für durchschnittliche Bedürfnissen der breiten Masse erzeugt wird". Das Sichfestklammern an einer vergehenden Ordnung fand beredtsten Ausdruck in der Talmiwelt des verordneten „Heimatstils", mit dem städtische Miethäuser und vorstädtische Bungalows gleichermaßen „in Lederhosen" gesteckt wurden. Der im sogenannten „Dritten Reich" aus Gründen der Propaganda und der Gewinnung der Seele der Volksgenossen als Gewand verordnete „Heimatstil" verdeckte indes nur noch für eine Weile die Folgen des raschen gesellschaftlichen und technischen

Wandels. Um 1940 war der Einheit stiftende Mythos von Volk und Heimat, „Blut und Boden", trotz gegenteiliger Reden, längst in seinen Grundfesten erschüttert: Er vermochte nur noch mühsam die Amerikanisierung der Lebensformen in Schach zu halten, die Demokratisierung hinter dem „Führermythos" zurückzustauen, den Drang nach Freizeit und Konsum „artgerecht" zu kanalisieren, den Pluralismus unter den Beschwörungen einer „Volksgemeinschaft" zu verstecken und der Differenzierung des Häusermarktes entgegenzuarbeiten: Häuser im „Heimatstil" erfüllen heute die Bedürfnisse einer Nachfragergruppe – ihre Verbindung mit der Überlieferung ist Null; ihr Erziehungswert ist Null[17]. Andere Wege, die historische Kontinuität ohne Rückgriff auf die Überlieferung zu sichern und ohne in die Talmiwelt von Brauchtumspflege und „Heimatstil" abzusinken, hatte unter anderem Theodor Fischer schon zur Jahrhundertwende benannt: „... wenn wir nun von den Alten lernen wollen, so ist es der Geist ihrer Freiheit und Ehrlichkeit, dem wir nachgehen sollen und nicht die Schnörkel und die gebräunte Echtheit der historischen Stimmung" (Fischer 1901 [1988, 330]).

Anmerkungen

Vortrag vom 7. Mai 1993 in Weimar anläßlich der Tagung der Hochschule für Architektur und Bauwesen „Vom Umgang mit den baulichen Relikten des Faschismus – Ein italienisch-deutsches Kolloquium". Der Text, der in der Wissenschaftlichen Zeitschrift der Hochschule für Architektur und Bauwesen Weimar, Jahrg. 40, 1994, Heft 1, unter gleichem Titel erschien, wurde überarbeitet und dabei stark gekürzt.

1 Auf die dunklen Schattenseiten (Zwangsarbeit, Auswahl der Mieter etc.) dieses in mancher Hinsicht wegweisenden Wohnungsbaues wird im Originalbeitrag hingewiesen (ausf. Fehl/Harlander 1986; Harlander 1994).
2 Danach wurde nur noch unter der Hand an den Baufibeln weitergewerkelt – teilweise bis in die Nachkriegszeit hinein.
Ley und Giesler sahen in einem Aktenvermerk vom 15. Februar 1945 – die amerikanische und die russische Armee hatten die deutschen Grenzen längst überschritten – zu einem „neuen Programm" für den Nachkriegs-Wohnungsbau (vgl. Harlander 1994, Dok. 37) die Notwendigkeit zu einer Neubewertung des „Führer-Wohnungsbaus": Die bisherige Bemühung um Rationalisierung und insbesondere den „Montagebau" sahen sie als gescheiterten Versuch an, als „Amerikanismus, wenn nicht Bolschewismus". Der Primat der Rationalisierung wurde also vorsichtig zurückgenommen und „neue Gedanken über die Baugestaltung" verfolgt, die in der Rückkehr zum „Ziegelstein", in der Beschränkung auf „Normung ... nur bestimmter

Bauteile", im hohen „Einsatz von Baumaschinen" und in der „Zuhilfenahme ausländischer Arbeiter" liegen sollten. Das heißt, die Kostensenkung der „deutschen Wohnung" nach dem Kriege sollte – „der Führer hält unabänderlich daran fest" – bei gleicher Wohnfläche und zurückgenommener Industrialisierung vor allem durch gesenkte Baukosten aufgefangen werden, sprich: durch die systematisch um mehr als das 20-fache des Damaligen erweiterte Zwangsarbeit (KZ-Häftlinge aus Polen und Rußland) von „20 Millionen".

3 Zur Gründung, den Gründern und zur Entwicklung vgl. u.a. Deutscher Heimatbund 1954; Borrmann 1989; Frank 1992, S. 115-118. 1937 erfolgte die Umbenennung in „Deutscher Heimatbund".
Die Aufgaben des „Deutschen Bundes Heimatschutz" erstreckten sich gemäß seinem Gründungsaufruf von 1903 nicht nur auf Architektur und Siedlungsbau, sondern auch auf die unmittelbar volkserzieherischen Aufgaben der Erwachsenenbildung, der Pflege von Brauchtum und Kunstgewerbe etc.; aber auch auf den Natur-, Landschafts- und Denkmalschutz etc. Es wird hier nur auf die Bemühungen im Bereich Architektur und Siedlungsbau eingegangen. SDem Heimatschutz ähnliche Bewegungen gab es auch in anderen Ländern – u.a. in England, Frankreich, Österreich, Polen, der Schweiz – jeweils mit spezifisch nationalen Zielsetzungen. Es war also „Heimatschutz" an sich nichts spezifisch Deutsches, nur der „Deutsche Bund Heimatschutz" war es – und zwar überwiegend „ur-deutsch": „Ein Bund aller Gleichgesinnten, denen es darum zu tun ist, deutsches Volkstum unbeschädigt und unverdorben zu erhalten, und was davon unzertrennlich ist: die deutsche Heimat mit ihren Denkmälern und der Poesie ihrer Natur vor weiterer Verunglimpfung zu schützen" (Deutscher Bund Heimatschutz 1903). Der Bund war indes nicht durchgehend restaurativ gesinnt, sondern es gab unter den Gründern höchst konträre Positionen, sozusagen ein Spiegel der Befindlichkeit des Bildungsbürgertums um 1903: Auf der einen Seite nationalbewußte, aber durchaus aufgeklärte Architekten, wie Theodor Fischer (1862-1938), Hermann Muthesius (1861-1927) wie der Nationalökonom Carl Johannes Fuchs; dazwischen engagierte Deutsch-Nationale, wie die Berliner Architekten Ludwig Hoffmann und Otto March und von 1914 an als Bundessekretär Werner Lindner; auf der anderen Seite dem Mythos von „Blut und Boden" verpflichtete Architekten, wie Paul Schultze-Naumburg (1869-1949), der Komponist Ernst Rudorff und der Ethnologe Paul Langhans. Es wird hier nur jene maßgebliche, von Schultze-Naumburg und später auch Paul Schmitthenner (1884-1972) geprägte Position untersucht, die seit der Gründung im Sinne der „fortschrittlichen Reaktion" (Hermand 1988) wirkte, schon in der Weimarer Zeit der NSDAP nahestand und schließlich von der DAF aufgesogen und am „Führer-Wohnungsbau" beteiligt wurde. Andere Heimatschutz-Strömungen, auch im Verfügungsbereich anderer NS-Größen, sind hier nicht berücksichtigt.

4 Juden hatten im Napoleonischen Rheinland bereits 1808 die vollen bürgerlichen Rechte erwerben können; in Preußen dauerte es bis zur Reichsgründung 1871 (ausf. Grab 1981). Erst seit 1913 wurde die deutsche Staatsbürgerschaft nach dem „Blut-Prinzip" erteilt: Der Vater mußte „deutschen Blutes", also deutsch-stämmig sein. Dies diente in erster Linie dazu, sog. „Ostjuden" und die Polen im Ruhrgebiet und in Oberschlesien vom Erwerb der deutschen Staatsbürgerschaft fernzuhalten.

5 Einen knappen Überblick über die vielen „Lebens- und Kultur-Reformbewegungen" der Zeit zwischen den 90er Jahren und dem Ersten Weltkrieg, die auch in den Deutschen Bund Heimatschutz hineinwirkten, vermittelt u.a. Petsch 1978.

6 Zur Auseinandersetzung mit dem schwierigen Begriff „Heimat" siehe. u.a. Lenz 1978; Greverus 1979; Führ 1985.

7 Da zwischen beiden – den eher rückwärts- wie auch den eher vorwärtsgerichteten – Vertretern des Heimatschutzes dieses gemeinsame Verständnis von „Funktionalität", „Schlichtheit" und „Sachlichkeit" bestand, sie gleichzeitig aber stets am „historischen Stoff" hängenblieben, ist es meines Erachtens völlig falsch, sie der „Moderne" zuzuordnen; denn auch Funktionalität

etc. war für sie etwas Überliefertes, und sie suchten dafür Vorbilder in der Vergangenheit „um 1800" (Mebes 1908).

8 Das Buch „Rembrandt als Erzieher" (1890) von Julius Langbehn (1851-1907) war ein gegen Sozialdemokratie, Juden und andere „Artfremde" gerichteter Aufruf an das Bürgertum, nun, da die Sozialdemokratie wieder aus der Zucht der Sozialistengesetze entlassen werde, deren Erziehung im nationalen Sinne in die Hand zu nehmen und die nationale Führungsrolle in kulturellen Angelegenheiten als „Bildungsaristokratie" (Langbehn 1892, 48) zu übernehmen. Dem wirr und wortreich geschriebenen Buch war überwältigender und langwährender Erfolg beschieden: Ständig überarbeitet, erlebte es bereits 1892 die hier verwendete 41. Auflage und erreichte bis 1942 insgesamt 102 Auflagen und noch 1944 eine billige Volksausgabe. Langbehn wurde als einer der maßgeblichen Ideologen vieler bürgerlicher Lebensreform-Strömungen lange Zeit unterschätzt und sein Hineinwirken in das Feld der Architektur übersehen (vgl. Fehl 1980; Frank 1992). Langbehn hatte seine ideologischen Vordenker, z.B. in W.H. Riehl; neben ihm stand eine Reihe ähnlich gesonnener „Denker", wie z.B. Theodor Fritsch und Paul de Lagarde; sie allesamt waren von Friedrich Nietzsche beeinflußt.

9 Der Streit um das Dach des „deutschen Wohnhauses" reicht bis ins 19. Jahrhundert zurück, wobei zunächst einseitig von Heimatschützern gegen das Flachdach im Wohnungsbau polemisiert wurde (u.a. Rudorff 1897, 28f.; Schultze-Naumburg 1908, 154ff.), während sich die Vertreter des Flachdachs erst spät dagegen wehrten (u.a. Rings 1923, 199ff.). Die erste systematische Auseinandersetzung – „Das flache Dach im Heimatbilde" (Seeßelberg 1913) – startete der Werdandi-Bund 1913 als Reaktion u.a. auf Frank Lloyd Wrights Buch, das 1912 auch in Deutschland veröffentlicht wurde und zeigte, wie mit „unhistorischer Stoffen" in Amerika Architektur gemacht wurde. Um 1928 spitzte sich der sachlich kaum begründbare, ergo ideologische Streit im Zuge der allgemeinen politischen Polarisierung zu zum „Dächerkrieg" (Schwab 1930 [1873, 28]): Das Steildach stand für Individualität und Deutschtum, dagegen das Flachdach für Kollektivität und Internationalität (ausf. u.a. Pommer 1983; Fehl 1990). Daß trotz der vom „Block" geschürten Polemik dennoch eine sachliche Diskussion möglich war, zeigen die Debatten um Moderne und Heimatschutz in der Werkbund-Zeitschrift „Die Form", u.a im Jahrgang 1930.

10 Langbehn entwickelt in seinem Buch eine Art von schlichter Typenlehre im Zusammenhang seines Konzeptes von „Individualität": „Jede Individualität stellt eine Abweichung vom Normalen dar ... ist ein verschobenes Normal" (1892, 12). Das „Normal" aber sei der Typus, der variiert werden kann. Beispiel hierfür ist ihm der „Schädel", der ein „Normal" darstellt, ein durch Konstruktion und strukturelle Grundform bestimmter Typus. Der Typus wird von Stamm zu Stamm und Individuum zu Individuum variiert, und dennoch bleibt die Normalform immer erkennbar: „Der Schädel und die Kunst Raffael's bewegen sich in reinen, der Schädel und die Kunst Beethoven's in unreinen Linien. Aber unreine Linien sind nicht unschöne Linien" (ibid.). Auch wenn „Beethovens Schädel ein derartig häßlicher ist", so sei „für Deutschland nun mal die deutsche Schädelform die beste, die höchste und die fruchtbarste" (ibid. 13). Diese schlichte, rassistische Typenlehre ließ sich ohne weiteres auch auf den Hausbau übertragen: Meines Wissens war es Schultze-Naumburg, der bei seinen Überlegungen zum Typus des deutschen Bauernhauses darauf kam, daß der Typus „den Unterbau zu allem Verästeln darstellt, die starken Wurzeln und den Stamm, der das bewegte Spiel der Spitzen nicht mitmacht" (Schultze-Naumburg 1908, 15). Angesichts der alten Bauernhöfe, deren „Formen im einzelnen variieren ... enthüllt sich das ganze Geheimnis der leichten und vollkommenen Ausdrucksfähigkeit der Alten. Sie hüteten sich davor, kurzer Hand aus eigenem heraus leisten zu wollen, was nur die Arbeitssumme von Geschlechtern sein kann: das Gestalten des Typus, den der Künstler auswendig beherrschen muß, um ihn dann der Einzelaufgabe entsprechend abzuwandeln" (ibid., 31f.).

11 Wenn Kiem in seinem Beitrag die Gartenstadt Staaken 1992 als „Prototyp der modernen Siedlung" apostrophiert, dann tritt darin das ganze Unverständnis für das gerade „Anti-Moderne" an dieser Siedlung zutage: Es gab in Staaken kaum weiterweisende, wohl aber eine vorherrschende Menge aus der Vergangenheit herbeigeholter Momente, wie sie ähnlich für die Gestaltung von Siedlungsgrundriß und Haustypen von Schultze-Naumburg empfohlen wurden. Daran ist zu erkennen, wie sehr Schmitthenner in die Widersprüche der „fortschrittlichen Reaktion" verstrickt war: Diese Siedlung ist, als Charakteristikum jener Zeit, weder modern, noch ganz und gar „traditionell". Und selbst wenn Staaken als „modern" gelten könnte, so ist es doch keinesfalls ein „Prototyp" gewesen; denn gegenüber z.B. der von Robert Schmohl um 1908 entworfenen Kruppschen Siedlung „Emscher-Lippe" oder der von Georg Metzendorf 1910 entworfenen Siedlung Margarethenhöhe in Essen ist keinerlei technischer und sozialer Fortschritt zu verzeichnen.

12 Die ab 1908 gebaute Arbeitersiedlung Gieschewalde bei Gleiwitz in Oberschlesien bietet eines der frühen Beispiele für die Anwendung des Regional-Typischen; der Auftraggeber, der Großindustrielle Giesche, hatte ausdrücklich angeordnet, daß für seine Arbeiter keine „westfälischen oder schwäbischen Häuser" gebaut werden dürfen, sondern nur „oberschlesische Katen".

13 Zu den damit befaßten Architekten aus dem Kreis der Heimatschützer gehörten u.a. Theodor Fischer, Georg Metzendorf, Herrmann Muthesius, Paul Schmitthenner, Rudolf Stegemann und Gustav Wolf (u.a. Voigt 1985). Junghanns stellt 1994 in seiner Geschichte der Vorfertigung von Häusern heraus, daß die Nachkriegsprobleme und die staatlichen Auflagen dazu zwangen, in Konstruktion, Ausstattung und Grundriß zu gleichartigen Lösungen vorzudringen (S. 78ff.). Diesen rechtlichen Zwängen waren Heimatschützer und Vertreter des „neuen bauens" gleichermaßen unterworfen, so daß sich ihre Musterhäuser kaum in Grundriß und Ausstattung unterschieden (ausf. Preuß. Min. f. Volkswohlfahrt 1931), sondern fast nur durch das „steile Dach", die dem Heimatlichen nachempfundene Fassadengrafik und die Art der Gruppierung der Häuser im Terrain. Unter dem Stichwort „Heimatschutz und neue Baugesinnung" brachte Esterer 1930 zum Ausdruck, daß daher eine Annäherung in der Sache stattfinde (u.a. Frank 1990, 15f.); jedoch war mit der Annäherung in der Sache das Bedürfnis nach Abgrenzung in der Ideologie um so stärker geworden und fand seinen Niederschlag in gestalterischen Akzenten, wie z.B. Dächern und Fensterformaten.

14 Die Vereinnahmung der sogenannten „Moderne" durch den Nationalsozialismus und die Nutzung des propagandistischen Effektes des „modernen Stils" bei Industrie-, Instituts- und Sport-Bauten hatte hier ihre Wurzel (ausf. Fehl 1985).

15 Hierzu gehörte u.a. der radikal auf Tradition eingeschworene „Kampfbund für deutsche Kultur", der samt Schultze-Naumburg und Schmitthenner langsam ins Abseits gedrängt wurde. Gemäßigte Heimatschützer, wie u.a. Theodor Fischer, Georg Metzendorf und Fritz Schumacher, hatten sich bereits vor 1933 zurückgezogen.

16 C. Schneider attestierte Wetzel das Verdienst, „die Siedlungsplanung Ende der dreißiger Jahre, Anfang der vierziger Jahre in Deutschland entscheidend beeinflußt und diesen Siedlungen jene räumliche Qualität ermöglicht zu haben, die gemeinhin nicht als das Wesen nationalsozialistischer Siedlungen angesehen wird" (Schneider 1979, 120). Wetzels Städtebaukonzept beruhte indes auf der Idee des „aus der Landschaft heraus Gestaltens", eine Idee, die einerseits von seinem Lehrmeister Theodor Fischer schon seit 1906 propagiert worden war, und daher unverdächtig erschien; die andererseits jedoch von Wetzel selbst mit dem Mythos von „Blut und Boden" befrachtet wurde (Wetzel 1942).

17 Heute spielt im Zuge von Ökologie und Kontextualismus der behutsame Umgang mit historischem Erbe, Landschaft und Natur eine maßgebliche Rolle, ohne daß dies mit Nationalgefühl, Volkserziehung und dem Mythos von „Blut und Boden" verbunden ist (u.a. Weeber 1986; Hoffmann-Axthelm 1983).

Die Moderne unterm Hakenkreuz.
Zur Vereinnahmung des „neuen bauens" im Dritten Reich

> *Es ist eine Gesinnung der Tat, die eine Umwertung der Werte eingeleitet hat, um ihre Neuwertung vorzubereiten.*
> NS-Propagandaminister Joseph Goebbels, 1933

Die Architektur des sogenannten „Dritten Reichs" war lange Zeit durch zwei Bruchstellen sorgfältig gegen Vergangenheit und Gegenwart abgeschirmt worden: Die eine von 1933 sollte die Errungenschaften der Moderne in den zwanziger Jahren, das sogenannte „neue bauen", absetzen gegenüber dem Bauen der National-Sozialisten; als Kennzeichen für diese Bruchstelle wurde der ab 1933 vorherrschende neu-klassizistische Baustil und die Hetze gegen die Moderne angeführt. Die andere Bruchstelle, die von 1945, markierte angeblich einen Neubeginn, „da die nationalsozialistische Architektur zusammen mit der Partei untergegangen war" (Vogt 1980, 49).
Beide Bruchstellen sind indes Legenden, die, nach dem Zweiten Weltkrieg entstanden, das Interesse von Architekten spiegeln, möglichst unbelastet von der Vergangenheit am Wiederaufbau teilnehmen zu können: Sei es, daß die Weiterführung traditioneller Stilrichtungen nach 1945 als frei von nationalsozialistischer Gesinnung erscheinen, sei es, daß Bauten im „modernen Stil" als unmittelbar in der Tradition der „goldenen Zwanziger" stehend gelten sollten. Statt Bruchstellen gab es jedoch nahtlose Übergänge: Dieselben Stile und die gleiche scheinbar verwirrende Vielfalt von Stilen finden sich in den späten Zwanziger Jahren, in der Zeit nach 1933 und dann auch wieder nach 1945 beim deutschen Wiederaufbau.[1] Lediglich jene für Kult- und Prachtbauten der Partei und des Staates eigentümliche Abart von Neu-Klassizismus, die fälschlicherweise gleichgesetzt wird mit „Nazi-Stil", kam 1945 zu einem jähen Ende; einfach deshalb, weil die mit ihm verbundenen Bauprogramme zu einem jähen

Ende kamen und danach das Bauen im neuklassizistischen Stil für eine Weile als anrüchig galt.
Im Lichte der Vorstellung von „nahtlosen Übergängen" mag es zunächst befremden, das dies auch für den „modernen Stil" gelten soll.[2] Aber schon beim Blättern in den repräsentativen Architekturbüchern des Dritten Reichs (Rittich 1938, Troost 1938, Speer 1941) stoßen wir auf Bauten, die nach 1933 durchaus im „modernen Stil" gebaut sind und auch stolz vorgezeigt wurden. Offensichtlich hatte also dieser Stil 1933 doch nicht jenes gern zitierte „jähe Ende" gefunden, vielmehr schien ihm ein Platz im Stilrepertoire der Architektur des Dritten Reiches zugewiesen zu sein. Damit aber gerät auch die Legende von 1945 vom „Wiederanknüpfen" an die angeblich abgerissene Tradition vor 1933 bedrohlich ins Wanken. Es liegt wohl näher, statt dessen eine kontinuierliche „Weiterentwicklung" der Moderne – oder was von ihr übrigblieb – von den 30er bis hinein in die 50er Jahre anzunehmen. Wir werden also bei unseren Nachforschungen ausgehen von der Dienstbarmachung des „modernen Stils" und funktionalistischer Grundsätze während des National-Sozialismus; und dies mit der Folge, daß sich das Konzept der „Moderne" in tiefgreifender Weise änderte und nach 1945 keineswegs mehr mit der Moderne vor 1933 übereinstimmte.[3] Wir wollen versuchen, eine Antwort zu finden auf die Frage, was eigentlich mit dem „modernen Stil" während des Nationalsozialismus geschehen ist.
Hitler hatte ausdrücklich die Suche nach einem eigenen, den National-Sozialismus repräsentierenden Stil abgelehnt: „Es ist überhaupt falsch, von einem zu suchenden ‚neuen Stil' zu reden!" (Hitler [1933]; zit. Rittich 1938, 118). Warum griff er aber auf die aus der Weimarer Zeit verfügbaren Baustile zurück? Zu vermuten ist, daß die differenzierte Handhabung mehrerer vertrauter Stile für ihn aus propagandistischen Gründen bedeutsamer war als das Verfügen über einen einzigen neuen Stil. Denn Hitler ging „mit kältester Überlegung" (Hitler 1939 [1978, 297]) an die Einbeziehung der Architektur in die Propaganda der Partei, an ihre Verwendung als Medium heran und versuchte in zuvor unbekanntem Ausmaß, durch sie in umfassender Weise auf das Bewußtsein der Betrachter im Sinne der Parteilehre einzuwirken. Wohlgemerkt: Es war ein Versuch, von dessen Erfolg Hitler und viele der ihm ergebenen Architekten überzeugt waren: „Politik ist nichts anderes als die Kunst der Völkerformung – und ein von einer großen politischen Aufgabe ausgehender Bauwille wird Mittel solcher Formung sein" (Hager 1937, 6)[4]. Folglich ließ Hitler sofort nach der Machtübernahme Kult- und Prachtbauten, also „Monu-

mente errichten, die in der Wirkung ihres Materials und ihrer Gestaltung gegenwärtigen und kommenden Geschlechtern unmittelbar zu Herzen sprechen" (Stephan 1939, 10). Die Parteilehre aber zielte auf das „Volk" ab: „Immer ist es das Volk, seine Erziehung zur Gemeinschaft, seine politische Schulung, die Erhöhung seiner Lebensfreude und Lebenskraft, die würdige Repräsentation seiner Stärke und seiner Leistungen, welche die Aufgaben des neuen Bauens bestimmt haben. Und alleine durch ihr Vorhandensein, dadurch, daß sie in allen Teilen des Vaterlandes dem Volk die Erhabenheit großer Kunst täglich vor Augen stellen, sollen sie ihm eine Ausrichtung geben auf die höheren Werte des Lebens und es mit Stolz erfüllen auf seine Leistungen" (Stephan 1939, 9). Die „höheren Werte des Lebens" aber hießen: „Glauben, Gehorchen, Kämpfen!"[5] Architektur war beileibe nicht der einzige Kanal zur Förderung des neuen Glaubens; aber sie war ein besonders vielversprechender, denn das sogenannte „Wort in Stein" (Hitler, zit. Troost 1938, 10), das vom Führer an sein Volk ausgesendet wurde, verstummte im Gegensatz zu Radio und Rede niemals: Architektur ließ sich nicht abschalten, bedeutete „Dauerton", dem sich keiner im öffentlichen Bereich entziehen sollte. Architektur als „Wort in Stein" war visueller Terror und Anlaß für Faszination zugleich und wurde in diesem Sinne bewußt eingesetzt (ausf. Ogan/Weiß 1992). Das „Wort in Stein" war allerdings nur versteinertes Echo des „Führerwortes"; sobald der Führer als Führer verstummt war, erwies sich auch der Stein als stumm.[6]

Schauen wir nun bei den Bauten des Dritten Reiches lediglich auf die verwirrende Vielfalt der aus den vorhergegangenen Perioden übernommenen Baustile, werden wir weder die neuen „höheren Werte" noch den gezielten Terror auf den ersten Blick ablesen können; die Dimensionen beeindrucken, aber ansonsten bedarf es schon einiger Kenntnisse, um dem auf die Spur zu kommen, was damit gemeint war: Was bedeutet schon eine plump nachgemachte klassizistische Säule? Was ein romanisierender Rundbogen oder ein strohgedecktes Steildach? Wer sollte damals, wer heute die Zeichen entschlüsseln, den gemeinten Sinn verstehen? Baustile und -formen sind seit jeher geduldig, warten nur darauf, mit stets neuem Sinn befrachtet zu werden und als Symbole für jegliche Ideologie herzuhalten. Die Architektur des Dritten Reiches aber sollte auf das Volk „wirken"; bei den Partei- und Kultbauten in erster Linie materiell, nicht durch Symbole: Durch die neuen Maßstäbe von Bauwerken und Anlagen, die alle bestehenden Dimensionen sprengten; durch den Gestus der Architektur mit schematischer Reihung, Axialität, Mangel an Oberflächen-

gliederung, Überbetonung von Sockel und Dachabschluß; durch die bevorzugten massiven Baumaterialien, insbesondere Naturstein; durch das im Unmaß angebrachte Kultgerät; durch die Organisation des städtischen Raumes, der, hierarchisch gegliedert, einzig auf Bauten von Partei und Staat hin ausgerichtet war – materieller Mißbrauch dessen, was in der städtischen Kultur Europas als „öffentlicher Raum" angesehen wird; schließlich auch durch die Einbeziehung der in Kolonnen aufgestellten oder marschierenden Volksmasse in die Gestaltung dieser Ensembles. Demgegenüber spielte die den Baustilen zugedachte symbolische Wirkung eine subtilere Rolle, die wir für unsere weitere Untersuchung aber als bedeutsam ansehen wollen. Schon ein kurzer Blick auf die unter dem Einfluß von Partei und Staat errichteten Bauwerke zeigt nämlich, daß die Vielfalt der Baustile keineswegs nur verwirrend war; daß vielmehr in gerade dieser Vielfalt System und Methode bei der Handhabung zu erkennen ist. Der bis in die Weimarer Zeit hinein übliche Stil-Pluralismus, demzufolge jede Bauaufgabe in jedem denkbaren Baustil passieren konnte und so die Wahlfreiheiten der Bauherren zum Ausdruck brachte, dieser Stil-Pluralismus wurde abgelöst durch ein scharf zentralisiertes öffentliches Bauwesen, in dem es keine Wahlfreiheit mehr gab, sondern nur noch „klare Ordnung":
• An der Spitze „der Führer als größter Bauherr und genialster Architekt" (Ley 1940, 578), der die Richtlinien für alle im Einflußbereich von Partei und Staat entstehenden Bauvorhaben bestimmte (Teut 1967, 127) und sich teilweise persönlich um repräsentative Vorhaben kümmerte.
• In seinem Namen lenkte die Partei mehr und mehr das gesamte Baugeschehen: „Nach dem Willen des Führers hat die NSDAP auf allen Gebieten deutschen Lebens den Führungsanspruch. Für den gesamten Bereich der Technik ist die Führung dem Hauptamt für Technik übertragen worden" (Kühne 1942 [1967, 107]).
• Planung und Ausführung von Partei- und Staatsbauten lag in den Händen einer nach der Machtübernahme sofort von allen „störenden Elementen" gereinigten (Gesetz zur Wiederherstellung des Berufsbeamtentums vom 7.4.1934; zit. Teut 1967, 69) und zunehmend sich ausweitenden Bauverwaltung, an deren Spitze Beamte wie Albert Speer in Berlin oder Hermann Giesler in München gesetzt und mit enormen Befugnissen ausgestattet wurden (Schäche 1979; Rasp 1981, 108).
• Die private Architektenschaft wurde „gleichgeschaltet", indem zunächst alle jene „Elemente" radikal ausgeschaltet wurden, die nur einer einzigen Stillinie verpflichtet oder „aus rassischen oder politischen Gründen nicht

tragbar" waren (Teut 1967, 67) – und dies waren beileibe nicht nur Vertreter des „neuen bauens"! Zudem wurden alle „Nichtkönner und Gaukler" zurückgedrängt, „die plötzlich ihre Fahnen wechseln und so, als ob nichts geschehen wäre, in den neuen Staat einziehen, um dort auf dem Gebiet der Kunst- und Kulturpolitik abermals das große Wort zu führen" (Hitler 1933, 11). Es blieb übrig eine durch das Architektengesetz von 1934 an die Kette der „Richtlinien für deutsche Kultur und Baugesinnung" gelegte Architektenschaft, der es nun auferlegt war, im Sinne der Partei „die weitere Verschandelung deutschen Landes und deutscher Städte durch Bauwerke, die in keiner Weise deutscher Baugesinnung und dem Verantwortungsgefühl für gemeinsame Arbeit Rechnung tragen" (Architektengesetz 1934 [1967, 100]), zu verhindern. Die Berufsbezeichnung „Architekt", jetzt gesetzlich geschützt, war Voraussetzung für die Berufsausübung. Der Architekt, „der gewillt ist, seine Bauten aus dem gegenwärtig lebendigen Geist heraus zu bauen" (Rittich 1938, 128), wurde nolens volens zum Handlanger des totalitären Staates.
Joseph Goebbels als Propagandaminister schuf die Voraussetzungen für die „Umwertung der Werte": Mit seiner Propaganda-Maschinerie und der Umdeutung der Umgangssprache wurde gleichzeitig „klare Ordnung" in die „Sprache der Architektur" hineingebracht. Da bestimmte Bauaufgaben klar umrissenen Propagandazwecken dienen sollten, erschien es zweckmäßig und erhöhte die Unmißverständlichkeit, wenn für bestimmte Bauaufgaben bestimmte Baustile als Symbole reserviert wurden.[7] Wir sind damit bei jenem neuartigen „programmatischen Eklektizismus" angelangt, der der eigentliche „Stil" der Architektur des National-Sozialismus war; der Stil autoritärer Handhabung eines auf Propagandazwecke abgestimmten Stilrepertoires; das keineswegs nur auf repräsentative Partei- und Staatsbauten, sondern auf sämtliche Bauaufgaben angewendet wurde – wo immer diese im Einflußbereich von Partei und Staat lagen. Die Propaganda verfügte über sämtliche Stile der vorausgehenden Weimarer Zeit, die sie ausnahmslos umwertete und sich dienstbar machte; das gilt für den „modernen Stil" in gleichem Maße wie für das „landschaftsgebundene Bauen" der Heimatschützer.

Der „programmatische Eklektizismus" der NS-Architektur

„Eklektizismus", die Auswahl historischer Stilmerkmale und -formen nach den Grundsätzen aktuellen Symbolbedürfnisses, hatte fast das ganze 19. Jahrhundert geprägt und war vor allem bei Staatsbauten gang und gäbe; es war die Möglichkeit, mit den Symbolen der Vergangenheit zugleich die der Vergangenheit beigemessenen Werte in die Gegenwart hereinzuholen, um sich auf diesem Weg historische Legitimität zu verschaffen. Eklektizismus setzt voraus die Trennung von Baukörper und Hülle: „Die historischen Stile konnte ein Gebäude sich anziehen wie ein Kleid. Das ist Eklektizismus. Er tritt an die Stelle der Überlieferung" (Posener 1983, 23). Zusammen mit dem ausgeprägten Individualismus der Bauherren geriet seit der Gründerzeit jeder Straßenzug, jede Ansammlung öffentlicher Bauten zu einer Art „Kostümfest der Architektur" (Schwab 1930 [1973, 143]). Gerade dagegen war die Moderne mit ihrem Drang nach Wahrheit, nach ehrlicher Zurschaustellung der inneren Zweckmäßigkeit eines Bauwerks und mit der ihr eigenen funktionalistischen Methode des Entwerfens zu Felde gezogen; sie allein konnte geltend machen, „daß die wichtigsten Stilunterschiede sich im Grundriß und nicht in den Verzierungen zeigen" (ibid.).
Kennzeichnend für eine eklektizistische Haltung ist auch die Scheidung der Architektur nach ihrer gesellschaftlichen Bedeutung in „hohe Architektur" und „einfaches Bauen", denn der besondere gestalterische und materielle Aufwand lohnt nur, wenn durch die Verkleidung etwas ausgedrückt, etwas Ideelles vermittelt werden soll. Voraussetzung dafür ist deutliche Sichtbarkeit – weshalb eklektizistisch verkleidete Häuser meist eine Schau- und eine Rückseite haben. Hinter dem „Lohnen" steht die Vorstellung einer Hierarchie gesellschaftlicher Werte, die Wertordnung der herrschenden Klassen oder Stände.[8] Die Moderne hatte sich mit allen Mitteln gerade gegen die Hierarchie der Werte, der Bauaufgaben und der Gestaltungsmittel gestemmt; wollte jede Bauaufgabe gleichermaßen gut, „ehrlich" und anspruchsvoll-schlicht behandelt wissen. Alle Gleichmacherei verschwand mit dem National-Sozialismus, der auf der Vorstellung einer Hierarchie von Führer, Parteielite, gleichgeschalteter Volksmasse und „Untermenschen" gründete und in der Architektur nach Ausdruck für diese Hierarchie, für den „gegliederten Volkskörper" (Hager 1937, 10), die neue Ordnung der Werte suchte: „Das nach seiner Idee Große wird ohne Scheu groß gestaltet ..., das nach seiner Bestimmung

Kleine tritt dahinter zurück, bleibt klein und sucht nicht mehr zu scheinen als es ist. Je tiefer die Idee, desto erhabener ist ihre Gestalt in Stein" (Rittich 1939,121).

In der Architektur geht der Eklektizismus immer davon aus, ein Publikum anzusprechen, also „Sprache" zu sein; der eklektizistisch gestaltende Architekt sieht im Bauwerk ein Medium, einen Symbolträger für die Vermittlung von Ideen, die „zum Herzen sprechen". Jeder Bauherr gibt sich durch die Wahl des Baustils, der verwendeten Bauformen dem Betrachter zu erkennen, signalisiert seine Weltanschauung, seinen Status. Die National-Sozialisten waren als Bauherren besonders mitteilungsbedürftig. Mit ihrer allumfassenden Propaganda wollten sie die neue Ordnung der Werte aber nicht nur zu erkennen geben, sondern sie unverrückbar in die „Herzen" einprägen. Gerdy Troost, Chefideologin Hitlers in Bauangelegenheiten, rückte das Prinzip „durch Steine zu sprechen" angesichts des Nürnberger Reichsparteitagsgeländes in die Nähe einer klassischen Formel[9]: „Auserwählte Träger der Bewegung werden jährlich berufen, unmittelbar aus den Worten des Führers Kraft und Richtung zu erhalten und das Gemeinschaftserlebnis der Einheit von Führer und Volk hinauszutragen in alle deutschen Gaue. Diesem Erlebnis wird der würdige äußere Rahmen, die Steigerung und Vertiefung durch die Sprache einer großen Baukunst gegeben. Das ist der Sinn dieser gewaltigen Bauwerke. Hier ergänzen sich das unmittelbare, lebendige Wort des Führers und das „Wort aus Stein". Hier wird die unübersehbare Versammlung von Menschen gleichen Glaubens eins mit den Zeugnissen ihres Gemeinschaftswillens. Von der Gemeinschaft ausgehend und wieder Gemeinschaft gestaltend, sind diese Bauten Beispiel für die kräfteerzeugende Einheit eines weltanschaulich bewegten Volkes und einer aus seinem Geiste geformten Umwelt" (Troost 1938, 24).

Hinter solchen Worten tritt das alte Programm der deterministischen Lehre in der Baukunst zutage (ausf. Fehl 1980), der Glaube nämlich, man könne durch Architektur Menschen nicht nur ansprechen, sie in momentane Stimmungen versetzen, sondern darüber hinaus ihre Gefühle beeinflussen und auf diesem Weg bei ihnen Einstellungen und Werthaltungen erzeugen – insbesondere staatserhaltende, wie z.B. Opferbereitschaft, Heimatliebe, Familiensinn und Unterordnung. Der Architekt spielte in der deterministischen Lehre eine wichtige Rolle als Übersetzer, als derjenige, der das Medium zu handhaben verstand, denn es war in seine Hände gelegt, durch die Auswahl von Symbolen und sinnträchtigen Bauformen und durch ihre Kombination untereinander das, was von seiten des Auftraggebers gesendet werden sollte, an die Empfänger, also die Beschauer eines Bauwerks, zu vermitteln. Die „hohe Architektur" der Staatsbauten und Kirchen des 19. Jahrhunderts ist kaum verständlich ohne dieses Programm der „architecture parlante" (ausf. Levine 1977). Der an sich einfach gedachte Wirkungsmechanismus, als „praktische Ästhetik der Baukunst" (Maertens 1885) ab letztem Drittel des 19. Jahrhunderts in Theorie gefaßt, setzt allerdings eines voraus: Einen fest umrissenen kulturellen Kontext, innerhalb dessen bestimmte Baustile und -formen mit Bedeutung befrachtet sind als Symbole von unzweideutigem Sinn. Nur innerhalb dieses kulturellen Kontextes kann der Betrachter ein solches Symbol entschlüsseln, es als Sinnträger erkennen und den gemeinten Sinn verstehen; mit dem Symbol wird er an die daran geknüpfte Ideologie oder Wertvorstellung erinnert und soll dadurch in seiner Einstellung und seinem Tun beeinflußt werden.

Das Problem war stets die zuvor notwendige Aufladung der Zeichenträger, Baustile und Symbole, mit eindeutigem Sinn. Nur innerhalb eines festumrissenen kulturellen Kontextes, also innerhalb einer „Versammlung von Menschen gleichen Glaubens", konnte Einigkeit über den Sinn bestehen, mit dem beispielsweise ein Baustil befrachtet war. War diese „Gemeinschaft" einmal erzeugt, dann vermittelten die Symbole nichts Neues mehr, dienten bestenfalls der Selbstbestätigung und Stimmungsmache: Statt Information erhielt das Volk Phrasen eingehämmert. Hitler stand 1933 vor dem Problem, daß es eine durch „gleichen Glauben" verbundene „Gemeinschaft" nicht gab; statt dessen war die Gesellschaft der Weimarer Republik kulturell und politisch tief gespalten in viele Strömungen, zumindest aber, nach Hitlers Sicht, in zwei große unversöhnlich sich bekämpfende Lager: „Auf der einen Seite der Nationalismus, auf der anderen der Sozialismus" (Hitler 1939 [1978, 298]). Der „National-Sozialismus" mit den Kultbegriff des „Volkes" sollte die Synthese aus beiden Lagern herbeiführen: „... es konnte meiner Überzeugung nach nur eine einzige Zielsetzung wirkungsvoll vertreten werden, nämlich anstelle des staatlich rein formalistischen oder des liberalen oder marxistischen Prinzips das rein volkliche, d.h. anstelle der Einzelperson oder der Menschheit das Volk" (ibid, 300). Kaum an der Macht, ging Hitler daran, die vielfältig zerfaserten Strömungen zwischen Nationalismus und Sozialismus zur Parteilinie des National-Sozialismus zusammen zu zwingen, dabei alles unbarmherzig ausmerzend, was sich nicht „gleichschalten" ließ. Ein Hilfsmittel, diese „Einheit eines weltanschaulich bewegten Volkes" herzustellen, sah er in der Architektur.

Nun hatte sich in der Weimarer Zeit jede der vielen politisch-kulturellen Strömungen gewissermaßen ein bestimmtes Architekturbild geschaffen, hatte denjenigen Baustil annektiert, der ihrem eigenen kulturellen Kontext, ihrer Ideologie am ehesten entsprach: so neigte – grob gesehen – beispielsweise das deutsch-nationale Kleinbürgertum historischen Stilen und dem sogenannten „Heimatstil" zu, während die von Amerika begeisterten Teile des Bürgertums und teilweise auch die Gewerkschaften eher dem „modernen" Stil einer „Maschinen-Architektur" anhingen; die Vertreter der Industriekonzerne und des Finanzwesens schätzten dagegen eher jenen „massiven Modernismus", den u.a. Peter Behrens, Paul Bonatz und Wilhelm Kreis schon vor 1914 entwickelt hatten. Das heißt also, die Aufladung eines Zeichenträgers mit Bedeutungen, mit Wertvorstellungen und Ideologien war bereits in den zwanziger Jahren und früher erfolgt; Baustile bedeuteten bereits etwas recht genau Umrissenes, waren Kennzeichen für Gesinnungen. Die zunehmende politische Polarisierung während der Weimarer Zeit trug zur Verfestigung dieser Prägung bei, so daß Baustile um 1929 mancherorts als platte Kampfzeichen getragen wurden; der vielzitierte „Krieg der Dächer" (Schwab (1930) 1973, 28) war kein Krieg um Bauformen, sondern ein Krieg um die mit den Bauformen vermittelten politischen Inhalte: Das Flachdach auf kubischem Baukörper wurde in der Architektur zu dem hochstilisiert, was die „Internationale" in der Musik war; bedeutete Gleichheit, Demokratie, sozialen und technischen Fortschritt; die neue Bauform schien in den Augen vieler mit der neuen gesellschaftlichen Bewegung der Arbeiterklasse und mit dem Maschinen-Kult von fortschrittlich gesinnten Intellektuellen zu einer Einheit verbunden zu sein. Das Steildach dagegen wurde zum Inbegriff „deutschen Wesens", signalisierte nationale Gesinnung, ständische Ordnung, „Blut und Boden" und verband sich mit allerlei Anti-Einstellungen: Gegen amerikanische Lebensformen, Juden, Demokratie, Sozialisten und Maschinen.[10] Restaurative bis reaktionäre Gruppen des Kleinbürgertums und mittleren Bürgertums neigten besonders der deterministischen Lehre zu, verbanden sie doch in ihrer Vorstellung historische Baustile mit in die Vergangenheit hineinprojizierten Werten; waren überzeugt, daß die Bedeutung, die sie in die Baustile hineinsahen, diesen ureigen wären; daß es sich folglich um „ewige Werte" handle, auf immer mit der traditionellen Bauform verknüpft und daher auch jedem verständlich; so wurden „aus inneren Gründen scheinbar zurückliegende, in Wahrheit zeitlos gültige Formen wiedererweckt, um ewige Werte des Volkstums und der Weltanschauung auf die Gemüts- und Willensbildung einwirken zu lassen. Es erweist sich hier die Zeitgemäßheit des anscheinend Unzeitgemäßen" (Hager 1937, 20). Das Problem kulturell bedingter Aufladung von Symbolträgern mit Bedeutung stellte sich den Vertretern des „zeitgemäß Unzeitgemäßen" nicht, so daß für sie die deterministische Lehre schlüssig schien und zu Staatsehren gelangte, sobald sie nach Hitlers Machtübernahme den politischen und kulturellen Ton angaben. Alle hervorgebrachten Baustile waren nun mit ihrer platten und zugleich brisanten Auflandung geeignet, den neuen Machthabern als Lockmittel für die versprengten politisch-kulturellen Strömungen zu dienen, waren sie doch unmißverständliche Zeichen der Anerkennung der Glaubenssätze einer jeden Strömung; wirkten also „von der Gemeinschaft ausgehend, wieder Gemeinschaft gestaltend".

Verständlich, wenn Hitler nicht viel von „einem zu suchenden neuen Stil" hielt, der nicht zur Vereinigung der verschiedenen Strömungen, sondern eher zu ihrer Verwirrung beigetragen hätte; niemand hätte sich mit einem neuen Stil so identifiziert wie mit einem hergebrachten, in welchem er seine angestammte kulturelle Linie als Bestandteil der Parteilinie wiedererkennen und zugleich seinen Platz in der Rangordnung der Werte ablesen konnte. Die Geschichte der Weimarer Republik hatte Hitler ja gezeigt, daß breite Schichten der Bevölkerung einem ungewohnten Baustil, wie dem des „neuen bauens", wenig Liebe entgegenbrachten – trotz aller Beschwörungen aus Gewerkschaftskreisen. Sicherer war es, auf Bewährtes und Geschätztes zurückzugreifen (Petsch 1983, 191). Folglich trat an die Stelle des bis 1933 üblichen „individuellen" nun von Staats wegen der „programmatische" Eklektizismus, bei welchem die hervorgebrachten Baustile zusammen mit den ihnen beigemessenen Bedeutungen in eine neue Ordnung gebracht wurden; denn nur so war Architektur als Propaganda-Mittel im Sinne der deterministischen Lehre brauchbar; für Individualismus und „Stil-Pluralismus" war kein Platz mehr. Die neue Ordnung folgte zwei Grundsätzen:

- Es wurde eine Hierarchie der Baustile eingeführt, die mit der Hierarchie der Bauaufgaben und der durch sie zu vermittelnden Werte weitgehend übereinstimmen sollte. An oberster Stelle stand jener „massige Modernismus", der vor allem für die Kultbauten der Partei vorbehalten war und die „ewigen Werte" von Blut, Vaterland und Herrschaft für „ewige Zeiten" vermitteln sollte: „Deshalb sollen diese Bauwerke nicht gedacht sein für das Jahr 1940, auch nicht für das Jahr 2000, sondern hineinragen gleich den Domen der Vergangenheit in die Jahrtausende der Zukunft"

(Hitler 1937 [1967, 189]). Es war der Stil, mit dem Hitler dem Volk imponieren wollte. Aber wir müssen schon genau hinsehen, um diese Zuordnung von Baustil zu Bauaufgabe richtig zu durchschauen; die Zuordnung war nämlich von negativer Art, indem bestimmte Baustile aus bestimmten Aufgabenfeldern des Bauens kategorisch ausgeschlossen wurden – als für die Bauaufgabe untaugliche Symbole! Nur wenig unter der Ebene des Modernismus, sich gelegentlich mit ihm mischend, lag die Ebene jenes eigentümlichen „Neu-Klassizismus", der für Prachtbauten des Staates und der Partei vorbehalten war; für beide Aufgabenbereiche waren grundsätzlich alle anderen Baustile ausgeschlossen. Für den programmatisch so bedeutsamen Wohnungsbau kam nur der „Heimatstil" in Frage, mit dem Vertrauen gewonnen und das Volk von den Wohltaten des National-Sozialismus überzeugt werden sollte. Auf der untersten Ebene der Hierarchie finden wir den „modernen Stil" für offensichtliche Aschenputtel-Aufgaben, wie Fabriken, Sportanlagen, Lazarette und andere Zweckbauten; selbstverständlich waren hier die Baustile der höchsten Ebene ausgeschlossen.[11] Genau diese Programmatik hatte offensichtlich Hitler im Sinn, schenkt man Speers Charakterisierung Glauben: „Hitler war nicht doktrinär. Er hatte Verständnis dafür, daß eine Autobahnraststätte oder ein Hitler-Jugendheim auf dem Lande nicht aussehen konnte wie ein städtischer Bau. Auch wäre es ihm nie eingefallen, eine Fabrik in seinem Repräsentationsstil bauen zu lassen; für einen Industriebau in Glas und Stahl konnte er sich geradezu begeistern. Aber ein öffentlicher Bau in einem Staat, der sich anschickte, ein Imperium aufzurichten, mußte, wie er meinte, ein ganz besonderes Gepräge haben" (Speer 1969, 157).[12] Für den von den National-Sozialisten gehandhabten programmatischen Eklektizismus war also die negative Ausgrenzung von Baustilen aus hierarchisch geordneten Aufgabenfeldern kennzeichnend. Statt einer positiven Zuordnung bot die negative Ausgrenzung mehr Spielraum bei der Anwendung in Stadt und Land.

• So konnte zusätzlich unterschieden werden nach Größe und Lage des Ortes und nach der Art des durch die Propaganda erreichbaren Publikums: Die großen Massen in den großen Städten ließen sich wohl nur durch die „großen Baustile" beeindrucken, zum Taumel hinreißen; die kleineren Massen in Dorf und Land, bei denen große Gesten weniger gut anzukommen versprachen, waren eher mit heimatverbundenen, das Gemüt anrührenden Baustilen zu erreichen. Also eine Hierarchie der „äußeren Formgebung", die, auf Massenhysterie und Gemüt abzielend, zu einer eher großstädtischen und einer eher ländlichen Anwendung der Baustile führte: „In der äußeren Formgebung ... schließt sich das Bauen im nationalsozialistischen Deutschland den Gegebenheiten und Überlieferungen des Ortes an und bildet sie im innerlich begründeten Sinneswandel fort" (Hager 1937, 10).

Diese komplizierte, sich nach zwei Grundsätzen entfaltende Programmatik sicherte zumindest die große Linie, wie Rittich an wenigen Beispielen aufzeigt: „Dieser am großen und am kleinen Bau der Gegenwart ersichtliche gleiche Geist hat für den repräsentativen Bau die würdige Form der Säule, für die Ordensburgen den Turm gefunden und hat für die Heime der Jugend die in der jeweiligen Landschaft überlieferten Wohnhaustypen gewählt. Diese Formen sind aber nur an diesen besonderen, jeweilig durch ihren Sinn bestimmten Baugruppen berechtigt. Ein Übernehmen der Form aus der einen in die andere Gruppe oder gar eine Vermengung könnte uns vielleicht das Bild eines normal beschreibbaren einheitlichen Stils der Gegenwart im Sinne einer kunsthistorischen Kategorie vermitteln. Die Bauten aber verlören dann ihren Charakter, wären nicht mehr die Verkörperung der geistigen und materiellen Antriebe unseres heutigen Denkens und Lebens; es wäre dann zwar ein Stil, dessen Formen sich beschreiben ließen, der aber dort, wo er groß sein müßte, unscheinbar sein, und dort, wo Schlichtheit gefordert wäre, in Pathos ausarten könnte, ein Stil also, der unehrlich wäre" (1938, 123).
Die von den National-Sozialisten hier beanspruchte „neue Ehrlichkeit" war zunächst nichts anderes als eine der vielen propagandistischen „Umwertungen", die wir in jener Zeit finden und bei der gängige Worte mit neuem Sinn, dem Dogma der Partei, gefüllt wurden: „Ehrlich" war es nun nicht mehr, im funktionalistischen Sinn etwa die Funktion oder Konstruktion eines Bauwerks offen zur Schau zu stellen; „ehrlich" war auch nicht die Detailtreue und Genauigkeit bei der Übernahme historischer Stilelemente; ganz im Gegenteil, es scheint, daß historische Vorbilder regelmäßig vergröbert, vereinfacht und mit fremden Stilelementen vermischt wurden; nein: als „ehrlich" galt nun, wenn der Architekt sich nicht im eklektizistischen Programm vergriff, nicht einen Baustil wählte, der von der Bauaufgabe kategorisch ausgeschlossen war: „Nicht immer ist den planenden Architekten, die etwa Industriehallen mit üppiger Verwendung von Werksteingesimsen und Natursteingewänden planten, deutlich geworden, daß die Hereinnahme solcher dem Monumentalbau entlehnten Kunstmittel nicht nur eine Verwischung der von ihnen zu lösenden technischen Aufgaben bedeutete, sondern zugleich dem Monumentalbau

selbst nur Abbruch tun konnte. Sobald nämlich einem bestimmten Bezirk des Bauens, der durch seine Würde aus der Fülle der alltäglichen Aufgaben herausgehoben werden muß, seine, Einmaligkeit genommen wird, indem die ihm zustehenden und gemäßen Ausdrucksformen beliebig auch bei alltäglichen Bauaufgaben verwendet werden, verliert er seine Besonderheit" (Bauwelt 1943; in Teut 1967, 247). „Ehrlich" war es nun auch, jedem Teil eines Gebäudekomplexes seine aufgabengerechte Verkleidung zuzuweisen: Im Äußeren wie im Inneren, wie an den später folgenden Beispielen zu sehen sein wird.

Wenn uns heute an der Programmatik jenes Eklektizismus vieles so verwirrend erscheint, daß gar der fälschliche Eindruck eines „Stil-Wirrwars" oder einer „Konzeptlosigkeit" entstehen konnte, aus dem alleine Hitlers „Repräsentations-Stil" als „Nazi-Stil" herausragt, dann liegt das nicht nur an der bewußt herbeigeführten Kombination der verwendeten Baustile oder an der programmatischen, aber nicht leicht zu durchschauenden negativen Ausgrenzungen; es liegt auch an den Anfangsschwierigkeiten bei der Einführung der Programmatik: Für die ins Auge gefaßte Dauer eines „1000jährigen Reiches" waren 13 Jahre einfach nicht genug, um auch nur die Verwirrungen der ersten Jahre zu überwinden, in welchen die verschiedenen Strömungen um günstige Plazierung „ihres Baustils" in der Hierarchie kämpften.[13] Hinzu kam, daß sich mit der Konsolidierung des National-Sozialismus und mit den verstärkten Kriegsvorbereitungen ab etwa 1936 auch die Bauaufgaben änderten und folglich die Programmatik angepaßt werden mußte.

Wir haben den Rahmen umrissen, der im National-Sozialismus für die Handhabung von Baustilen maßgeblich war, und können nun daran gehen zu untersuchen, wie „moderne Architektur" in diesen Rahmen eingespannt wurde.[14]

Der „moderne Stil"
im Rahmen des „programmatischen Eklektizismus"

Die wilden Hetzkampagnen nach 1933 gegen die „entartete Kunst", insbesondere gegen die „undeutsche" Baukunst des „neuen bauens", die „Entschandelung" (Lindner/Böckler 1939, 123) einiger Siedlungen, z.B.

durch nachträglich auf Flachdächer aufgesetzte Steildächer, und schließlich das Berufsverbot müssen verstanden werden als Entladung lang aufgestauten Hasses und als Abrechnung mit dem politischen Gegner auf dem Feld des Bauens – aber auch als erbarmungslos berechnete Bereinigung von Konkurrenzverhältnissen auf dem verengten Baumarkt. Im Rückblick auf diese ersten Jahre nach 1933 entstand jenes eingangs gezeichnete falsche Bild vom jähen Ende der Moderne. Ihm steht die schon erwähnte Tatsache gegenüber, daß wir nach 1933 eine beträchtliche Anzahl von Bauten im besagten „modernen Stil" in Deutschland antreffen; auch war es durchaus zulässig, ausländische Beispiele moderner Architektur in den einschlägigen Fachzeitschriften und Baubüchern zu veröffentlichen;[15] schließlich arbeiteten deutsche Architekten nach Kriegsbeginn an Projekten für den staatlichen Industriebau und den sogenannten „Führer-Wohnungsbau", die in vieler Hinsicht funktionalistischen Grundsätzen folgten. Gemessen am Bauvolumen jener Zeit stellten Bauten im „modernen Stil" natürlich nur einen geringen Anteil.

Fragen stellen sich: Wieso konnte der „moderne Stil", gegen den doch so gehetzt wurde, überhaupt in das Stil-Repertoire der National-Sozialisten eingehen? Gab es auch im National-Sozialismus Prinzipien technischen Fortschritts beim Bauen, die zu einer Formgebung im „modernen Stil" zwangen? War also „funktionales Bauen" und der „moderne Stil" unausweichlich in einer technisch bestimmten Welt?

Wir wollen versuchen, Antworten zu finden; Antworten, die eher begründete Vermutungen sind, denn wir betreten ein weites und wenig beackertes Feld. So wollen wir uns hier beschränken auf Bauvorhaben, die unter dem Einfluß von Partei und Staat entstanden; der Privatbau, insbesondere der private Wohn-, Industrie- und Kirchenbau bedarf gesonderter Betrachtung. Die Suche nach Antwort kann von drei verschiedenen Positionen aus in Angriff genommen werden:

a) Die Beispiele im „modernen Stil" sind so wenige und zudem auf so nachgeordneter, wenig bedeutsamer Ebene, daß man sie vernachlässigen kann; Joachim Petsch neigt zu dieser Position, vor allem, weil für ihn die Moderne schon vor 1933 gescheitert war (Petsch 1983, 190).

b) Die wenigen Beispiele im „modernen Stil" belegen ein Moment des Widerstandes im Dritten Reich, sind also als ästhetische Äußerungen politischer Opposition zu werten, die sich allerdings auf die unterste Ebene der Hierarchie, vor allem auf den Industriebau, beschränken mußte; Anna Teut vertritt diese Position (Teut 1967, 12) und hat möglicherweise

dort recht, wo es sich um private Bauherren handelte. Fragwürdig erscheint diese Position jedoch bei Bauvorhaben im Einflußbereich von Partei und Staat.
c) Die modernen Bauten gelten als Ergebnis modern denkender Auftraggeber, die, unbeeindruckt vom nationalsozialistischen Propagandagetöse, damit modernen Architekten Auftrag und „Zufluchtsort" verschafften, in welchem sie sich nicht ihre Finger schmutzig zu machen brauchten: „Zufluchtsort Industriebau" (Bartels 1992). Es soll hier nicht darüber gerechtet werden, jedoch ist eines sicher: Es gab im NS weder einen „Zufluchtsort", noch blieben die Finger sauber.
d) Die Beispiele im „modernen Stil", vor allem jene unter Partei- und Staatseinfluß entstandenen, belegen die Vereinnahmung des „modernen Stils" in das Stilrepertoire des Programmatischen Eklektizismus, die Zuteilung eines Platzes in der Hierarchie und damit seine Dienstbarmachung für die Ziele des neuen Systems. Da nicht nur der Stil, sondern auch die Grundsätze des Funktionalismus im Hinblick auf Grundrißgestaltung, Konstruktion und Herstellung vereinnahmt wurden, können wir also von einer „Weiterführung" unter veränderten Bedingungen sprechen.

Von dieser letzten Position ausgehend, hoffen wir, einen kleinen Beitrag beisteuern zu können zur Beantwortung der großen Frage nach dem tatsächlichen „Bruch" in der Entwicklung der Moderne zwischen 1930 und 1950. Es besteht über das Schicksal der Moderne als sozio-kultureller Avantgarde-Bewegung in den Jahren vor 1933 darin Einigkeit, „daß sich viele Architekten mit der reinen Formenübernahme begnügten und daß diese Loslösung von den sozialen Intentionen zu einer subjektiven Erfassung der Wirklichkeit" führte (Petsch 1983, 189). Schon 1929 hatte Rudolf Schwarz bitter angemerkt, daß „die Bewegung ihrer Krise entgegengeht" (Schwarz 1929, 129); spätestens von 1929 an war nämlich erkennbar, daß die Architektur der „modernen Bewegung" auf dem besten Wege war, zu einem modernen Stil zu werden (Schwab 1930 [1973, 67]). Das „neue bauen" hatte ein „Doppelgesicht" angenommen, „es ist in der Tat beides, großbürgerlich und proletarisch, hochkapitalistisch und sozialistisch. Man kann sogar sagen: autokratisch und demokratisch" (ibid.). Aber es verlor immer mehr sein sozialistisches, proletarisches und demokratisches Gesicht, als ab 1931 mit den Brüningschen Notverordnungen seine materielle Basis, der Massenwohnungsbau, nach Einstellung der staatlichen Förderung wegschrumpfte; auch hatten schon 1930 verschiedene engagierte Architekten, wie Ernst May, Bruno Taut und Hannes

Meyer, Deutschland verlassen; die Vertreibung des Bauhauses aus Dessau setzte einen weiteren Akzent des Niedergangs der Moderne, der dann von den National-Sozialisten letztendlich nur besiegelt wurde. Besiegelt aber eben nicht im Sinne der Ausmerzung, sondern im Sinne der Ausschlachtung, der Verwendung brauchbarer Bestandteile: Die Grundsätze des Funktionalismus erwiesen sich beim Entwurf und bei der rationellen Bauherstellung als ebenso brauchbar wie der „moderne Stil" beim Zweckbau für zeitgemäße Zwecke.

Zunächst zum stilistischen Aspekt. Angemerkt sei, daß nach 1933 im Repertoire des „modernen Stils" eine Auslese erfolgte: Die avantgardistische Ausformung des weißen, schiffsartigen Baukörpers, des „Dampfer-Motivs", verschwand hinter dem Horizont der Hoffnung und trug „die Utopie auf eine bessere Welt im Bild des Schiffs" (Kähler 1981, 25) mit sich davon; zurück blieb jene „Rohbau-Moderne", die auch schon vor 1933 häufig war und die den Ingenieur mit ihrer nüchtern-sachlichen, völlig unpathetischen Zurschaustellung von tragendem Gerüst und Ausfachungen ansprach. In jeglicher Ausformung aber war der „moderne Stil" für die National-Sozialisten mit doppelter Bedeutung befrachtet: Es war der „artfremde", der „undeutsche und unanständige" (Schmitthenner 1934, 30) Baustil; der Ausdruck „jüdischen Kulturbolschewismus" (Troost 1938, 9) und ein „unter einer Theorie von Sachlichkeit getarnter nihilistischer Unfug" (Hager 1937, 19). Betrachten wir die ganze Hetze gegen die Moderne etwas genauer, dann finden wir, daß sie dort ihren Schwerpunkt hatte, wo der „moderne Stil" aus einem bestimmten Aufgabenfeld vertrieben werden sollte. Dies betraf insbesondere zwei dieser Felder: Die Kult- und Prachtbauten von Partei und Staat, jene „großen Kulturdokumente aus Granit und Marmor" (Hitler 1937 [1967, 189]), bei denen der „kubistisch-dadaistische Primitivitätskult" (Hitler 1933 [1967, 91]) des „neuen bauens" keineswegs geeignet schien, die „höheren Werte" des neuen Systems auf höchster Ebene zu repräsentieren. Das andere Aufgabenfeld, der öffentlich geförderte Wohnungsbau, war bereits seit 1931 weit zurückgedrängt: Statt Groß-Siedlungen mit Miethausblöcken entstanden nun Kleinsiedlungen mit Siedlungshäuschen. Gerade hier wurde das „Dampfermotiv" gegen das „Heimatmotiv" ausgewechselt: zurück zur Scholle statt Aufbruch zu neuen Ufern! Schon lange von den Heimatschützern in Anspruch genommen, schob sich im Wohnungsbau die ideologische Hetze vor die maßgeblichen wirtschaftlichen Interessen, wurde zum Mittel der Verunglimpfung eines bis dahin äußerst erfolgreichen Konkurrenten auf dem so drastisch seit 1931 eingeschränkten Aufgabenfeld.

Mit der Verschiebung der Gewichte in der Baupolitik nach 1933 wurde also auch der „moderne Stil" der „Umwertung" unterworfen; aus angestammten Aufgabenfeldern nun kategorisch ausgeschlossen, blieb ihm ein Restfeldchen dort, wo es nicht um die Vermittlung „höherer Werte" ging und wo kaum nennenswerte Konkurrenz bestand: Bei den Zweckbauten.

Er war zugleich aber auch der Stil des technischen Fortschritts: der Autos, Flugzeuge, Dampfer und Eisenbahnen; kurz, für alles, was mit Verkehr, Wissenschaft, Hochleistung und technischer Perfektion in Verbindung gebracht wurde. Am rechten Ort war solchem Ausdruck des Fortschritts auch schon vor 1933 vorsichtiges Verständnis vom breiten Publikum entgegengebracht worden: bei Bahnhöfen, Fabriken, Sportanlagen; „vorsichtig", weil das Verhältnis zur Technik, zum technischen Fortschritt tief gestört war: Die sogenannte „Amerikanisierung" hatte die moderne Maschine, die zunehmende Vorherrschaft maschineller Produktion in den Fabriken und als Folge die Zurückdrängung des Handwerks mit sich gebracht; die „Amerikanisierung" war nächst dem verlorenen Ersten Weltkrieg und der Einführung der parlamentarischen Demokratie das dritte große Trauma der Zwanziger Jahre (ausf. Bittner u.a. 1995). Breite Kreise des Kleinbürgertums und Mittelstandes hofften auf die Wiederherstellung einer vom modernen Handwerk geprägten „ständischen Gesellschaft" (Spann 1921), fürchteten die große Industrie und die Rationalisierung, die neuen Maschinen und alles, was danach aussah. Diese Furcht und die Verteufelung der Technik wuchsen nach der Weltwirtschaftskrise von 1929. Der Heimatstil wurde insofern nicht umsonst zum Stil kleinbürgerlicher antikapitalistischer Strömungen, verkörperte doch das handwerklich hergestellte Haus diese Traumwelt. Der sich 1934 durchsetzende Parteiflügel Hitlers hatte aufgrund seiner engen Verbindungen mit der Groß-Industrie indes deutlich erkannt, daß das „Neue Deutschland" nur auf dem Fundament technischen Fortschritts, auf wissenschaftlichen und ingenieurmäßigen Spitzenleistungen seinen Platz in der Welt erobern konnte; daß also der Traum vom „Handwerker- und Ständestaat" ein für allemal ausgeträumt war (Kühnl 1990) und kein Platz mehr war für „die Rückwärtse, die meinten, ihre ‚teutsche Kunst' aus der krausen Welt ihrer eigenen romantischen Vorstellungen der nationalsozialistischen Bewegung als verpflichtendes Erbe für die Zukunft mitgeben zu können"

(Hitler 1933, 12). Den „Rückwärtsen" standen die Techniker, Ingenieure, Forscher und auch viele Architekten gegenüber. Sie begrüßten, daß „das Verhältnis des neuen Systems, das sich als eine dynamische, kraftvolle, kämpferische Bewegung verstand, zur Welt der Technik ungebrochen war. Von der Identifizierung mit eben dieser Welt konnten sie sich nur Vorteile versprechen. Der National-Sozialismus vermochte mit ihr die Jugend zu begeistern, die der technik-fernen Jugendbewegung müde war, und ebenso jene Erwachsenen, die sich von der anti-technischen Kulturkritik nicht angesprochen fühlten. Daß organistische und biologistische Ideen nicht auf Kosten der Technik, sondern unter deren Einbeziehung vertreten wurden, machte einen erheblichen Teil der ‚Attraktion' des National-Sozialismus aus" (Hortleder 1970, 124). So waren es gerade Ingenieure, die schon bald nach 1933 die „Gefahren, die von der ‚Greuelpropaganda' gegenüber der Technik ausgehen, beschworen und die dahinter steckende materialistisch ausgerichtete ‚Krämergesinnung' anprangerten" (ibid. 125). Hier bot sich der „moderne Stil" als geeignetes Werbemittel, um nicht nur die Techniker für sich zu gewinnen, sondern auch von der untersten Ebene der Zweckbauten aus für die Technik, für den technisch-wissenschaftlichen Fortschritt zu werben; kurz, „die Technik vom Ruf der Dämonie zu befreien und damit Potenzen für den schöpferisch-technischen Menschen bereitzustellen" (ibid. 127). Daß zudem mit dem „modernen Stil", dem Ausdruck von Sachlichkeit, Zweckmäßigkeit, Sauberkeit, auch Propaganda verbunden werden konnte für die Vermittlung der nachgeordneten, aber für die Leistung der deutschen Wirtschaft bedeutsamen Werte, wie Leistungsbereitschaft, Pünktlichkeit, Ordnungsliebe etc., lag auf der Hand.[16] Es wird wohl deutlich, wieso Hitler sich für einen „Fabrikbau in Glas und Stahl geradezu begeistern konnte".

Nun zum Aspekt des Funktionalismus. Nachdem der erste Rauch der Hetze gegen die Moderne sich verzogen hatte, nachdem das Augenmerk der Öffentlichkeit zur Genüge auf die ersten Kult- und Prachtanlagen des neuen „Tausendjährigen Reiches" in München, Nürnberg und Paris gerichtet war und nachdem die Vertreter des Heimatstils in die Reihen verwiesen waren, standen die Verantwortlichen in den staatlichen Baubüros vor den Aufgaben einer effektiven und zügigen Produktion für den bis 1936 vernachlässigten Massenwohnungsbau und für staatliche Forschungs- und Rüstungsproduktionsanlagen. Es waren Bauaufgaben, bei denen, insbesondere später in den Kriegsjahren unter dem Zwang der Knappheit, die Forderung nach Wirtschaftlichkeit, Sparsamkeit und

Effektivität an erster Stelle stand. „Höchstleistung" ließ sich nur auf dem Wege des Funktionalismus erreichen: „Beim Industriebau ist von nichts anderem auszugehen, als vom klaren Erfassen des Herstellungsprozesses samt Zufuhr und Versand ...; kein äußerliches Architekturmachen! Organisches Planen mit Erweiterungsmöglichkeit führt alleine zur geforderten Höchstleistung!" (Osthus 1937, 1). Solches Bauen „ohne äußerliches Architekturmachen" bewegte sich ganz auf den Spuren, die neben anderen Ludwig Hilberseimer als „Bauen ohne jede Gestaltungsabsicht" (Hilberseimer 1928, 18) für einen versachlichten, unpathetischen Funktionalismus gebahnt hatte und auf denen ihm nun Alfons Leitl mit der Beschwörung der neu gewonnenen „heiligen Nüchternheit" des „Bauens als Werkvorgang" (Leitl 1936, 54) folgte. Die Worte wechselten, und „funktional" hieß fortan „organisch" (Bollery/Fehl/Hartman 1990, 74ff.). Diese funktionalistische Tendenz griff weit über den Industriebau hinaus; auch der Wohnungsbau wurde davon berührt, als Hitler 1940 den „sozialen Wohnungsbau für den Wiederaufbau nach dem Kriege" (Hitler 1940, 577) verfügte und in großem Maßstab dafür Vorbereitungen treffen ließ. Ganz ungeniert durften nun die mit dieser Aufgabe betrauten Architekten in den Fußstapfen, die sie teilweise selbst in den späten zwanziger Jahren getreten hatten, weitermarschieren und sich die Experimente zur „seriellen Herstellung, Standardisierung und Fertigteil-Produktion", vor allem auch zu rationeller Grundrißgestaltung, zunutze machen (u.a. Harlander 1994). Das Äußere der in Massen seriell erstellten Bauten sollte möglichst nichts verraten von den in Grundrisse, Konstruktion und Herstellung eingegangenen funktionalen Überlegungen. Standen hier Bedeutung und Funktion in Konflikt? Es entstanden doch notwendigerweise Bauten, die funktionalistischen Grundsätzen folgten! Für die National-Sozialisten blieb der programmatische Eklektizismus maßgeblich, demzufolge die „äußerliche Formgebung" trotz funktionalistischer Grundsätze beim Entwurf und der Herstellung in erster Linie vom Kalkül der Propaganda bestimmt war; die Propaganda benötigte „Formen im Bauen, die offenbar nicht zweckbedingt, sondern zur Wirkung auf das Gemüt und den Willen berufen sind" (Hager 1937, 17). Folglich konnte nur dann, wenn es den Propaganda-Absichten entsprach, wenn etwa „Fortschritt" oder „Höchstleistung" signalisiert werden sollte, Architektur „ohne äußerliches Architekturmachen" gemacht werden; dies war auch gestattet, wenn die Propaganda keine Rolle spielte, wie bei den von Göring 1941 verfügten Rüstungsbetrieben in „behelfsmäßiger Kriegsbauweise", die sich durch Einheit von Funktion und Form auszeichnen.

Ganz anders war die Lage beim Wohnungsbau: Hier war der „moderne Stil" als Widerspiegelung funktionalistischer Grundsätze deshalb nicht zulässig, weil nicht „Fortschritt", sondern „Heimat" und „Bodenverbundenheit" signalisiert, das Gemüt angesprochen werden sollte. Die landschaftsgebundene Verhüllung funktional gedachter Miethausblocks wurde also 1940 im Programm als Norm festgeschrieben, so daß keiner fortan in Versuchung geraten konnte, bei ihrer „architektonischen Gestaltung" in die Fußstapfen des „neuen bauens" zu treten (Hitler 1941 [1986, 131]).

Einige Schlußfolgerungen lassen sich ziehen: Offensichtlich galt im „Dritten Reich" nur bedingt, was Hitchcock für die Konkurrenzwirtschaft der USA vorausgesagt hatte: „Die technische Entwicklung zwingt in rapidem Maße bald jedes kommerzielle und industrielle Bauwerk in die Form des Internationalen Stils" (Hitchcock 1932 [1966, 38]). „Bedingt" insofern, als nur dort, wo äußerste Wirtschaftlichkeit im Vordergrund stand, Form und Funktion übereinstimmen durften; ansonsten wurde der „moderne Stil" im National-Sozialismus als ein Kleid wie jeder andere Stil auch funktional konzipierten Gebäuden übergehängt, so daß zuweilen sogar der Eindruck entsteht, die Übereinstimmung von Form und Funktion sei nur Schein: „form follows propaganda". Hierin aber tritt erst der Grad der Vereinnahmung des „modernen Stils" und die völlige Umdeutung seines Sinngehalts zutage; es ist die Verkehrung in das Gegenteil dessen, was die Moderne ursprünglich angestrebt hatte: Wahrheit!

Gleichzeitig verdeckt diese Kostümierung nach Propagandazwecken das wahre Ausmaß funktionalistischer Denkweise und ihrer praktischen Anwendung. Denn wenn funktionales Planen eine technisch-wirtschaftliche Notwendigkeit war, dann ist zu vermuten, daß viele Bauten, die in traditionellem Gewand auftreten, im Grunde funktional angelegt waren; daß also der Funktionalismus weiter verbreitet war, als es nach außen hin in Erscheinung tritt. Wie sorgfältig Architekten auf dem Klavier des „programmatischen Eklektizismus" zu spielen wußten, wollen wir beispielhaft untersuchen an drei unter öffentlicher Einflußnahme gebauten großen Anlagen, die jeweils aus der Hand eines einzigen Architektenteams stammen; jede von ihnen ist insgesamt funktional geplant, aber die verschiedenen Teile der Anlagen sind in ihrer äußeren Erscheinung ganz nach der Bedeutung, die zu vermitteln war, in unterschiedliche Stile gewandet:

Heinkel Flugzeugwerke in Oranienburg,
von 1936 an nach Plänen des Büros Herbert Rimpl erbaut.
Montagehallen, Wohnsiedlung und Gemeinschaftshaus.
(Aus: Moderne Bauformen 1942)

Staatliche Deutsche Versuchsanstalt für Luftfahrt in Berlin-Adlershof, von 1936 an nach Plänen von Hermann Brenner und Werner Deutschmann erbaut. Werkseingang und Heizwerk.

1) Die unter staatlicher Kontrolle stehenden Flugzeugwerke der Heinkel AG in Oranienburg bei Berlin. Sie wurden einschließlich der zugehörigen Wohnsiedlung von Herbert Rimpl, einem ehemaligen Assistenten von Walter Gropius, ab 1936 gebaut (Mäckler 1944). Hier finden wir Fabrikhallen und Flugzeughallen, bei denen das funktionelle Innere genau mit dem funktionell Äußeren im „modernen Stil" übereinstimmt; das Heizwerk als besonderes Element der gesamten Anlage ist modern mit leicht monumentalem Gestus. Der Wohnungsbau tritt uns zwar im Kleid steildachigen Traditionalismus entgegen, aber in durchaus anständiger Qualität, während sich das zentrale Gemeinschaftshaus mit axialem Gehabe und großer Pfeilerordnung zum weiten Versammlungsplatz orientiert und laut von „höheren Werten" palavert; es ist eigentlich keinem herkömmlichen Stil genau zuzuordnen. Die hier anzutreffenden Stile drücken unmißverständlich die mit jedem Bau verbundenen Werte und die im Werk gültige Hierarchie aus; sie sprechen deutlich von der Zuweisung jedes Werksangehörigen zu seinem Platz und zu seiner Aufgabe: Hier wird sauber und fortschrittlich gearbeitet; hier wird respektabel geheizt; dort wird ordentlich und gemütlich gewohnt; im Zentrum wird der Partei gedient, wird der Kultus gefeiert.

2) Die Anlagen der staatlichen Deutschen Versuchsanstalt für Luftfahrt, gebaut von Hermann Brenner und Werner Deutschmann zwischen 1936-1938 (Hoffmann 1936). Die Montagehallen fallen durch ihre saubere und funktionale Gestaltung auf: Demonstrativer Einklang von Funktion und Form beim Flugzeugbau! Etwas gemäßigter, mit Neigung zum Traditionellen, aber doch noch überwiegend funktional, gibt sich das Werkstoff-Laboratorium, in welchem die gegenüber den Arbeitern höhergestellten Forscher tätig waren. Das Hauptgebäude, in welchem sich Büro an Büro reiht und die Versammlungsräume liegen, ist in Grundriß und Ansichten sachlich nüchtern. Im Inneren aber wiederholt sich, was in der Gesamtanlage schon angelegt ist: Form follows propaganda! Da sind die sachlich kargen Büros und die Vortragssäle, in denen auf sachliche Weise Wissenschaft vermittelt wird; aber da ist auch mittendrin die altdeutsch-gemütliche Kantine; die leicht monumentalen, überdimensionierten Eingänge und Treppenhäuser deuten dem Besucher die Bedeutung des Bauwerks an. Der Bau ist zeitlich kaum einzuordnen und könnte sowohl 1929, 1938 oder gar 1958 entstanden sein und belegt damit die Kontinuität einer „nicht-avantgardistischen" Moderne, die sich überwiegend an einen funktionalen Ausdruck hält, blutleer, ohne Pathos.

Willy-Sachs-Stadion in Schweinfurt,
erbaut von 1935 an nach Plänen von Paul Bonatz und Kurt Dübbers.
Hoheitsmal am Eingang, Vorderseite und Rückseite der Tribüne.
(Aus: Moderne Bauformen 1937)

3) Das 1935-1936 für die Gemeinde Schweinfurt gebaute Willy-Sachs-Stadion. Es stammt aus dem Büro von Paul Bonatz und Kurt Dübbers (Hoffmann 1937). Im Mittelpunkt der großen Sportanlage steht ein vorbildlich gestaltetes Stadion- und Tribünengebäude: Form und Funktion entsprechen sich; dieses Gebäude, wäre es erst 1960 gebaut worden, hätte als beachtenswert gegolten. Die ins Auge fallende Symmetrie ist funktional begründet und wird durch asymmetrische Akzente gemildert, so daß kein monumentaler Eindruck entsteht. Ganz im Gegenteil zum Eingang des Sportgeländes, wo man zunächst ein obeliskisches Gebilde mit gotischer Schrift und Reichsadler passieren muß und dann durch eine Kassenhalle geht, die Landschaftsverbundenheit zeigt. Die Sportgaststätte, in Grundriß und Konstruktion ganz funktional, gibt sich in ihrer äußeren Erscheinung eher traditionell-gemütlich – wäre sie in den späten fünfziger Jahren entstanden, keiner würde es merken. Noch traditioneller gibt sich das Haus des Tennisvereins: über einem wiederum funktionalen Grundriß bietet sich Heimatstil mit steilem Dach und Klappläden vor den Fenstern. Also dort, wo man hereinkommt, wird erinnert an die Heimat, die Partei, die Nation und den höheren Sinn der Wettkämpfe; dort, wo sportliche Höchstleistung gezeigt wird, im Stadion, spricht die sachlich-fortschrittliche „Leistungsform"; wo man verzehrt und ausruht, in der Gaststätte, herrscht die von der Partei verordnete deutsche Gemütlichkeit; wo die Sportsfreunde sich treffen, wird die Bodenständigkeit, das deutsche Wesen des Vereins, zum Ausdruck gebracht.

Bei allen drei Anlagen zeigen die Architekten die Fähigkeit, Bauten funktional zu konzipieren und ihnen dann programmgemäß jegliches erdenkliche Gewand überzuziehen. Sie alle sprechen die Sprache ihres Führers; fühlen sich nicht einem bestimmten Stil oder einer bestimmten Richtung im Bauen verpflichtet, sondern der neuen „Baugesinnung": „Die Baugesinnung bewirkt, daß repräsentative Bauten, die ganz verschiedene Aufgaben zu erfüllen haben, aus der jeweils anderen Aufgabe und aus dieser anderen ‚Idee' heraus auch einen anderen Ausdruckswert erhalten" (Rittich 1938, 42). Beispiele für diese „Baugesinnung" finden sich nicht nur beim Industriebau. Erwähnt sei hier das „KdF-Seebad für die Zwanzigtausend" in Prora, dessen zentrales Kultgebäude, die „große Halle für die 20.000", in einer Art „massigem Modernismus" gebaut werden sollte, während der Architekt Clemens Klotz für die der Leistungsstärkung dienenden Sonnenterrassen und Gemeinschaftshäuser den „Ausdruckswert" moderner Form wählte: sachlich, halbrund, verglast (ausf. Rostock/Zadnicek

1992). Auch Architekten, wie Rudolf Lodders, der vorgab, im modernen Industriebau für die Borgward-Werke einen „Zufluchtsort" vor dem NS gefunden zu haben, verweigerten sich nicht dem programmatischen Eklektizismus: „Der Industriebau blieb nicht sein einziges Betätigungsfeld. Für den Wohnungsbau entwickelte Lodders ganz andere Ausdrucksformen – beispielsweise für ein Wochenendhaus Borgwards in der Nähe Bremens 1934. Er tat dies ganz bewußt. Der Welt der Arbeit sollte die klare Ästhetik der Technik vorbehalten bleiben, Wohnhäuser aber sollten zu Rückzugsbereichen werden, die die Arbeit vergessen lassen konnten. Bezüge zur örtlichen Bautradition, die Verbindung zur Landschaft ... gehörten hier zu seinen Gestaltungsmotiven. Er verzichtete dabei allerdings nicht darauf, die modernen Erkenntnisse der Grundrißteilung anzuwenden" (Bartels 1992, 45).

Wer als „deutscher" Architekt bei der Kostümierung von Bauten das Repertoire der „Ausdruckswerte" beherrschte, im Sinne der neuen „Baugesinnung" stilistisch wandlungsfähig und nicht auf eine einzige Linie festgelegt war, aber „solide" zu bauen verstand, den würde Lampugnani heute als „neomodern" bezeichnen. Damals erwies er sich als brauchbar für die mit Architektur betriebene Propaganda; war nolens-volens Werkzeug Goebbels.

Anmerkungen

Der Beitrag ist die Überarbeitung und Einkürzung eines Vortrags vom 29. April 1983 an der Universität Leuven anläßlich der von Marcel Smets veranstalteten Konferenz „Städtebau 1930-1960"; er erschien in veränderter Fassung in dem von Hartmut Frank herausgegebenen Sammelband „Faschistische Architekturen – Planen und Bauen in Europa 1930 – 1945"; Hamburg 1985, Band 3 der Reihe „Stadt – Planung – Geschichte".

1 Die einzelnen Baustile in der 1. Hälfte des 19. Jahrhunderts sind kaum, messerscharf gegeneinander abzugrenzen, da sie sich oft vermischt haben. So können nur die idealtypischen Kernstile herausgestellt werden, die, aus dem ausgehenden 19. Jahrhundert stammend, auch in der 1. Hälfte unseres Jahrhunderts einen Wandel unter dem Einfluß von Bautechnologie Aufgabenstellung und politischem Willen durchmachten:
Moderner Stil" im Sinne des „neuen bauens" und der „neuen Sachlichkeit"; er ist der jüngste der hier zusammengestellten Kernstile und in sich alles andere als einheitlich. Wir können zwei Linien unterscheiden, deren Gemeinsames die Ablehnung jeder Verwendung von „historischem Stoff" ist und „die Gestaltung aus Eigenem heraus" (Gurlitt 1399) unter Zugrundelegung primärer geometrischer Formen sowie der funktionalistischen Methode beim Entwerfen, getragen vom Mythos des „form follows function". Da ist zunächst die allseits bekannte Linie des „pathetischen Funktionalismus", u.a. von de Stijl, Bauhaus und Le Corbusier, mit seinen vielerlei „modernen Motiven" aus der Maschinenwelt, von Ozeandampfern und Industrieanlagen, die in oft expressiver Weise herausgestellt werden. Demgegenüber tritt die Linie eines „versachlichten Funktionalismus" eher zurück: Gerippe und Tragwerk sind bedeutsame Gestaltungselemente in Verbindung mit Naturstein, Backstein, Beton; jede expressive Formspielerei und Effekthascherei wurde von ihren Vertretern, u.a. J. Wiebenga, Hannes Meyer, Ludwig Hilberseimer, Rudolf Schwarz, abgelehnt; in der Zeit des National-Sozialismus tritt diese Linie in den Vordergrund mit Egon Eiermann, Fritz Schupp, Ernst Neufert u.a., die auch nach 1945 wieder eine wichtige Rolle spielen.
Traditions-Funktionalismus", der als Baustil eine Mittelstellung zwischen dem sogenannten „Heimatstil" und dem „modernen Stil" einnimmt; er ist gekennzeichnet durch funktionale Organisation von Grundriß und Aufbau; sachliche Schlichtheit in Material und Oberfläche, klare Baukörper mit meist deutlich betonten Satteldächern; völlige Ornamentlosigkeit kennzeichnet ihn; in Fenstern, die oft als Einzelfenster zu Gruppen zusammengefaßt werden, wird die Funktion der dahinter liegenden Räume ausgedrückt; die Baumassen werden häufig asymmetrisch gegliedert. Dieser Stil ist eigentlich ein Wohnhaus-Stil und bei öffentlichen Gebäuden selten zu finden. Für die Zeit vor 1933 ragt Heinrich Tessenow als Vertreter heraus; während der Zeit des National-Sozialismus finden sich gute Beispiele von Otto Biber, E. Grundrum, auch von Julius Schulte-Frohlinde. Nach 1945 ist dieser Stil weit verbreitet, verbindet er doch am ehesten das Funktionale mit der Überlieferung und scheint darüber hinaus am wenigsten ideologisch belastet.
Massiger Modernismus" im Sinne eines Baustils, der sich auf die Zurschaustellung der primären Baumassen beschränkt, die durch Wand, Pfeiler, Dachplatte, Sockel gegliedert werden; die Massigkeit der Struktur wird durch natürliche Baumaterialien, insbesondere Naturstein, hervorgehoben; oft axial gegliedert mit stereotyper Wiederholung gleicher Elemente, nimmt er eine Zwischenposition zwischen Moderne und Neu-Klassizismus ein, ist sozusagen die mit Ornamentlosigkeit drohende Variante des Neu-Klassizismus. Beispielgebend für die Zeit vor 1914 war Peter Behrens' Botschaft in Leningrad, Paul Bonatz' Stuttgarter Hauptbahnhof und in den 20er Jahren, eher zur Moderne neigend, Wilhelm Kreis' Bauten in Düsseldorf,

auch Poelzigs Verwaltungsgebäude der IG-Farben in Frankfurt. Nach 1945 findet sich der Stil u.a. an Versicherungs- und Bankgebäuden im Rheinland wieder.

„Neu-Klassizismus" als ein sich auf das klassische Vorbild berufender Baustil, der sich indes nur vage auf die Formenwelt des Klassizismus bezieht (ausf. Summerson 1980). Im National-Sozialismus ist der Klassizismus genauso entstellt und durch Propaganda mißbraucht worden wie der „moderne Stil"; er kann auch als „geistloser Klassizismus" bezeichnet werden, da vom „Geiste der Klassik" im „Dritten Reich" ja nicht die Rede war. Vor 1933 sind u.a. German Bestelmeyer und Alexander Klein Vertreter dieses Stils, der dann von national-sozialistischen Architekten wie Paul L. Troost und Albert Speer „umgewertet", brutalisiert und für die Propaganda zurechtgestutzt wurde: Fälschlich als „Nazi-Stil" abgestempelt, finden wir in den ersten Jahrzehnten nach Kriegsende m.W. keine gebauten Beispiele in West-Deutschland; erst neuerdings finden sich wieder Liebhaber (Köster 1986).

„Heimatstil", ein Sammelbegriff, der, ähnlich dem „modernen Stil", ein breites Spektrum umfaßt von der „Schwarzwaldvilla" über Nachformungen von „Goethes Gartenhaus", über das „landschaftsgebundene Bauen" im National-Sozialismus bis hin zu dem, was die Bauordnung heute im Alpenraum vorschreibt; an die handwerkliche und stilistische Vergangenheit anknüpfend, dabei gerne auf das ländliche Vorbild und ortsübliches Material zurückgreifend und dem Anspruch nach sich in die Landschaft einpassend, ist dieser Baustil wohl derjenige mit der längsten Tradition und heute zum Grundstein der sogenannten „Allgemeinen Verhübschung" von Vorstadt und Dorf geworden.

2 Wir verwenden den Begriff „moderner Stil" allein für die äußere Formgebung von Bauwerken, unabhängig davon, nach welchen Gesichtspunkten Grundrisse, Konstruktion und Herstellung entwickelt wurden. Daß äußere Formgebung und innerer Aufbau zusammenstimmen sollten, ist von allen Seiten immer wieder wiederholt worden; dennoch wird seit altersher – John Nash 1812, J.C. Loudon 1858 – die äußere Formgebung gerne als ein „Gewand" angesehen, das dem Gebäude nur übergezogen ist.

3 Hartmut Frank unterscheidet in diesem Sinne zwischen dem „alten Neuen Bauen" bis 1933 und dem „neuen Neuen Bauen" bis 1945 (Frank 1983, 74-75).

4 So betonte etwa Werner Hager: „Stil kann für das Bauen der Gegenwart nichts Äußerliches sein; in keinem Fall ist darüber mit Hilfe kunsthistorischer Begriffe Wesentliches auszusagen. Stil, mit anderen Worten „gestaltete Notwendigkeit", ist heute ein Gesetz der inneren Organisation der Formgebilde, der Baukörper" (Hager 1937, 18).

5 Vgl. hierzu Ernst Bloch (1932 [1973, 112]); mit dem pompösen Bautätigkeit waren selbstverständlich auch noch andere Ziele der Partei verbunden, insbesondere Versuche zur Verschleierung von Kriegsvorbereitungen, Verschlechterung der Produktionsbedingungen, Ausschaltung jeglicher Kritik etc.

6 An dieser Stelle stand wohl die „Liquidierung unerwünschter Elemente", also die Stillegung eines Kanals; im Gesellschafts-System mit Einweg-Kommunikation: Ansprache ohne Antwortmöglichkeit. Der Kultus von Rasse und Elite wurde vermittelt über die Kanäle der Kultfeiern, Reden sowie über Plakate, Inschriften, Bücher, Zeitungen, Kinos – und eben auch über Architektur. Hitler schaltete mit seinem Selbstmord den Kanal zum Volk eigenhändig ab, und die Steine verstummten. Wenn sich jemand bei ihrem Anblick dennoch angesprochen fühlt, dann sind das Interferenzen, die von anderen Kanälen ausgehend beim Empfänger überlagert werden; dies meine, Ernst Mittig entgegengesetzte Position (Mittig 1992, 245ff.).

7 Im Deutschen Bund Heimatschutz war bereits vor 1914 ein eklektizistisches Programm in dem Sinn vertreten worden, daß Industriebauten unverhüllt als sachliche Ingenieurwerke, auch mit Flachdach, Zustimmung fanden, während Wohnbauten eine vorzugsweise am Vorbild „um 1800" ausgerichtete Architektur mit Steildach aufzuweisen hatten (u.a. Fehl 1994).

8 Dies war schon so im 19. Jahrhundert, als etwa Gottfried Semper in Wien das Burgtheater im barocken Repräsentationsstil baute und gleichzeitig, in einer Nebenstraße versteckt, das schlichte, schon fast funktional zu nennende Magazingebäude für das Burgtheater.

9 „Saxa lonquuntur" heißt, daß Steine über die Geschichte hin aus der Vergangenheit sprechen; Hitler nahm dies bei seinen Steinen schon für die Gegenwart in Anspruch. Die Idee „Steine sprechen zu lassen", um Menschen zu beeinflussen, stammt wohl von C.N. Ledoux 1804.

10 Die plakathafte Aussage von Baustilen war, wenn man genau hinschaut, von Ort zu Ort verschieden; keinesfalls darf man das „flache Dach" überall mit dem „organisierten Arbeiter" gleichsetzen! (Novy, 1983, 147f.).

11 Bei der „Neuwertung" der Baustile nach Aufgabenbereichen erhielt freilich nicht jeder den Rang, den sich seine Verfechter im „Neuen Reich" erhofft hatten; so etwa wurde der Heimatstil zur großen Enttäuschung seiner Vorkämpfer nicht auf den höchsten Platz gekürt; er blieb ausgeschlossen von repräsentativen Staats- und Parteibauten und durfte nur Vermittlungsaufgaben in Siedlung, Dorf und Land wahrnehmen, wo er für „Verheimatung" zu sorgen hatte.

12 Diese Zuordnung deckt sich mit „hoher Architektur" für öffentliche Repräsentationsbauten und mit dem „einfachen Bauen" für anspruchslosere Zweckbauten im 19. Jahrhundert.

13 Daß es gerade unter den Partei-Größen Streit um die Rangliste der Baustile gab, ist ihrer Herkunft aus verschiedenen politisch-kulturellen Strömungen zuzurechnen; das Gerangel zog sich über die gesamte Dauer des „Neuen Deutschland" hin (ausf. Teut 1965, 66).

14 Die Forschung hat sich bislang in erster Linie auf die äußere Erscheinung der Bauten gerichtet – gerade so, wie die National-Sozialisten es sich vorgestellt hatten; Grundrisse, Konstruktion und Herstellung stehen demgegenüber im Hintergrund; gleichermaßen steht bislang auch der Zweckbau gegenüber dem Monumentalbau im Hintergrund. – Wir verwenden hier den Begriff „Funktionalismus" im engeren methodischen Sinne für eine Art rationalen Vorgehens beim Entwerfen, die ein Bauwerk „von innen nach außen" entwickelt und bei der demgemäß Grundriß, Konstruktion und Herstellung im Vordergrund stehen.

15 So wurden z.B. in der nicht gerade oppositionell zu nennenden Zeitschrift „Moderne Bauformen" laufend Beispiele moderner Architektur aus dem Inland und Ausland (Schweiz, Tschechoslowakei, England etc.) veröffentlicht.

16 Verwiesen sei insbesondere auf das Propaganda-Programm der DAF „Schönheit der Arbeit", durch welches den Arbeitern auch in der privaten Fabrik symbolisch die Fürsorge der DAF vermittelt wurde; gleichzeitig sollten sie durch dieses Programm von ihrer erhöhten Ausbeutung bei stagnierenden Löhne abgelenkt werden (Friemert 1980).

Literatur

Arminius: Die Großstadt in ihrer Wohnungsnoth und die Grundlagen einer gründlichen Abhilfe; Leipzig 1974

Franz Adickes: Die unterschiedliche Behandlung der Bauordnungen ...; in: Deutsche Vierteljahresschrift für öffentliche Gesundheitspflege (DVöG), Braunschweig 1894, S. 13-29

Franz Adickes: Die Nothwendigkeit weiträumiger Bebauung bei Stadterweiterungen ...; in: DVöG, Braunschweig 1895, S. 101-110

Gerd Albers: Theodor Fischer und die Münchener Stadtentwicklung ...; in: Jahrbuch der TU München 1981, S. 127-157

Architektengesetz vom 1. Okt. 1934; in: A. Teut 1967, S. 99-100

Reyner Banham: Das gebaute Atlantis; Basel/Berlin/Boston 1990

Olaf Bartels: Zufluchtsort Industriebau; in: Wiss. Zeitschrift der Hochschule für Architektur und Bauwesen Weimar, 38. Jhg. 1992, S. 44-49

Reinhard Baumeister: Thesen über Stadterweiterungen; in: Deutsche Bauzeitung 1874, S. 265

Reinhard Baumeister: Stadt-Erweiterungen in technischer, baupolizeilicher und wirtschaftlicher Beziehung; Berlin 1876

Reinhard Baumeister: Moderne Stadterweiterungen; Hamburg 1887

Reinhard Baumeister: Massregeln zur Errichtung gesunden Wohnens; in: DVöG, Braunschweig 1889, S. 24-36

Reinhard Baumeister/J. Classen/J. Stübben: Die Umlegung städtischer Grundstücke und die Zonenenteignung; Berlin 1897

Bayerische Akademie der schönen Künste (Hrsg.): Süddeutsche Bautradition im 20. Jahrhundert; München 1985

Peter Berg: Deutschland und Amerika 1918-1929; Lübeck/Hamburg 1963

Otto v. Bismarck: Die große Botschaft; Rede v. 17.11.1881; in: H. Kohl (Hrsg.): Bismarckreden 1847-95; Stuttgart/Berlin 1913, S. 220-224

Regina Bittner/H. Brüning/G. Fehl/H. Kegler (Hrsg.): Zukunft aus Amerika – Fordismus und Amerikanismus ...; Dessau 1995

Ernst Bloch: Ungleichzeitigkeit und Pflicht zur Dialektik (1932); in: E. Bloch: Erbschaft dieser Zeit; Frankfurt/M 1973, S. 104-160

Der Block: Manifest vom Juni 1928; in: A. Teut 1967, S. 29

Erich Böckler: Landschaftliches Bauen – eine Grundforderung; in: Die Deutsche Heimat 1942, S. 4-6

Franziska Bollerey/G. Fehl/K. Hartmann (Hrsg.): Im Grünen Wohnen – im Blauen Planen. Ein Lesebuch zur Gartenstadt; Hamburg 1990

R. van der Borght: Der Einfluß der privaten Bautätigkeit auf die Entwicklung der modernen Städte; in: Verhandlungen des ersten Kongresses für Städtewesen zu Düsseldorf 1912; Düsseldorf 1913, Bd. 1, S. 192-211

Ernst Bornemann: Karl Henrici und sein Lebenskreis; in: G. Curdes/R. Oehmichen 1981, S. 4-8

Norbert Borrmann: Paul Schultze-Naumburg – Maler, Publizist, Architekt 1869-1949; Essen 1989

Rüdiger Breuer: Das Bau- und Bodenrecht als Instrument planmäßigen Umbaus der Innenstädte; in: Fehl/Rodriguez-Lores 1995, S. 389ff.

A. E. Brinckmann: Platz und Monument als künstlerisches Problem; Berlin 1909

Eris Busse: Heimatbildung; in: GFdH 1930, S. 47-54

David C. Canter: Architekturpsychologie; Düsseldorf 1973

Karl Cerff: Aufruf an die Volkskulturgemeinschaften; in: Die Deutsche Heimat 1942, S. 101

George u. Christiane Collins: Camillo Sitte and the Birth of modern City planning; London 1965

U. Conrads (Hrsg.): Programme und Manifeste zur Architektur des 20. Jahrhunderts; Bauweltfundamente Bd. 1, Berlin 1964

Gerhard Curdes: Entwicklung der Entwurfsauffassung von Karl Henrici; in: G. Curdes/R. Oehmichen 1981, S. 10-20

Gerhard Curdes/R. Oehmichen (Hrsg.); Künstlerischer Städtebau um die Jahrhundertwende; Köln/Stuttgart 1981

D.: Künstlerische Grundsätze des Städtebaues (Rezension von C. Sitte); in: Deutsche Bauzeitung 1889, S. 408-409

Clemens Delbrück 1897, zit. bei E. Siepmann; Gießen 1978, S. 24

Deutsche Arbeitsfront (DAF): Die Siedlung; Planungsheft der DAF; Berlin 1938

Deutsche Arbeitsfront (Reichsheimstättenamt): Städtebild und Landschaft; Berlin 1939

Deutscher Bund Heimatschutz: Aufruf zur Gründung eines Bundes Heimatschutz; Dresden 1903

Deutscher Heimatbund (Hrsg.): 50 Jahre Deutscher Heimatbund/Deutscher Bund Heimatschutz; Neuß a.R 1954

E. A. Dreyer (Hrsg.): Deutsche Kultur im Neuen Reich; Berlin 1934

Jost Dülffer/J. Thies/J. Henke (Hrsg.): Hitlers Städte – Baupolitik im Dritten Reich; Köln/Wien 1978

Rudolf Eberstadt: Berliner Communalreform; in: Preuß. Jahrbücher Bd. 70/1892, S. 577-610

Rudolf Eberstadt: Die Bedeutung der Bodenparzellierung für das Bauwesen; In: Der Städtebau 1905, S. 18-22

Rudolf Eberstadt: Handbuch des Wohnungswesens; Jena 1909

Paul Ehmig: Das deutsche Haus; 6 Bde.; Berlin 1916

Rudolf Esterer: Heimatschutz und neue Baugesinnung; in: GFdH 1930, S. 110-123

Gustav Theodor Fechner: Zur experimentalen Ästhetik; Leipzig 1871

Gustav Theodor Fechner: Vorschule zur Ästhetik; Leipzig 1876

Gerhard Fehl: Artis sola domina necessitas – Zum Verhältnis von sozialer und baulicher Phantasie in der Architektur ...; in: ad 5 1980

Gerhard Fehl: Der Kleinwohnungsbau als Grundlage des Städtebaues?; in: J. Rodriguez-Lores/G. Fehl 1988, S. 95-134

Gerhard Fehl: Gartenstadt-Bebauung oder schematische Reihenhaus-Bebauung? in: F. Bollerey/G. Fehl/K. Hartmann 1990, S. 189-227

Gerhard Fehl: Planungstheorie als „Theorie der Produktion der Stadt"; in: W. Reuter (Hrsg.): Planungswissenschaften ...; Stuttgart 1991, S. 29-37

Gerhard Fehl: Privater und öffentlicher Städtebau; in: Die Alte Stadt 4/1992, S. 267-291

Gerhard Fehl: „Geplante" und „ungeplante Produktion von Stadt" in Preußen bis 1890; in: P. Hoveland/P. Nordhagen (Hrsg.): The Housing Problem in Urbanizing Societies ...; Bergen (N) 1995 (im Erscheinen)

Gerhard Fehl/J. Rodriguez-Lores: Aufstieg und Fall der Zonenplanung; in: Stadtbauwelt 73/1983, S. 45-52

Gerhard Fehl/J. Rodriguez-Lores (Hrsg.): Stadterweiterungen 1800-1875; Hamburg 1983

Gerhard Fehl/J. Rodriguez-Lores (Hrsg.): Stadt-Umbau; Basel/Berlin/Boston 1995

Stefan Fisch: Stadtplanung im 19. Jahrhundert; München 1988

Theodor Fischer: Über Städtebau; in: Stuttgarter Stadterweiterung; Hrsg. Stadtschultheißenamt Stuttgart; Stuttgart 1901, S. 265-269

Theodor Fischer: Nachruf auf Camillo Sitte; in: Deutsche Bauzeitung 1904, S. 33-34

Francis Freankel: H.P. Berlages Plan for the southern extension of Amsterdam; Alphen a.d.Rh. (NL) 1988

Hartmut Frank: Traditionelle und moderne Architektur im Nachkriegsdeutschland; in: B. Schulz (Hrsg.): Grauzonen – Farbwelten ... 1945-1955; Berlin 1983, S. 42-83

Hartmut Frank (Hrsg.): Faschistische Architekturen; Hamburg 1985

Hartmut Frank: Heimatschutz und typologisches Entwerfen ... 1915-1927; in: V. Lampugnani/R. Schneider 1992, S. 105-131

Janos Frecot: Der Werdandi-Bund; in: B. Bergius u.a. (Hrsg.): Architektur, Stadt und Politik; Gießen 1979, S. 37-46

Chup Friemert: „Schönheit der Arbeit" – Produktionsästhetik im Faschismus; München 1980

Josef Früchtl: Das vernunftwidrig Erhabene; in: Süddeutsche Zeitung 30.9.1994

Eduard Führ: Wieviel Engel passen auf die Spitze einer Nadel; in: E. Führ (Hrsg.): Worin noch niemand war: Heimat; Berlin 1985, S. 10-32

Gagfah (Gemeinnützige Aktiengesellschaft für Angestellten-Heimstätten): 16 000 Wohnungen für Angestellte; Berlin 1928

I. Geiler: Die Geldbeschaffung für den kommenden Wohnungsbau; in: Deutsche Bauzeitung 1941, S. 171-173

Jonas Geist/K. Kürvers: Das Berliner Mietshaus 1862-1945; München 1984

Gesellschaft der Freunde des deutschen Heimatschutzes (GFdH) (Hrsg.): Der Deutsche Heimatschutz ...; München 1930

Hermann Glaser: Bildungsbürgertum und Nationalismus; München 1993

Joseph Goebbels: Die deutsche Kultur vor neuem Anfang; Rede zur Eröffnung der Reichskulturkammer am 15.11.1933; in: E. A. Dreyer 1934, S. 23-32

Theodor Goecke: Das Arbeiter-Miethaus; in: Deutsche Bauzeitung 1890, S. 501-503, 508-510, 522-523

Theodor Goecke: Schon wieder die Arbeiter-Wohnungsfrage; in: Deutsche Bauzeitung 1892, S. 253-54, 265-268

Theodor Goecke: Verkehrstrasse und Wohnstrasse; in: Preussische Jahrbücher Bd. 73/1893, S. 85-104

Theodor Goecke: Wohnungsfrage und Bebauungsplan; in: Deutsche Bauzeitung 1893, S. 539-542, 545-546

Theodor Goecke: Wohnungsfrage und Bebauungsplan; in: Blätter für soziale Praxis 1894, S. 49-50, 69-70, 79

Theodor Goecke/C. Sitte: An unsere Leser; in: Der Städtebau, 1. Jahrg. 1/1904, S. 1-4

Walter Grab: Der Preußische Weg der Judenemanzipation; in: Stiftung Preuß. Kulturbesitz (Hrsg.): Juden in Preußen; Berlin 1981, S. 24-29

Anna Maria Greverus: Auf der Suche nach Heimat; München 1979

Cornelius Gurlitt: Zur Befreiung der Baukunst; Berlin 1900; Nachdruck in Bauwelt Fundamente Bd. 22, Frankfurt/Wien 1968

Georg Haberland: Vierzig Jahre Berlinische Boden-Gesellschaft; Berlin 1930

Werner Hager: Bauwerke im Dritten Reich: in: Das Innere Reich, 4. Jahrg. 1/1937, S. 5-21

Franz Hallbaum: Zum Problem der Form; in: GFdH 1930, S. 99-110

Richard Hamann/J. Hermand: Stilkunst um 1900; Frankfurt/M 1977

Peter Hampe: Sozioökonomische und psychische Hintergründe der bildungsbürgerlichen Imperialbegeisterung; in: K. Vondung 1976

Tilman Harlander: Wohnungsbau und Wohnungspolitik im Nationalsozialismus; Habil. Schrift RWTH Aachen 1994

Tilman Harlander/G. Fehl (Hrsg.): Hitlers Sozialer Wohnungsbau 1940-1945; Hamburg 1986

Kristiana Hartmann: Gartenstadtbewegung; München 1976

Jörg Haspel/J. Zänker: Die Holzsiedlung auf dem Stuttgarter Kochenhof 1933; in: ARCH+ 72/1983, S. 51-56

Rudolf Heckl: Grundlagen für die Baufibel in Oberdonau; in: Die Deutsche Heimat 1942, S. 53-56

Heinrich Heine: Die romantische Schule; Paris 1833 (hier verwendet: H. Heines Sämmtliche Werke, Bd. 7; Hamburg 1884; S. 3-235)

Karl Henrici: Konkurrenzentwurf zu der nordwestlichen Stadterweiterung von Dessau; Aachen 1890

Karl Henrici: Gedanken über das moderne Städte-Bausystem; in: Deutsche Bauzeitung 1891, S. 81-91

Karl Henrici: Der Individualismus im Städtebau; in: Deutsche Bauzeitung 1891, S. 295-298, 301-302, 320-322

Karl Henrici: Preisgekrönter Konkurrenz-Entwurf zur Stadterweiterung Münchens; München 1893

Karl Henrici: Langweilige und kurzweilige Straßen; in: Deutsche Bauzeitung 1893, S. 271-274

Karl Henrici: Zur schönheitlichen Gestaltung städtischer Straßen; in: Deutsche Bauzeitung 1893, S. 326

Karl Henrici: Von welchen Gedanken sollen wir uns beim Ausbau unserer deutschen Städte leiten lassen? Vortrag 1894; in: G. Curdes/R. Oehmichen 1981, S. 128-134

Karl Henrici: Einiges zur Beachtung bei Anlage von Straßen, Plätzen ...; in: Deutsche Bauzeitung 1894, S. 501f., 506-509

Karl Henrici: Alte Stadtanlagen; in: Deutsche Bauzeitung 1894, S. 628

Karl Henrici: Großstadtgrün; in: Deutsche Bauhütte 1901, S. 161-170

Karl Henrici: Die Stuttgarter Stadterweiterung; in: Centralblatt der Bauverwaltung 1901, S. 577-580, 590-592

Karl Henrici: Über billige Wohnungen, kleine Häuser, Miethskasernen ...; in: Centralblatt der Bauverwaltung 1902, S. 80-85

Karl Henrici: Von innen nach außen oder von außen nach innen?; in: Süddeutsche Bauzeitung 1903, S. 307-310

Karl Henrici: Beiträge zur praktischen Ästhetik im Städtebau; München 1904

Karl Henrici: Die künstlerischen Aufgaben im Städtebau; in: K. Henrici 1904, S. 3-33

Karl Henrici: Das Malerische in der Architektur und im Städtebau; in: K. Henrici 1904, S. 34-57

Karl Henrici: Städtebauliches; in: K. Henrici 1904, S. 58-68

Karl Henrici: Stadt- und Straßenbild im Mittelalter und in der Neuzeit; in: Kunstwart 1903 und K. Henrici 1904, S. 108-113

Karl Henrici: Woran ist zu denken bei der Aufstellung eines Bebauungsplanes?; in: K. Henrici 1904, S. 164-178

Karl Henrici: Die Grundlagen der Stadterweiterungen; in: K. Henrici 1904, S. 234-257

Karl Henrici: Nachruf auf Camillo Sitte; in: Der Städtebau, 1904, S. 33-34

Jost Hermand: Der alte Traum vom neuen Reich – Völkische Utopien und Nationalsozialismus; Frankfurt/M 1988

Jeffrey Herf: Reactionary Modernism; Cambridge/Mass. 1984

R. Hessen: Die Berliner Wohnungsnot; in: Preuß. Jahrbücher; Bd. 67, Berlin 1891

Ludwig Hilberseimer: Großstadt Architektur; Stuttgart 1927

Adolf Hitler: Rede zur Eröffnung der Reichskulturkammer am 15.11. 1933; in: E. A. Dreyer 1934, S. 23-32

Adolf Hitler: Rede auf dem Reichsparteitag in Nürnberg 1933; in: A. Teut 1967, S. 90-92

Adolf Hitler: Reichstagsrede 1934; in J. Streicher (Hrsg.): Reichstagung in Nürnberg; Berlin 1935, S. 167-181

Adolf Hitler: Kulturrede des Führers 1937; in: A. Teut 1967, S. 188-190

Adolf Hitler: Rede am 10. Februar 1939 in Berlin an die Truppenkommandeure des Heeres; in: J. Dülffer u.a. 1978, S. 289-313

Adolf Hitler: Erlaß des Führers zur Vorbereitung des deutschen Wohnungsbaues nach dem Kriege vom 15.11.1940; in: Deutsche Bauzeitung 1940; Faks. in: T. Harlander/G. Fehl 1986, S. 131-132

Henry-Russel Hitchcock/P. Johnson: The International Style – Architecture since 1922 (1932); New York 1932; Nachdruck 1966

James Hobrecht: Über städtische Bebauungspläne; in: Deutsche Bauzeitung 1883, S. 579f.

Eric Hobsbawm: Mass-Producing Traditions; in: E. Hobsbawm/T. Ranger: The Invention of Tradition; Cambridge (UK) 1983, S. 263-307

Eric Hobsbawm: Nationen und Nationalismus; Frankfurt/M 1992

Ulrich Höhns: Grenzenloser Heimatschutz 1941: Neues, altes Bauen in der Ostmark ...; in: V. Lampugnani/R. Schneider 1992, S. 283-301

Herbert Hoffmann: Bernhard Pfau; in: Moderne Bauformen 1936, S. 389-391

Herbert Hoffmann: Die Neubauten der Deutschen Versuchsanstalt für Luftfahrt e.V.; in: Moderne Bauformen 1936, S. 537-559

Herbert Hoffmann: Willy-Sachs-Stadion Schweinfurt; in: Moderne Bauformen 1937, S. 507-524

Dieter Hoffmann-Axthelm: Dialektik des Regionalismus; in: ARCH+ 72/ 1983, S. 40-47

Gerd Hortleder: Das Gesellschaftsbild des Ingenieurs; Frankfurt/M 1970

Victor Hugo: Geschichte eines Verbrechens; Paris 1877; Nachdruck Berlin 1993

Erwin Ilz: Festrede zu Camillo Sittes Hundertstem Geburtstag gehalten am 17. April 1943; in: C. Sitte, 6. Auflage; Wien 1965, S. 7-15

Johannes Jacob: Erprobungstypen; in: Der Soziale Wohnungsbau in Deutschland 1941, S. 290-300

Gerhard Jobst: Musterpläne für ländliche und städtische Kleinhäuser; Band XVI des „Siedlungswerkes" hrsg. v. Deutscher Bund Heimatschutz; München 1921

Kurt Junghanns: Das Haus für alle – Zur Geschichte der Vorfertigung in Deutschland; Berlin 1994

Gert Kähler: Architektur als Symbolverfall; Braunschweig/Wiesbaden 1981

Karl Kiem: Die Gartenstadt Staaken als ein Prototyp der modernen deutschen Siedlung; in: V. Lampugnani/R. Schneider 1992, S. 133-150

Baldur Köster: Klassizismus heute; Berlin 1986

Eitelfritz Kühne: Mission und Tradition – Elemente des Aufbaus (1941); in: A. Teut 1967, S. 107-112

Reinhard Kühnl: Formen bürgerlicher Herrschaft; Reinbek 1990

Vittorio M. Lampugnani/R. Schneider (Hrsg.): Moderne Architektur in Deutschland 1900 bis 1950: Reform und Tradition; Stuttgart 1992

Julius Langbehn: Rembrandt als Erzieher; Leipzig 1890 (hier verwendet: 41. Aufl. 1892)

Willy Lange: Land- und Gartensiedlungen; Leipzig 1910

Gustav Langen: Die kleinstädtische Siedlung; Band XIII-XV des „Siedlungswerkes" hrsg. v. Deutscher Bund Heimatschutz; München 1925

Le Corbusier: Leitsätze des Städtebaues (1925); in: U. Conrads 1964, S. 84-89

Claude Nicholas Ledoux: Architecture considerée sous le rapport de'l art, des moeurs et de la législation; Paris 1804

Alfons Leitl: Von der Architektur zum Bauen; Berlin 1936

Siegfried Lenz: Heimatmuseum; Hamburg 1978

Neil Levine: The Romantic Idea of Architectural Legibility; in: A. Drexler(Hrsg.): The Architecture of the Ecole des Beaux-Arts; London 1977, S. 325-416

Robert Ley: Zur Durchführung des Sozialen Wohnungsbaus; in: Deutsche Bauzeitung 1940; S. 578-579

Robert Ley: Erlaß zur Sammlung und Auswertung der Landschaftsbauformen für den sozialen Wohnungsbau vom 10.9.41; in: Der soziale Wohnungsbau in Deutschland 1941, S. 783

Robert Ley: Erlaß zur Wohnraumversorgung der Bevölkerung im Kriege vom 15.3.1943; in: Der Wohnungsbau in Deutschland 1943, S. 174

Werner Lindner: Zur Einführung; in: Georg Steinmetz 1917, S. II-XVI

Werner Lindner: Ingenieurbauten in ihrer guten Gestaltung; Berlin 1923

Werner Lindner: Ingenieurwerk und Naturschutz; Berlin 1926

Werner Lindner: Bauten der Technik – Ihre Form und Wirkung; Berlin 1927

Werner Lindner: Was ist Heimatschutz? in: Die Form 1930, S. 601-604

Werner Lindner: Heimatschutz im Neuen Reich; Leipzig 1934

Werner Lindner: Heimat- und Handwerkspflege in der Siedlungs- und Bauplanung; in: Der Deutsche Baumeister 1940, S. 11-24

Werner Lindner: Aufgaben der Baupflege und Baugestaltung; in: Die Deutsche Heimat 1942, S. 23-35

Werner Lindner: Ein gefährliches Schlagwort; in: Die Deutsche Heimat 1942, S. 47-48

Werner Lindner: Landschaftsgebundene Baugestaltung; in: Die Deutsche Heimat 1942, S. 159-163

Werner Lindner: Landschaftsgebundenes Baugestalten; in: Der Soziale Wohnungsbau in Deutschland 1942, S. 751-752

Werner Lindner: Formkräfte der Landschaft; in: Die Deutsche Heimat 1944, S. 41-42

Werner Lindner/E. Böckler: Die Stadt, ihre Pflege und Gestaltung; München 1939

Ulrich Linse: Die Jugendkulturbewegung; in: Klaus Vondung 1976

G. Friedrich Lipps: Grundriß der Psycho-Physik; 2. Aufl. Berlin/Leipzig 1914

Theodor Lipps: Raumästhetik und geometrisch optische Täuschungen, Leipzig 1897

Joseph von Loevenich: Die Boden- und Wohnverhältnisse in Aachen im 19. und 20. Jahrhundert; unveröff. Diss. Bonn 1924

Hermann Mäckler: Wohnsiedlung eines deutschen Industriewerkes; in: Moderne Bauformen 1944, S. 1-11

Herrmann Maertens: Praktische Ästhetik der Baukunst und der gewerblichen Künste; Bonn 1887. 1. Auflage mit dem Titel „Skizze einer praktischen Ästhetik"; Berlin 1885

Adelbert Matthaei: Deutsche Baukunst im Mittelalter; Leipzig 1898 (hier verwendet: 2. Aufl.1904)

Arno J. Mayer: Bürgertum und Adelsmacht – Die Krise der Europäischen Gesellschaft 1848-1918; München 1984

Paul Mebes: Um 1800 – Architektur und Handwerk im letzten Jahrhundert. München 1908 (hier verwendet: 2. Aufl.1910)

Georg Metzendorf: Kleinwohnungsbauten und Siedlungen; Darmstadt 1920

Rainer Metzendorf: Georg Metzendorf 1874-1934 – Siedlungen und Bauten; Darmstadt/ Marburg 1994

E. Meumann: Einführung in die Ästhetik der Gegenwart; Leipzig 1908 (hier verwendet 2. Aufl. 1919)

Hans Ernst Mittig: NS-Architektur für uns; in: B. Ogan/W. Weiß 1992, S. 245-266

A. Muesmann: Die Kunst der Straße; in: G. Langen: Städtebau, Siedlungswesen, Wohnungswesen; Leipzig 1914, S. 140ff.

Hermann Muthesius: Die Entwicklung des künstlerischen Gedankens im Hausbau; in: Centralstelle für Arbeiter-Wohlfahrtseinrichtungen (Hrsg.): Die künstlerische Gestaltung des Arbeiterwohnhauses; Berlin 1906, S. 7-15

Hermann Muthesius: Wo stehen wir?; in: Jahrbuch des deutschen Werkbundes 1912: Die Durchgeistigung der Deutschen Arbeit, Jena 1912

Hermann Muthesius: Das Formproblem im Ingenieurbau; in: Jahrbuch des Deutschen Werkbundes 1913, Jena 1913; S. 23-32

Winfried Nerdinger: Theodor Fischer – Architekt und Städtebauer 1862-1938; Berlin 1988

Lutz Niethammer: Kein Reichswohnungsgesetz!; in: J. Rodriguez-Lores/G. Fehl 1988, S. 52-73

Friedrich Nietzsche: Kritische Gesamtausgabe hrsg. von G. Colli/M. Montinari; München ab 1967

Thomas Nipperdey: Auf der Suche nach der Identität: Romantischer Nationalismus (1983); in: Nipperdey: Nachdenken über Deutschland; München 1991, S. 132-150

NSDAP: Programm der Nationalsozialistischen Deutschen Arbeiterpartei von 1920; in: G. Feder (Hrsg.): Das Programm der NSDAP und seine weltanschaulichen Grundgedanken; München 1932, S. 19-23

Klaus Novy: Genossenschaftsbewegung: Zur Geschichte und Zukunft der Wohnreform; Berlin 1983

Bernd Ogan/W. Weiß: Faszination und Gewalt – Zur politischen Ästhetik des Nationalsozialismus; Nürnberg 1992

Heinrich Osthus: Neugestaltung der Industriebauten; Stuttgart 1937

Christian F. Otto: Modern Environment and Historical Continuity: The Heimatschutz Discourse in Germany; in: Art Journal 1983, S. 143-157

Ulrike Pampe (Hrsg.): Heinz Wetzel und die Geschichte der Städtebaulehre an deutschen Hochschulen; Stuttgart 1982

Wolfgang Pehnt: Die Manipulation des Menschen – Albert Speer im Gespräch mit W. P. (1977); in: Der Architekt 4/1983, S. 184-187

Joachim Petsch: Baukunst und Stadtplanung im Dritten Reich; München 1976

Joachim Petsch: Der deutsche Werkbund 1907-1933 ...; in: L. Burckhardt (Hrsg.): Der Werkbund in Deutschland, Österreich und der Schweiz; Stuttgart 1978, S. 85-93

Joachim Petsch: Kunst im dritten Reich; Köln 1983

Joachim Petsch: „Neues Bauen" und konservative Architektur der 20er und 30er Jahre; in: Der Architekt 4/1983, S. 188-193

Hermann Pfeiffer: Die Deutsche Baukunst der Zukunft; Vortrag von 1898 in: Centralblatt der Bauverwaltung 1899, S. 57f.

Richard Pommer: The Flat Roof: A Modernist Controversy in Germany; in: Art Journal 1983, S. 158-169

Julius Posener: Berlin: Auf dem Wege zu einer neuen Architektur; München 1979

Julius Posener: Form und Theorie der Architektur im 18. Jahrhundert; in: ARCH+ 1983, S. 20-27

Julius Posener: „Kulturarbeiten" von Paul Schultze-Naumburg; in: ARCH+ 72/1983, S. 35-39

Preuß. Ministerium f. Volkswohlfahrt (Hrsg.): Heimstättenbau in Preußen; Berlin 1931

Hans-Peter Rasp: Eine Stadt für tausend Jahre – München – Bauten und Projekte für die Hauptstadt der Bewegung; München 1981

Peter Reichel: Der schöne Schein des Dritten Reichs. München 1991

Wilhelm Heinrich Riehl: Die Naturgeschichte des Volkes als Grundlage einer deutschen Sozialpolitik; 3 Bd., Stuttgart/Augsburg 1853-54

Werner Rittich: Architektur und Bauplastik der Gegenwart; Berlin 1983

Juan Rodriguez-Lores: „Gerade oder krumme Straßen?" – Zu den irrationalen Ursprüngen des Städtebaues; in: G. Fehl/J. Rodriguez-Lores 1983, S. 101-134

Juan Rodriguez-Lores/G. Fehl (Hrsg.): Städtebaureform 1865-1900, 2 Bde.; Hamburg 1985

Juan Rodriguez-Lores/G. Fehl (Hrsg.): Die Kleinwohnungsfrage – Zu den Ursprüngen des sozialen Wohnungsbaues in Europa; Hamburg 1988

Jürgen Rostock/F. Zadnicek: Paradiesruinen – das KdF-Seebad der Zwanzigtausend auf Rügen; Berlin 1992

Ernst Rudorff: Heimatschutz; 1. Aufl. 1897; (hier verwendet die von P. Schultze-Naumburg überarb. 2. Aufl. Berlin 1926)

Peter Ruhnau: Das Frankenberger Viertel in Aachen – Eine Terraingesellschaft der Gründerzeit ...; in: G. Fehl/J. Rodriguez-Lores 1983, S. 235-252

Wolfgang Schäche: Die Bedeutung der „Berliner Neugestaltungsmaßnahmen"...; in: B. Hinz u.a. (Hrsg.): Die Dekoration der Gewalt; Gießen 1979, S. 149-162

Hans Schliepmann: Nationale Kunst – Nothwendige Kunst!; Jena 1897

Friedrich Schmidt: Heimatschutz und Siedlung; in: Rhein. Verein für Denkmalpflege und Heimatschutz (Hrsg.): Heimat und Siedlung; Düsseldorf 1937; S. 10-18

Paul Schmitthenner: Normung und Bauverbilligung; in: Die Volkswohnung 1920, S. 296-298

Paul Schmitthenner: Das deutsche Wohnhaus; Stuttgart 1932

Paul Schmitthenner u.a.: Die 25 Einfamilienhäuser der Holzsiedlung am Kochenhof; hrsg. v. Verein Deutsches Holz; Stuttgart 1933

Paul Schmitthenner: Baukunst im Neuen Reich; München 1934

Paul Schmitthenner: Gebautes und Ungebautes; in: Der Baumeister 1941

Gustav Schmoller: Ein Mahnruf in der Wohnungsfrage; in: Jahrbuch für Gesetzgebung, Verwaltung und Volkswirthschaft ...; Leipzig 1887, S. 1-24

Christian Schneider: Stadtgründung im Dritten Reich – Wolfsburg und Salzgitter; München 1979

Karl Schorske: Wien, Geist und Gesellschaft im Fin de Siecle; New York 1980; Frankfurt/M 1982, S. 23-109

Hildegard Schröteler-von Brandt: Zu den napoleonischen Enteignungsgesetzen und ihrer Anwendung in den Preußischen Rheinlanden; in: Fehl/Rodriguez-Lores 1995

Paul Schultze-Naumburg: Kulturarbeiten, Band 1: Hausbau; München 1904

Paul Schultze-Naumburg: Kulturarbeiten, Band 3: Dörfer und Kolonien; München 1908

Paul Schultze-Naumburg: Das Bauernhaus in seiner vorbildlichen Bedeutung für den Arbeiterwohnhausbau; in: Centralstelle für Arbeiter-Wohlfahrtseinrichtungen (Hrsg.): Die künstlerische Gestaltung des Arbeiterwohnhauses; Berlin 1906, S. 29-47

Paul Schultze-Naumburg: Ernst Rudorff; in: Heimatschutz 1910, S. 5-7

Paul Schultze-Naumburg: Entwicklung und Ziele des Heimatschutzes in Deutschland; in: Heimatschutz 1911, S. 131-138

Paul Schultze-Naumburg: Hier Typisierung! Hier künstlerische Einheit! in: Der Kunstwart 27/1914

Paul Schultze-Naumburg: Die Gestaltung der Landschaft durch den Menschen; München 1922

Paul Schultze-Naumburg: Wer hat Recht? Traditionelle Baukunst oder Bauen in neuen Formen?; in: UHU April 1926, S. 30-40 u. 103

Paul Schultze-Naumburg: Kunst und Rasse; Berlin 1928; 3. Aufl. 1938

Paul Schultze-Naumburg: Heimatschutz; in: Handbuch des Wohnungswesens; Jena 1930, S. 354-357

Fritz Schumacher: Strömungen in deutscher Baukunst (1935); Köln 1955

Alexander Schwab: Das Buch vom Bauen (1930); Bauweltfundamente Bd. 27, Düsseldorf 1973

Rudolf Schwarz: Neues Bauen? (1929); in: Rudolf Schwarz: Wegweisungen der Technik ... 1926-1961; Bauweltfundamente Bd. 46, Braunschweig 1979, S. 121-131

Friedrich Seeßelberg: Das flache Dach im Heimatbilde als kulturelles und wirtschaftliches Problem, im Auftrage des Werdandibundes hrsg.; Berlin 1913

Alwin Seifert: Heimat und Siedlung; in: Rheinischer Verein für Denkmalpflege und Heimatschutz (Hrsg.): Heimat und Siedlung; Düsseldorf 1937, S. 6-9

Georg Simmel: Individualismus; in: Grundfragen der Soziologie; Berlin/Leipzig 1917 (hier verwendet: Essays zur Geschichte; Hrsg.: M. Landmann; Stuttgart 1957, S. 251-259)

Heinrich Simon: Der Deutsche Wohnungsbau nach dem Kriege; in: Der Soziale Wohnungsbau in Deutschland 1941, S. 2-15

Heinrich Simon: Wohnungsbau; in: Deutsche Bauzeitung 1941, S. 84-85

Camillo Sitte: Der Städtebau nach seinen künstlerischen Grundsätzen, Wien 1889; (hier verwendet: 6. Aufl. Wien 1965 = Faks. d. 3. Aufl. Wien 1901)

Camillo Sitte: Das Wien der Zukunft; Festrede im Wiss. Club in Wien 4. Jan. 1891; Nachdruck in: Berichte zur Raumforschung und Raumplanung 3-5/1989, S. 6-9

Camillo Sitte: Enteignungsgesetz und Lageplan; in: Der Städtebau 1904, S. 5-8, 17-19, 35-37

Ronald Smelser: Robert Ley ...; Paderborn 1989

Othmar Spann: Der Wahre Staat (1921), Nachdruck in: Gesamtausgabe; Graz 1969

Albert Speer. Neue Deutsche Baukunst; Berlin 1941

Albert Speer: Grundsätze für die Durchführung von Wohnungsbauten im 3. Kriegswirtschaftsjahr vom 3.3.1942; in: Der soziale Wohnungsbau in Deutschland 1942, S. 264

Albert Speer: Erinnerungen; Berlin 1969

Rudolf Stegemann: Der Typen- und Serienbau im Wohnungswesen; in: R. Stegemann (Hrsg.): Vom Wirtschaftlichen Bauen; Bd. 2 Dresden 1926; S. 85-115

Rudolf Stegemann: Über Normen und Typisierung zum Serienbau im Wohnungswesen; in: Deutsche Bauzeitung 1941, S. 136-138

Georg Steinmetz: Grundlagen für das Bauen in Stadt und Land; hrsg. vom Deutschen Bund Heimatschutz; München 1917

Heinrich Stephan: Die Baukunst im Dritten Reich; Berlin 1939

R. Stotz: Fabrikation von Häusern, ein Mittel zur Hebung der Wohnungsnot; Berlin 1926, S. 127-139

Siegfried Stratemann: Die Industrialisierung des Wohnungsbaues; in: Der Wohnungsbau in Deutschland 1943, S. 85-106

Josef Stübben: Paris – in Bezug auf Straßenbau und Stadterweiterung; Berlin 1879

Josef Stübben: Über Stadterweiterung insbesondere in hygienischer Beziehung; in: DVöG, Braunschweig 1886, S. 10-27

Josef Stübben: Der Städtebau; Darmstadt 1890

Josef Stübben: Genereller Bebauungsplan für die Stadt Düren; Düren 1891

Josef Stübben: Über einige Fragen der Stadtbaukunst; in: Deutsche Bauzeitung 1891, S. 122-128, 150-155

Josef Stübben: Der Individualismus im Städtebau; in: Deutsche Bauzeitung 1891, S. 368-370

Josef Stübben: Die Preisbewerbung für Entwürfe zur Münchener Stadterweiterung; in: Deutsche Bauzeitung 1893, S. 111

Josef Stübben: Zur schönheitlichen Gestaltung städtischer Straßen; in: Deutsche Bauzeitung 1893, S. 294-296

Josef Stübben: Die Einseitigkeit im Städtebau und ihre Folgen; in: Deutsche Bauzeitung 1893, S. 349f., 373f., 315-318

Josef Stübben: Alte Stadtanlagen; in: Deutsche Bauzeitung 1894, S. 308-311, 608f.

Josef Stübben: Die Vorzüge der Konkaven bei Straßen- und Platzanlagen; in: Deutsche Bauzeitung 1894, S. 646f.

Josef Stübben: Der Bau der Städte in Geschichte und Gegenwart; Berlin 1895

John Summerson: The Classical Language of Architecture; London 1980

Anna Teut: Architektur im Dritten Reich 1933-1945; Bauwelt Fundamente Bd. 19; Frankfurt/Berlin 1967

Ferdinand Tönnies: Gesellschaft und Gemeinschaft; Berlin 1887 (hier verwendet 3. Aufl. Berlin 1922).

Ernst Toller: Männer und Frauen (1932); in: Ges. Werke, Bd. 1, 1978, S. 244-251

Gerdy Troost: Das Bauen im Neuen Reich; Bayreuth 1938

Leon Vaudoyer: Etudes d'architecture en France; in: Le Magasin Pitttoresque,Vol XX Dez.1852

Anthony Vidler: The Architecture of C. N. Ledoux – Introduction; in: AA-Files 1981, Vol 1/1, S. I-X

Christoph Vierneisel: Der differenzierte Fluchtlinienplan und Umlegungsplan für die Heidelberger Weststadt von 1891-1896; in: J. Rodrigues-Lores/G. Fehl 1985, S. 169-190

Friedrich Theodor Vischer: Über das Erhabene und Komische; Stuttgart 1837

Friedrich Theodor Vischer: Ästhetik oder Wissenschaft des Schönen; 3 Bde. 1848-1851; Nachdruck Hildesheim/New York 1975

Adolf Max Vogt: Entwurf zu einer Architekturgeschichte 1940-1980; in: A. M. Vogt u.a.: Architektur 1940-1980; Frankfurt/Wien/Berlin 1980, S. 11-98

Wolfgang Voigt: Die Stuttgarter Schule und die Alltagsarchitektur des Dritten Reichs; in: H. Frank 1985, S. 234-250

Wolfgang Voigt: Vom Urhaus zum Typ; in: V. Lampugnani/R. Schneider 1992, S. 245-265

Klaus Vondung: Das wilhelminische Bildungsbürgertum; Göttingen 1976

Hans Wagner: Die Neuordnung des deutschen Wohnungsbaues; in: Der Soziale Wohnungsbau in Deutschland 1941, S. 145-153

Heinrich Wagner: Aufgabe und Endziel des baukünstlerischen Schaffens; Darmstadt 1883

Otto Wagner: Moderne Architektur; Wien 1896

Hermann Wasserfuhr: Die Gesundheitsschädlichkeit der Bevölkerungsdichtigkeit; in: DVöG; Braunschweig 1886, S. 185-203

Hannes Weeber: In der Landschaft bauen; München 1986

Heinz Wetzel: Landschaft und Siedlung; in: Bauen, Siedeln, Wohnen 1937, S. 197ff.

Heinz Wetzel: Wandlungen im Städtebau; Stuttgart 1942

Daniel Wieczorek: Camillo Sittes ‚Städtebau' in neuer Sicht; in: Berichte zur Raumforschung und Raumplanung, 3-5/1989, S. 35-45

Wilhelm II.: Die wahre Kunst; Rede vom 18.12.1901, in: E. Johann (Hrsg.): Reden des Kaisers; München 1966, S. 99-104

Johann J. Winckelmann: Gesamtausgabe in 8 Bde.; Leipzig 1808-1820

Heinrich Wölfflin: Kunstgeschichtliche Grundbegriffe; München 1915 (hier verwendet 12. Auflage, Darmstadt 1960)

Gustav Wolf: Die schöne deutsche Stadt; München 1911

Paul Wolf: Wohnung und Siedlung; Berlin 1926

Rudolf Wurzer: Franz, Camillo und Siegfried Sitte; in: Berichte zur Raumforschung und Raumplanung, 3-5/1989, S. 9-34

Walter Zschokke: Technische Bauten und der gelungene Versuch ihrer Aussöhnung mit der Landschaft; in: V. Lampugnani/ R. Schneider 1992, S. 221-243

Guido Zucchoni (Hrsg.): Camillo Sitte e i suoi interpreti; Mailand 1992

trotzdem modern

Die wichtigsten Texte
zur Architektur
in Deutschland 1919–1933,
ausgewählt und kommentiert
von Kristiana Hartmann

Architekturtheorie/Baugeschichte

Band 99 der Bauwelt Fundamente.
1994. 429 Seiten

ARCHITEKTUR ■ BEI VIEWEG

Bei Fragen zur Produktsicherheit wenden Sie sich bitte an:
If you have any questions regarding product safety,
please contact:

Birkhäuser Verlag GmbH
Im Westfeld 8
4055 Basel, Schweiz
productsafety@degruyterbrill.com